Pasticceria
e altre golosità

Pasticceria
e altre golosità

Fiona Patchett e Abigail Wheatley

Progetto grafico di Helen Edmonds, Anna Gould e Mike Olley

Illustrazioni di Francesca Carabelli, Jessie Eckel, Non Figg,
Nancy Leschnikoff, Mark Ruffle e Molly Sage

Fotografie di Howard Allman

Consulenza per le ricette di Catherine Atkinson, Dagmar Vesely e Maud Eden

Sommario

6-7	Come usare questo libro	372-375	Consigli e tecniche
8-9	Per cominciare	376-377	Glasse e farciture
10-11	Le regole base	378-379	Tecniche di decorazione
12-43	Biscotti	380-381	Tecniche per il cioccolato
44-75	Biscotti glassati	382-385	Idee per decorare
76-97	Biscotti farciti	386-387	Modelli per decorazioni
98-127	Dolci in teglia	388-393	Allergie e intolleranze
128-145	Barrette e brownies	394-400	Indice
146-165	Meringhe e macarons		
166-183	Muffins e morbidoni		
184-245	Tortine e cupcakes		
246-307	Torte e cheesecakes		
308-329	Golosità dolci e salate		
330-371	Crostate, sfoglie e bignè		

Come usare questo libro

Questo libro è pieno zeppo di deliziose ricette alla portata di tutti. Le spiegazioni sono chiare e semplici e sono accompagnate da illustrazioni. Una volta che avrai preso dimestichezza con poche regole base, potrai cominciare.

All'inizio del libro troverai pagine come queste, con la spiegazione delle regole base e consigli sull'occorrente.

Leggi queste pagine prima di iniziare.

La parte principale del libro è divisa in sezioni, dedicate ognuna a un particolare tipo di golosità da forno, dolce o salata.

All'inizio di ogni sezione c'è l'elenco di tutte le ricette comprese in quella sezione.

Le pagine della ricetta si presentano così. Questo cerchietto ti avverte se la ricetta contiene frutta a guscio.

L'introduzione contiene una breve descrizione della ricetta e a volte anche informazioni utili per chi soffre di allergie.

Riquadri come questo contengono suggerimenti su possibili varianti.

Gli ingredienti, le dosi e l'occorrente sono elencati in una colonna a sinistra, seguiti dall'indicazione del numero di porzioni.

Ogni fase della realizzazione è preceduta da un numero.

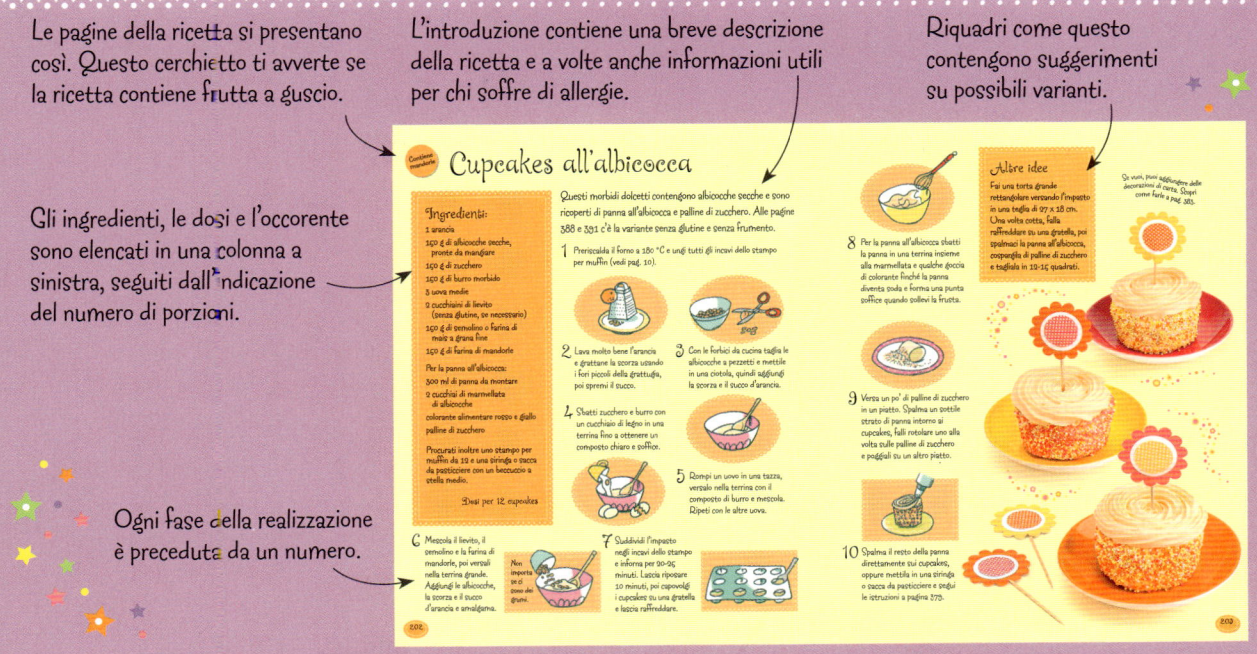

Su queste pagine alla fine del libro troverai informazioni su farciture e tecniche di decorazione.

Nelle ricette troverai dei rimandi a tecniche specifiche illustrate in queste pagine.

Le ultime pagine del libro contengono informazioni utili per chi soffre di allergie o intolleranze alimentari. Scorrendo l'elenco completo delle ricette potrai scegliere quella più adatta a seconda del tipo di allergia o intolleranza o scoprire se sono possibili delle varianti.

Per cominciare

In questa pagina inizierai a familiarizzare con le regole base per fare golosità da forno, dolci o salate, di ogni tipo. Dopo averle lette, potrai cominciare.

Preliminari

Prima di cominciare leggi attentamente la ricetta e assicurati di avere tutti gli ingredienti e l'attrezzatura necessaria, quindi lavati bene le mani.

Segui la ricetta

Per ottenere ogni volta risultati perfetti dovrai seguire le ricette alla lettera. Pesa sempre attentamente gli ingredienti e usa teglie, tortiere, stampi ecc. della forma e delle dimensioni indicate.

Il forno

Ogni forno è diverso dall'altro e il tuo potrà richiedere tempi di cottura diversi rispetto a quelli indicati nella ricetta. Se hai il forno ventilato, riduci i tempi o abbassa la temperatura, seguendo il manuale di istruzioni.

Prima di accendere il forno, posiziona la griglia d'appoggio al centro. Non aprire il forno se non a fine cottura, o se temi che qualcosa stia bruciando. Ricorda di usare sempre i guanti protettivi da forno.

Burro o margarina

Per ammorbidire il burro devi lasciarlo a temperatura ambiente per un'ora prima di usarlo. Se una ricetta prevede l'uso di margarina, evita quelle "magre".

Allergie e intolleranze

Se cucini per qualcuno che soffre di allergie o intolleranze alimentari, vai alle pagine 388-393 e scopri quali sono le ricette più adatte. Inoltre, la presenza di frutta a guscio è sempre segnalata nella ricetta ed eventuali ingredienti alternativi sono indicati accanto a quelli previsti.

Pesi e dosi

In questo libro pesi e misure sono indicati in grammi e millilitri, oppure in cucchiai e cucchiaini.

Puoi usare i misurini a cucchiaio.

Per alcuni ingredienti viene usata l'espressione "un pizzico", cioè la quantità che si può prendere tra pollice e indice.

Le regole base

Ungere e foderare

Per ungere una tortiera o una placca da forno spalma del burro morbido o dell'olio sulla superficie interna con un foglio di carta da cucina.

Per foderare la placca da forno disegnane il contorno su un foglio di carta forno, poi ritaglialo e stendi il foglio tagliato sul fondo.

Montare burro e zucchero

1 Metti lo zucchero e il burro in una terrina capiente e mescola col cucchiaio di legno.

2 Sbatti velocemente con il cucchiaio fino a ottenere una crema chiara e soffice.

3 Se l'impasto è troppo duro da lavorare, riempi una terrina di acqua calda, svuotala, asciugala, versaci l'impasto e riprendi a sbattere.

Setacciare

1 Versa gli ingredienti in un colino e picchiettalo leggermente sul bordo mentre lo scuoti sulla terrina.

2 Se restano dei grumi, schiacciali bene con il dorso di un cucchiaio.

Rompere le uova

Con un colpo secco, sbatti l'uovo sul bordo di una tazza, separa le due parti con i pollici e fai scivolare tuorlo e albume nella tazza. Attento ai pezzetti di guscio.

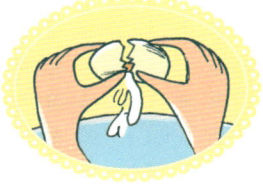

Separare il tuorlo dall'albume

1. Rompi l'uovo (vedi a fianco) e fai scivolare il tuorlo e l'albume su un piattino.

2. Copri il tuorlo con un portauovo e tienilo fermo mentre inclini il piatto per far scivolare l'albume in una ciotola.

Sbattere le uova

Sbatti tuorlo e albume insieme con una forchetta.

Incorporare

1. Con una spatola o un cucchiaio grande di metallo mescola delicatamente il composto formando degli 8.

2. Continua fino ad amalgamare bene il tutto.

Montare gli albumi a neve

1. Sbatti gli albumi con una frusta fino a ottenere un composto compatto e spumoso.

2. Continua a sbattere fino a quando, alzando la frusta, la spuma che si solleva resterà ben ferma (si dice "montare a neve").

Biscotti

- 14 Biscottini rosa
- 16 Biscotti avena e uvetta
- 18 Triangolini al cioccolato
- 20 Stelline luccicanti
- 22 Biscotti a righe
- 24 Biscotti cioccolato e ciliegie
- 26 Fiorellini di vetro
- 28 Stelle all'arancia
- 30 Biscotti con gocce di cioccolato
- 32 Fiorentini al cioccolato

- 34 Barrette alla cannella
- 36 Croccanti al burro di arachidi
- 38 Biscotti cioccolato e arancia
- 40 Biscotti speziati
- 42 Girelle al limone

Biscottini rosa

Ingredienti:

50 g di burro morbido

25 g di zucchero a velo

¼ cucchiaino di colorante alimentare rosa o rosso

1 cucchiaino di latte

¼ cucchiaino di estratto di vaniglia

75 g di farina

Procurati inoltre due placche da forno e dei tagliapasta piccoli a forma di stella e di cuore.

Dosi per 65 biscottini

Per fare questi biscottini puoi usare dei tagliapasta a forma di cuore, di stella o di qualsiasi altra forma, purché siano piccoli. Se preferisci, puoi usare anche coloranti alimentari di un altro colore.

1 Preriscalda il forno a 180 °C. Ungi leggermente d'olio le placche con un foglio di carta da cucina.

2 Sbatti il burro in una terrina. Aggiungi lo zucchero a velo setacciato e continua a sbattere fino a ottenere un composto cremoso.

3 Aggiungi il colorante e mescola fino a che il composto non diventa rosa, poi aggiungi il latte e l'estratto di vaniglia.

Ritaglia le formine una vicina all'altra.

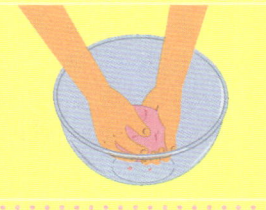  

4 Aggiungi la farina setacciata e amalgama bene il tutto, poi lavora l'impasto con le mani e forma una palla.

5 Infarina il matterello e un piano di lavoro pulito e stendi l'impasto a circa un mignolo di spessore.

6 Con i tagliapasta ricava tante formine, poi sollevale con una spatola e disponile sulle placche.

7 Reimpasta gli avanzi e forma una palla. Stendi nuovamente l'impasto, ritaglia altre formine e mettile sulle placche.

8 Con la punta di uno stecchino disegna dei motivi facendo tanti fiorellini. Spingi pure lo stecchino fino in fondo.

9 Inforna per 6-8 minuti, poi estrai le placche dal forno e lascia raffreddare i biscotti nelle placche.

Una volta freddi, puoi spolverizzare i biscotti con lo zucchero a velo.

Puoi mettere i biscotti in una bella scatola e trasformarli in un regalo.

Biscotti avena e uvetta

Ingredienti:

1 arancia
75 g di uvetta
75 g di farina
75 g di fiocchi d'avena
½ cucchiaino di lievito
50 g di burro
75 g di zucchero di canna
1 uovo

Procurati inoltre due placche da forno.

Dosi per 20 biscotti

Questi biscotti all'avena hanno un aspetto grezzo e rustico, ma sono fragranti e hanno una consistenza un po' gommosa. L'uvetta viene fatta rinvenire nel succo d'arancia prima di essere mescolata all'impasto.

1 Accendi il forno a 180 °C. Ungi due placche da forno con carta da cucina intinta nell'olio.

2 Gratta la scorza dell'arancia, evitando di grattare anche la parte bianca, e mettila in una piccola ciotola.

3 Taglia l'arancia in due e spremine una metà. Aggiungi un cucchiaio di succo alla scorza e unisci anche l'uvetta.

4 Metti farina, avena e lievito in una terrina capiente e aggiungi il burro a tocchetti. Con i polpastrelli unisci il burro al composto di farina (vedi pag. 375) fino a formare delle piccole briciole.

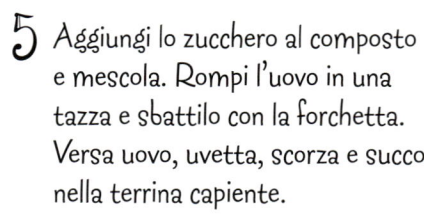

5 Aggiungi lo zucchero al composto e mescola. Rompi l'uovo in una tazza e sbattilo con la forchetta. Versa uovo, uvetta, scorza e succo nella terrina capiente.

Questi biscotti sono deliziosi tiepidi, accompagnati da un bicchiere di latte freddo.

6. Mescola tutto insieme. Prendi delle cucchiaiate colme di impasto e versale nelle placche unte, distanziandole bene fra loro. Metti le placche in forno.

7. Cuoci i biscotti per 12-15 minuti, finché non saranno dorati. Tirali fuori e lasciali riposare per qualche minuto, poi mettili a raffreddare su una gratella.

Altri gusti

Prova queste alternative: al punto 5, aggiungi al composto solo 50 g di uvetta, ma incorpora 25 g di semi di sesamo e 25 g di semi di girasole. Ricoda che i semi possono essere inadatti a chi è allergico alla frutta a guscio.

Oppure, per un'alternativa cioccolatosa, sostituisci l'arancia con un limone e ometti l'uvetta. Poi, al punto 5, aggiungi 75 g di gocce di cioccolato bianco.

Triangolini al cioccolato

Ingredienti:

150 g di farina
25 g di farina di riso
100 g di burro
50 g di zucchero
100 g di cioccolato bianco

Procurati inoltre una tortiera rotonda del diametro di 20 cm e una terrina resistente al calore da appoggiare su un pentolino.

Dosi per 8 triangolini

Questa è la ricetta per dei friabili biscotti cotti in un disco rotondo di pasta poi tagliato a spicchi. Alla fine gli spicchi vengono intinti nel cioccolato fuso bianco o, in alternativa, in quello fondente o al latte.

1 Preriscalda il forno a 150 °C. Ungi e fodera la tortiera (vedi pag. 10). In una terrina capiente, mescola le due farine.

2 Aggiungi il burro a pezzetti e impasta con la punta delle dita fino a ottenere delle grosse briciole. Incorpora lo zucchero.

3 Impasta con le mani, perché il loro calore fa sì che gli ingredienti si amalgamino meglio, e forma una palla.

4 Metti la pasta nella tortiera e stendila con le mani, infine livella la superficie con il dorso di un cucchiaio.

5 Con i rebbi di una forchetta fai tanti forellini tutto intorno al bordo, poi taglia la pasta in 8 spicchi uguali.

6 Inforna per 30 minuti, fino a doratura. Lascia il dolce nella tortiera per 5 minuti, poi taglia gli spicchi e falli raffreddare.

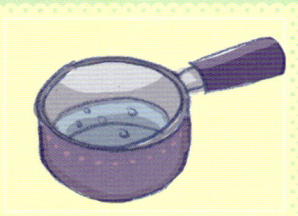  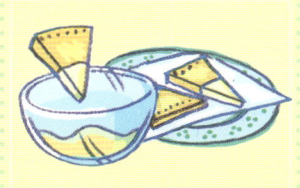

7 Spezzetta il cioccolato nella terrina. Riempi un pentolino d'acqua per un quarto e metti a scaldare. Quando l'acqua bolle, togli il pentolino dal fuoco.

8 Metti la terrina nel pentolino e comincia a mescolare. Quando il cioccolato si sarà sciolto, estrai la terrina. Usa sempre i guanti da forno.

9 Intingi la punta degli spicchi nel cioccolato, poi posali su un piatto ricoperto di carta forno. Metti in frigo per 20 minuti per far solidificare il cioccolato.

Puoi decorare la punta degli spicchi con delle stelline di zucchero.

Stelline luccicanti

Ingredienti:

3 cucchiai di zucchero
colorante alimentare rosa
75 g di burro morbido
1 limone piccolo
25 g di zucchero di canna
3 cucchiai di miele liquido
1 uovo medio
175 g di farina

Procurati inoltre due placche da forno e due tagliapasta a forma di stella, uno medio e uno piccolo.

Dosi per 20 stelline

Questi sono dei graziosi biscotti forati a forma di stella. Per farli luccicare, basta spolverizzarli con dello zucchero colorato di rosa prima di metterli in forno.

1 Ungi leggermente d'olio le due placche con un foglio di carta da cucina.

2 Mescola lo zucchero con qualche goccia di colorante. Quando lo zucchero sarà diventato rosa versalo su un piatto ad asciugare.

3 Metti il burro in una terrina capiente e sbattilo fino a che non sarà diventato spumoso. Gratta la scorza del limone e aggiungila al burro.

Usa i fori piccoli della grattugia.

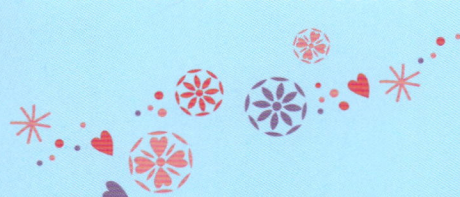

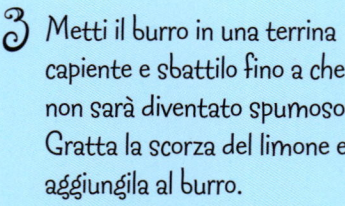

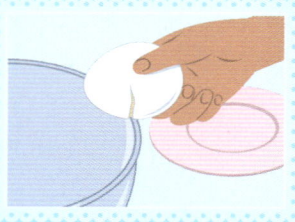

Metti da parte l'albume.

4 Incorpora lo zucchero di canna e il miele. Mescola bene con un cucchiaio di legno fino a ottenere un composto soffice.

5 Rompi l'uovo sul bordo della terrina e versalo su un piattino, facendo attenzione a non rompere il tuorlo.

6 Copri il tuorlo con una tazzina e fai scivolare l'albume in una ciotola, poi versa il tuorlo nella terrina grande.

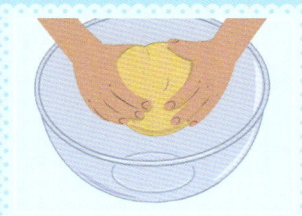

7 Incorpora la farina setacciata, lavora l'impasto con le mani e forma una palla, poi schiacciala leggermente e avvolgila nella pellicola.

8 Metti il panetto in frigo per 30 minuti. Preriscalda il forno a 180 °C e cospargi di farina il matterello e il piano di lavoro.

Ritaglia le stelle una vicina all'altra.

9 Stendi la pasta a circa un mignolo di spessore, poi ritaglia tante stelle usando il tagliapasta medio.

10 Col tagliapasta piccolo fai un foro al centro dei biscotti. Reimpasta gli avanzi, stendi la pasta e ritaglia altre stelle.

11 Spennella i biscotti con l'albume, spolverizzali con lo zucchero rosa e infine sollevali con una spatola e poggiali nelle placche.

12 Inforna per 8-10 minuti, fino a doratura. Lascia i biscotti nelle placche per 2 minuti, poi mettili su una gratella a raffreddare.

Biscotti a righe

Ingredienti:

Per l'impasto alla vaniglia:
25 g di zucchero a velo
50 g di burro morbido
3 cucchiai colmi di farina
1 cucchiaino di latte
1 cucchiaino di estratto di vaniglia

Per l'impasto al cioccolato:
25 g di zucchero a velo
1 cucchiaio di cacao
50 g di burro morbido
3 cucchiai colmi di farina
2 cucchiaini di latte

Per l'impasto alla menta:
25 g di zucchero a velo
50 g di burro morbido
1 cucchiaino di estratto di menta
¼ di cucchiaino di colorante alimentare verde
3 cucchiai colmi di farina
½ cucchiaino di latte

Procurati inoltre due placche da forno.

Dosi per 25 biscotti

Per fare questi biscottini stendi l'impasto alla vaniglia, quello al cioccolato e quello alla menta, sovrapponi le sfoglie ottenute e taglia a fettine per fare le strisce.

1. Per l'impasto alla vaniglia, mescola zucchero e burro fino a ottenere un composto liscio, poi incorpora farina setacciata, latte e vaniglia.

2. Per l'impasto al cacao, mescola zucchero, cacao e burro fino a ottenere un composto liscio, poi incorpora farina setacciata, latte e vaniglia.

3. Per l'impasto alla menta, mescola zucchero, burro, menta e colorante fino a ottenere un composto liscio. Incorpora farina setacciata, latte e vaniglia.

4. Lavora gli impasti con le mani e modellali a forma di panetti lunghi ciascuno circa 8 cm. Avvolgili nella pellicola trasparente e mettili in frigo per 30 minuti.

5. Cospargi di farina il piano di lavoro e il matterello. Stendi un panetto alla volta fino a ottenere 3 sfoglie rettangolari larghe 8 cm e lunghe 15.

6 Con un pennello per dolci spennella d'acqua una sfoglia, poggiaci sopra un'altra sfoglia e spennella ancora d'acqua, per farle aderire. Copri con la terza sfoglia.

7 Rifila i bordi, poi taglia a metà, come in figura. Spennella d'acqua lo strato superiore di una delle due metà e poggiaci l'altra metà, premendo leggermente per farla aderire.

8 Avvolgi delicatamente il tutto con la pellicola trasparente e poggialo su un vassoio, poi metti in frigo per 30 minuti.

9 Preriscalda il forno a 180 °C e ungi le placche (vedi pag. 10).

10 Rimuovi la pellicola. Con un coltello affilato taglia delle fette dello spessore di ½ cm e disponile nelle placche.

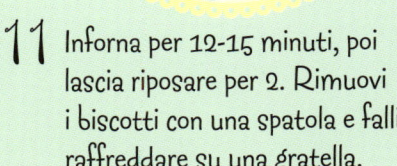

11 Inforna per 12-15 minuti, poi lascia riposare per 2. Rimuovi i biscotti con una spatola e falli raffreddare su una gratella.

Biscotti cioccolato e ciliegie

Per fare questi morbidi biscotti basta aggiungere ciliegie disidratate e gocce di cioccolato al latte all'impasto per i biscotti alla vaniglia. Se vuoi, puoi provare altre combinazioni: gocce di cioccolato bianco e mirtilli disidratati, oppure gocce di cioccolato fondente con albicocche secche a pezzetti.

Ingredienti:
- 75 g di burro morbido
- 75 g di zucchero
- 75 g zucchero di canna
- 1 uovo medio
- 1 cucchiaino di estratto di vaniglia
- 175 g di farina
- ½ cucchiaino di lievito
- 50 g di ciliegie disidratate
- 100 g di gocce di cioccolato al latte

Procurati inoltre due placche da forno.

Dosi per 24 biscotti

1. Preriscalda il forno a 180 °C e ungi d'olio le placche con un foglio di carta da cucina.

2. Sbatti entrambi i tipi di zucchero e il burro in una terrina capiente fino a ottenere un composto soffice. Rompi l'uovo in una ciotola e sbattilo con la forchetta.

3. Dopo aver aggiunto all'uovo sbattuto l'estratto di vaniglia versalo un po' alla volta nella terrina grande, sempre continuando a mescolare.

4. Incorpora farina e lievito setacciati. Quando il composto sarà abbastanza cremoso aggiungici le ciliegie tagliate a metà.

5. Aggiungi metà delle gocce di cioccolato all'impasto e mescola bene. Distribuisci delle cucchiaiate di impasto nelle placche.

Distanzia tra loro i biscotti.

6 Quando avrai finito tutto l'impasto schiaccia i biscotti con il dorso di una forchetta e cospargili con le restanti gocce di cioccolato.

7 Inforna i biscotti per 10 minuti, fino a doratura. Lasciali nelle placche per qualche minuto, poi mettili su una gratella a raffreddare completamente.

Fiorellini di vetro

Ingredienti:

50 g di burro morbido o margarina
50 g di zucchero
1 uovo medio
2 cucchiaini di latte o acqua
125 g di farina
15 g di maizena
circa 12 caramelle trasparenti

Procurati inoltre una placca da forno, dei tagliapasta a forma di fiore sia piccoli che medi e dei tagliapasta rotondi piccoli. Se vuoi appendere i biscotti, procurati una cannuccia larga e un bel nastrino.

Dosi per 12 biscotti

Questi biscottini a forma di fiore hanno un centro di "vetro", fatto con caramelle trasparenti. Puoi anche appenderli per una festa o un'occasione speciale.

Puoi usare l'album per le ricette alle pagg. 148-165.

1. Preriscalda il forno a 180 °C. Fodera la placca (vedi pag. 10). Sbatti burro e zucchero in una terrina capiente fino a ottenere un composto liscio.

2. Separa il tuorlo dall'albume (vedi pag. 11). Incorpora il tuorlo al composto di burro e zucchero.

3. Aggiungi il latte o l'acqua, poi setaccia la farina e la maizena, amalgama bene e forma una palla con le mani.

4. Cospargi di farina il piano di lavoro e il matterello e stendi l'impasto fino allo spessore di un mignolo.

5. Ritaglia un bel po' di formine con i tagliapasta medi e mettile delicatamente nella placca usando una spatola.

6. Se vuoi appendere i biscotti, fai un foro vicino al bordo premendo con la cannuccia, come nella figura.

Potresti decorare i biscottini con la glassa.

Non mangiare i biscotti dopo averli appesi, perché potrebbero essere sporchi.

7 Con i tagliapasta piccoli ritaglia un foro al centro dei fiori. Reimpasta gli avanzi e stendili di nuovo per fare altri biscotti.

8 Metti una caramella sul tagliere senza scartarla, coprila con uno strofinaccio e frantumala con dei colpi di matterello. Togli lo strofinaccio e scarta la caramella.

9 Riempi il foro al centro di un biscotto con pezzetti di caramella. Frantuma altre caramelle, una alla volta, e riempi il centro di tutti i biscotti.

10 Inforna per 12 minuti e fai raffreddare. Per appendere i biscotti, infila nel foro un pezzo di nastrino piegato in due, passa le due estremità nel cappio e tirale.

Stelle all'arancia

Ingredienti:

150 g di farina
25 g di semolino o farina di riso
100 g di burro
1 arancia piccola
50 g di zucchero

Procurati inoltre due placche da forno e un tagliapasta grande a forma di stella.

Dosi per 14 biscotti

Questa è una ricetta per biscotti friabili aromatizzati all'arancia. Volendo puoi usare pasta brisée già pronta e al posto del tagliapasta a forma di stella puoi usarne un altro, purché sia grande.

1 Preriscalda il forno a 170 °C. Ungi le placche (vedi pag. 10). Setaccia la farina in una terrina capiente.

2 Setaccia il semolino o la farina di riso, aggiungi il burro a pezzetti e mescola con un cucchiaio di legno in modo da infarinare il burro.

3 Amalgama la farina con il burro sfregandoli tra di loro con la punta delle dita fino a ottenere la consistenza di grosse briciole (vedi pag. 375).

4 Gratta la scorza dell'arancia sui fori piccoli della grattugia, poi aggiungi la scorza grattugiata e lo zucchero all'impasto.

5 Taglia in due l'arancia e spremine una metà. Versa 2 cucchiaini di succo d'arancia nella terrina e mescola bene.

6 Lavora l'impasto dentro la terrina (il calore della mano farà amalgamare bene gli ingredienti). Fai una palla.

7 Cospargi di farina il matterello e il piano di lavoro. Metti la pasta sul piano di lavoro e stendila a uno spessore di circa mezzo mignolo.

Con uno stecchino puoi fare dei buchetti come questi sui biscotti prima di infornarli.

8 Ritaglia tante stelle con il tagliapasta, sollevale con la spatola e mettile nelle placche. Reimpasta gli avanzi e forma una palla, poi stendi la pasta.

9 Ritaglia altre stelle e inforna per 12-15 minuti. Fai raffreddare nelle placche per 2 minuti, poi sposta le stelle su una gratella.

Biscotti con gocce di cioccolato

Ingredienti:

1 limone grande
75 g di burro morbido o margarina
75 g di zucchero
75 g di zucchero di canna
1 uovo medio
175 g di farina
½ cucchiaino di lievito
150 g di gocce di cioccolato bianco

Per decorare:
100 g di cioccolato bianco

Procurati inoltre due placche da forno.

Dosi per 40 biscotti

Puoi fare dei biscotti al limone con gocce di cioccolato bianco come questi, dei biscotti alle gocce di cioccolato tradizionali, oppure provare altri gusti (vedi accanto).

Usa i fori piccoli.

1. Preriscalda il forno a 180 °C. Ungi due placche da forno (vedi pag. 10). Gratta la scorza del limone, poi taglia il limone in due e spremi il succo di metà.

2. Metti la scorza, il burro o la margarina e i due tipi di zucchero in una terrina capiente e sbatti fino a ottenere un composto chiaro e soffice.

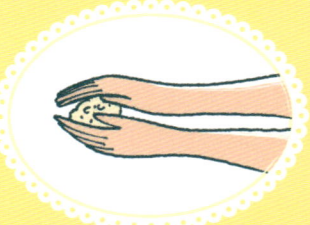

3. Rompi l'uovo in una tazza, sbattilo con la forchetta e poi versalo nella terrina un po' alla volta, continuando a sbattere, quindi aggiungi 1 cucchiaino di succo di limone.

4. Incorpora la farina e il lievito setacciati nella farina, sempre mescolando, fino a ottenere un composto liscio e omogeneo. Infine incorpora le gocce di cioccolato bianco.

5. Preleva mezzo cucchiaino d'impasto e forma con le mani una pallina, come nella figura. Poggia la pallina nella placca da forno e schiacciala leggermente.

6 Fai altre palline e quando avrai finito tutto l'impasto inforna per 10 minuti, fino a doratura. Lascia raffreddare per qualche minuto.

7 Con una spatola, solleva con attenzione i biscotti e poggiali su una gratella. Sciogli del cioccolato bianco e colalo a filo sui biscotti freddi (vedi pag. 381).

Altri gusti

Per i biscotti con gocce di cioccolato tradizionali, elimina il limone e usa gocce di cioccolato fondente oppure al latte. Al punto 3, aggiungi 1 cucchiaino di estratto di vaniglia al posto del succo di limone.

Puoi sostituire il limone con un'arancia o 2 lime.

Se vuoi preparare dei biscotti al cioccolato, usa soltanto 150 g di farina e aggiungi 4 cucchiai di cacao al punto 4.

31

Fiorentini al cioccolato

Contiene mandorle

Ingredienti:

8 ciliegie candite
25 g di burro
25 g di zucchero di canna
25 g di golden syrup
25 g di farina
40 g di scorzette di agrumi candite
40 g di mandorle in scaglie
75 g di cioccolato fondente

Procurati inoltre due placche da forno e una terrina resistente al calore da appoggiare su un pentolino.

Dosi per 12 fiorentini

Puoi fare questi biscotti in tante varianti sostituendo, ad esempio, le ciliegie con frutti tropicali o le mandorle con altra frutta a guscio. L'importante è che la quantità totale di frutta candita e frutta a guscio resti invariata.

1 Preriscalda il forno a 180 °C. Ungi e fodera le placche (vedi pag. 10). Poggia le ciliegie su un tagliere e tagliale in quattro.

2 Metti a scaldare il burro, lo zucchero e il golden syrup in un pentolino a fiamma bassa. Togli dal fuoco non appena si saranno sciolti.

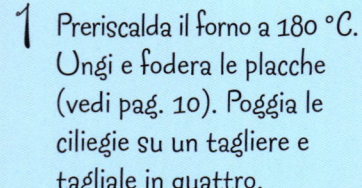

Distanzia bene le cucchiaiate di impasto.

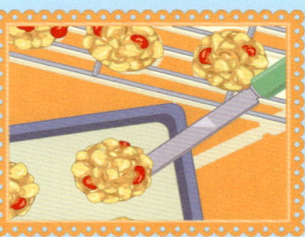

3 Versa nel pentolino la farina, le ciliegie, le scorzette di agrumi e le mandorle e mescola bene. Distribuisci l'impasto nelle placche con un cucchiaino.

4 Cuoci per 10 minuti, fino a che i biscotti non saranno ben dorati poi con un coltello a lama piatta arrotonda i bordi. Fai raffreddare per 2 minuti.

5 Metti i biscotti su una gratella. Riempi il pentolino d'acqua per un quarto e metti a scaldare. Quando l'acqua bolle, togli il pentolino dal fuoco.

Usa i guanti da forno.

6 Spezzetta il cioccolato nella terrina. Metti la terrina sul pentolino e comincia a mescolare. Quando il cioccolato si sarà sciolto, estrai la terrina.

7 Con un cucchiaino spalma il cioccolato fuso sul lato piatto dei biscotti, poi con la punta di una forchetta disegna delle linee a ziz-zag.

Distanzia bene i biscotti.

8 Rivesti un tagliere o un piatto con la carta forno e poggiaci i fiorentini con il lato al cioccolato verso l'alto. Fai rassodare il cioccolato prima di mangiarli.

Barrette alla cannella

Ingredienti:
175 g di farina
50 g di farina di riso
1 cucchiaino di cannella in polvere
1 pizzico di noce moscata
125 g di burro
65 g di zucchero

Per decorare:
1 cucchiaio di zucchero
100 g di cioccolato fondente, al latte o bianco

Procurati inoltre una tortiera quadrata di 20 cm di lato e una placca da forno.

Dosi per 24 barrette

Queste barrette sono aromatizzate alla cannella e alla noce moscata e decorate con fili di cioccolato fuso. Se preferisci, puoi omettere le spezie.

1. Preriscalda il forno a 150 °C. Ungi e fodera la tortiera (vedi pag. 10).

2. Setaccia la farina, la farina di riso, la cannella e la noce moscata in una terrina capiente. Aggiungi il burro a pezzetti e infarinalo bene.

3. Lavora l'impasto schiacciando con i polpastrelli i pezzetti di burro infarinati fino a ottenere la consistenza di grosse briciole (vedi pag. 375).

4. Incorpora lo zucchero e lavora l'impasto con le mani per amalgamarlo. Non preoccuparti se restano delle briciole.

5. Versa l'impasto nella tortiera e distribuiscilo bene spingendo con le dita verso gli angoli, poi livella con il dorso di un cucchiaio.

6. Per ottenere 24 barrette traccia due linee verticali e sette orizzontali. Inforna per 35 minuti, fino a doratura. Spolverizza di zucchero la superficie in modo uniforme.

7. Lascia riposare per 5 minuti e poi taglia lungo le linee segnate. Fai raffreddare per altri 5 minuti e infine trasferisci le barrette su una gratella per farle raffreddare completamente.

8 Fodera una placca con la carta forno (vedi pag. 10) e quando le barrette si saranno raffreddate sciogli il cioccolato (vedi pag. 380). Con i guanti da forno togli la ciotola dal pentolino.

9 Sistema le barrette sulla placca a una certa distanza l'una dall'altra. Cola il cioccolato a filo sulle barrette (vedi pag. 381).

10 Metti la placca in frigo per 15 minuti per far solidificare il cioccolato, poi stacca le barrette dalla carta forno.

Altri gusti

Per delle barrette al limone non usare le spezie e al punto 4 aggiungi la scorza di un limone grattata finemente.

Per una versione senza glutine, sostituisci la farina normale con quella senza glutine.

Croccanti al burro di arachidi

Contiene arachidi

Ingredienti:

- 1 uovo medio
- 100 g di burro morbido
- 100 g di zucchero di canna
- 100 g di burro di arachidi con i pezzetti
- 150 g di farina autolievitante
- ⅓ cucchiaino di lievito
- 50 g di riso soffiato

Procurati inoltre due placche da forno.

Dosi per 20 croccanti

Questi dolci croccanti a base di burro di arachidi e riso soffiato sono ideali da gustare con una tazza di cioccolata calda.

1 Preriscalda il forno a 190 °C. Ungi d'olio le due placche con della carta da cucina. Rompi l'uovo in una ciotola e sbattilo bene con la forchetta.

2 Sbatti il burro e lo zucchero fino a ottenere un composto cremoso. Aggiungi un po' alla volta l'uovo continuando a sbattere per evitare che si formino grumi.

3 Incorpora il burro d'arachidi all'impasto, poi aggiungi la farina e il lievito setacciati. Mescola e amalgama bene il tutto.

4 Metti il riso soffiato in un piatto. Prendi un cucchiaino colmo di impasto, forma una pallina con le mani e poi mettila nel piatto.

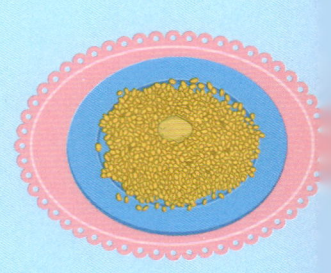

Distanzia bene le cucchiaiate d'impasto.

5 Rotola la pallina nel riso in modo da coprirla bene tutta, poi schiacciala leggermente e poggiala su una placca. Fai tanti altri dischetti.

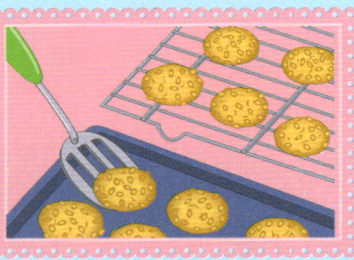

6 Inforna i dolcetti per 20 minuti. Lasciali riposare nelle placche per 5 minuti, poi trasferiscili con la spatola su una gratella a raffreddare.

Cioccolata calda

Per fare 4 tazze di cioccolata calda versa 450 ml di latte in un pentolino. Aggiungi 100 g di cioccolato fondente a pezzetti e metti a sciogliere a fuoco basso, mescolando continuamente.

Per fare un regalo, puoi mettere i croccanti in una scatola come questa.

Puoi coprire la cioccolata con un po' di panna montata.

Biscotti cioccolato e arancia

Ingredienti:

1 arancia
75 g di burro morbido o margarina
75 g di zucchero
75 g di zucchero di canna
1 uovo medio
1 cucchiaino di estratto di vaniglia
150 g di farina
½ cucchiaino di lievito
4 cucchiai di cacao
150 g di gocce di cioccolato fondente, al latte o bianco

Procurati inoltre due placche da forno.

Dosi per circa 24 biscotti

Questi biscotti sono aromatizzati con scorza d'arancia e pieni di gocce di cioccolato. Al posto delle gocce puoi usare bottoncini di cioccolato all'arancia.

1. Preriscalda il forno a 180 °C. Ungi due placche (vedi pag. 10). Gratta la scorza dell'arancia usando il lato della grattugia con i fori piccoli.

2. Metti il burro, la scorza grattugiata e due tipi di zucchero in una terrina capiente e sbatti fino ad ottenere un composto soffice.

3. Rompi l'uovo in una ciotola, aggiungi la vaniglia e sbatti con la forchetta. Versa il composto un po' alla volta nella terrina e mescola bene.

4. Setaccia la farina, il lievito e il cacao nella terrina e mescola fino a ottenere un impasto senza grumi, quindi incorpora 100 g di gocce di cioccolato.

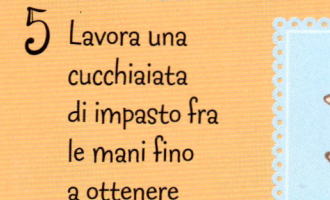

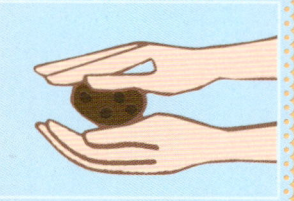

5. Lavora una cucchiaiata di impasto fra le mani fino a ottenere una pallina.

6. Mettila sulla placca e schiacciala leggermente. Fai altre palline e alla fine cospargile con le gocce di cioccolato rimaste, premendole appena.

Altri gusti

Per una versione ancora più ricca, al posto delle gocce di cioccolato puoi usare una tavoletta da 150 g di cioccolato all'arancia spezzettata con un coltello affilato.

Puoi fare dei biscotti semplici senza la scorza d'arancia.

Se preferisci il gusto del limone, sostituisci la scorza d'arancia con quella di un limone grande.

7 Cuoci in forno per 10 minuti. Lascia i biscotti nella placca per qualche minuto poi sollevali con una spatola e poggiali su una gratella a raffreddare.

Biscotti speziati

Contiene mandorle

Questi morbidi biscotti speziati sono tipici della Germania e in tedesco si chiamano Lebkuchen. Sono guarniti con mandorle e ricoperti da uno strato di glassa così sottile che quasi non si vede.

Ingredienti:

65 g di farina
½ cucchiaino di lievito
½ cucchiaino di cannella in polvere
1 cucchiaino di miscela di spezie
75 g di zucchero di canna
50 g di farina di mandorle
2 uova medie
3 datteri morbidi
50 g di marzapane
3 cucchiai di marmellata di albicocche
50 g di scorzette di agrumi candite a pezzetti
100 g di mandorle bianche intere

Per la glassa:
25 g di zucchero a velo

Procurati inoltre due placche da forno.

Dosi per 12 biscotti

1. Versa le due farine, il lievito, la cannella e la miscela di spezie in una terrina capiente. Incorpora lo zucchero.

2. Rompi le uova in una tazza e sbattile con la forchetta. Taglia i datteri a metà ed estrai i noccioli.

3. Metti i datteri in una terrina e schiacciali con la forchetta. Aggiungi un cucchiaio di uovo sbattuto e mescola.

4. Aggiungi al composto il marzapane sbriciolato e la marmellata di albicocche e amalgama bene il tutto.

5. Incorpora un po' alla volta il restante uovo sbattuto, aggiungi le scorzette di agrumi e l'impasto dell'altra terrina e mescola bene.

6. Copri la terrina con della pellicola trasparente e mettila in frigo per 30 minuti. Preriscalda il forno a 160 °C.

Distanzia bene i dischetti.

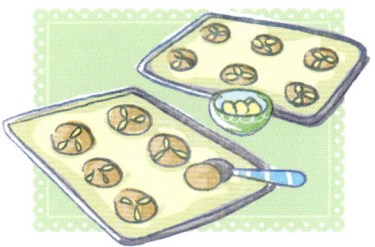

7 Fodera le placche (vedi pag. 10). Versa delle cucchiaiate d'impasto nelle placche e alla fine disponi tre mandorle su ogni dischetto.

8 Inforna i biscotti per 15 minuti, fino a che non saranno dorati. Lasciali nelle placche per 5 minuti, poi trasferiscili su una gratella.

9 Prepara la glassa mescolando lo zucchero a velo setacciato con due cucchiaini d'acqua e spennellaci i biscotti.

Altri gusti

Al posto della glassa, puoi decorare i biscotti con 25 g di cioccolato fondente fuso colato a filo (vedi pagg. 380 e 381).

Girelle al limone

Ingredienti:

75 g di zucchero a velo
150 g di burro morbido
1 limone
200 g di farina
2 cucchiai di latte
colorante alimentare rosa

Procurati inoltre due placche da forno.

Dosi per 40 girelle

Per fare queste deliziose girelle al limone bisogna sovrapporre una sfoglia bianca e una rosa e arrotolarle insieme. Poi si taglia il rotolo a fettine per ottenere il caratteristico motivo a spirale.

1 Ungi le placche (vedi pag. 10). Metti zucchero a velo setacciato e burro in una terrina capiente e mescola fino a ottenere un composto cremoso.

2 Gratta la scorza del limone. Versa la scorza grattugiata nella terrina, incorpora la farina setacciata e il latte e amalgama bene il tutto.

Usa i fori piccoli.

3 Metti metà impasto in un'altra terrina. Aggiungi a uno dei due impasti poche gocce di colorante e lavoralo per ottenere un colore uniforme.

4 Lavora entrambi gli impasti e forma due palle. Schiacciale e avvolgile nella pellicola trasparente. Metti i due panetti in frigorifero per 30 minuti.

5 Infarina il matterello e il piano di lavoro ben pulito, poi stendi il panetto bianco fino a formare una sfoglia rettangolare di circa 25 x 15 cm, dello spessore di circa 5 mm.

6 Stendi il panetto rosa fino a formare una sfoglia delle stesse dimensioni. Spennella la sfoglia bianca con un po' d'acqua e poggiaci sopra quella rosa.

7 Rifila i bordi con un coltello affilato, quindi arrotola i due strati partendo dal lato lungo. Avvolgi il rotolo nella pellicola trasparente e metti in frigo per 30 minuti.

8 Preriscalda il forno a 180 °C. Togli il rotolo dal frigorifero, leva la pellicola e taglialo a fette dello spessore di circa 5 mm. Infine, disponi le fette nelle placche.

9 Inforna per 12-15 minuti. Lascia riposare le girelle nelle placche per qualche minuto, poi trasferiscile con una spatola su una gratella a raffreddare completamente.

Altri gusti

Puoi sostituire la scorza di limone con la scorza di un'arancia o di un lime. Puoi cambiare anche il colorante. Se usi la scorza d'arancia, ad esempio, potresti usare il colorante arancione.

Biscotti glassati

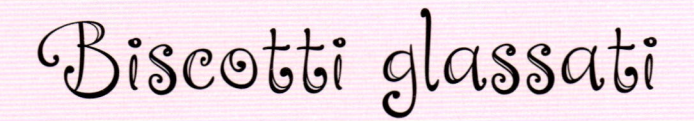

- 46 Margheritine
- 48 Biscotti delle feste
- 50 Biscotti al limone glassati
- 52 Biscotti alla cannella
- 54 Biscotti lecca-lecca
- 56 Stelline di biscotto
- 58 Piccole gemme
- 60 Corone di biscotto

62 Stelle limone e cannella
64 Biscotti ragnatela
66 Biscotti allo zenzero
68 Casette di pan di zenzero
70 Biscotti coriandolini
72 Fiori di pan di zenzero
74 Biscotti fiocco di neve

Biscotti

Margheritine

Ingredienti:

75 g di zucchero a velo
150 g di burro morbido
1 limone
225 g di farina

Per decorare:
glassa in tubetto
caramelline

Procurati inoltre due placche da forno e un tagliapasta piccolo a forma di fiore.

Dosi per circa 30 biscotti

Questa è una ricetta per biscotti al limone a forma di fiore, decorati con glassa in tubetto e caramelline. Se preferisci dei biscotti al gusto d'arancia o di lime, sostituisci il limone con un'arancia o due lime.

1. Ungi leggermente d'olio le placche con un foglio di carta da cucina.

2. In una terrina capiente mescola la farina setacciata e il burro con il cucchiaio fino a ottenere un composto cremoso.

3. Gratta la scorza del limone sui fori piccoli della grattugia. Versa la scorza grattugiata nella terrina e amalgama bene il tutto.

4. Taglia in due il limone e spremine una metà. Incorpora un cucchiaio di succo di limone al composto nella terrina.

5. Aggiungi la farina setacciata e mescola bene, poi forma una palla, schiacciala leggermente e avvolgila nella pellicola trasparente.

6. Metti il panetto in frigorifero per 30 minuti. Spolverizza il piano di lavoro e il matterello con un po' di farina.

7 Preriscalda il forno a 180 °C. Stendi l'impasto a uno spessore di circa mezzo mignolo e ritaglia tanti fiori con il tagliapasta.

8 Disponi i biscotti nelle placche. Reimpasta gli avanzi, forma una palla, poi stendila e ritaglia altri fiori.

9 Inforna i biscotti per 15 minuti, fino a doratura. Lasciali nelle placche per 2 minuti, poi mettili su una gratella a raffreddare.

10 Quando i biscotti si saranno raffreddati, disegna i petali con la glassa in tubetto e metti una caramellina al centro.

Biscotti delle feste

Ingredienti:

125 g di burro morbido o margarina
50 g di zucchero a velo
1 uovo medio
1 cucchiaino di estratto di vaniglia
225 g di farina

Per decorare:
225 g di zucchero a velo
palline di zucchero

Procurati inoltre due placche da forno e dei tagliapasta di varie forme.

Dosi per circa 35 biscotti

Puoi tagliare questi allegri biscotti alla vaniglia nelle forme che preferisci. Per le feste natalizie, ad esempio, potresti fare degli alberelli o delle stelline.

1. Ungi le placche (vedi pag. 10). In una terrina capiente sbatti il burro fino a che non diventa cremoso, poi incorpora lo zucchero a velo setacciato.

2. Rompi l'uovo in una ciotola, aggiungi l'estratto di vaniglia e sbatti bene con la forchetta.

3. Versa l'uovo nella terrina grande, un po' alla volta, continuando a sbattere energicamente.

4. Aggiungi la farina e mescola per amalgamare bene il tutto, poi lavora l'impasto con le mani, forma una palla e schiacciala leggermente.

5. Avvolgi il panetto nella pellicola trasparente e mettilo in frigo per 30 minuti. Nel frattempo preriscalda il forno a 180 °C.

6. Infarina il matterello e il piano di lavoro pulito. Togli la pellicola e stendi la pasta a circa un mignolo di spessore. Ritaglia varie forme con i tagliapasta.

7 Disponi i biscotti nelle placche. Reimpasta gli avanzi e forma una palla. Stendila, ritaglia altre formine e mettile nelle placche.

8 Cuoci i biscotti per 10-12 minuti, fino a doratura. Lasciali raffreddare per 5 minuti nelle placche, poi trasferiscili su una gratella.

9 Per la glassa, mescola zucchero a velo setacciato e 2 cucchiai e ½ d'acqua. Stendi la glassa sui biscotti col coltello a lama piatta e cospargili di palline di zucchero.

Altri gusti

Puoi sostituire l'estratto di vaniglia con 1 cucchiaino di cannella, o 2 cucchiaini di zenzero in polvere o 2 cucchiaini di scorza d'arancia grattata. Aggiungli insieme alla farina, al punto 4.

Biscotti al limone glassati

Ingredienti:

1 limone medio
125 g di farina
50 g di zucchero a velo
1 uovo medio
100 g di burro morbido

Per la glassa al limone:
200 g di zucchero a velo
3 cucchiai di succo di limone
colorante alimentare giallo

Per decorare:
glassa in tubetto bianca e gialla
caramelline bianche e gialle

Procurati inoltre un tagliapasta rotondo del diametro di 4 cm e due placche da forno.

Dosi per circa 30 biscotti

Questi biscotti al limone sono burrosi e croccanti. Puoi ricoprirli con glassa al limone e decorarli con glassa in tubetto e caramelline bianche e gialle.

1. Ungi le placche (vedi pag. 10). Gratta la scorza del limone sui fori piccoli della grattugia.

2. Setaccia la farina e lo zucchero a velo in una terrina capiente e aggiungici la scorza grattugiata. Spremi il limone in una ciotola.

L'albume non ti serve. Usalo per le ricette delle pagg. 148-165.

3. Rompi l'uovo in un piatto. Copri il tuorlo con un portauovo e tienilo fermo mentre inclini il piatto per far scivolare l'albume in una ciotola. Versa il tuorlo nella terrina grande.

4 Aggiungi il burro e un cucchiaio di succo di limone. Mescola fino a ottenere un composto cremoso e omogeneo, poi forma una palla e schiacciala leggermente.

5 Avvolgi il panetto nella pellicola trasparente e mettila in frigorifero per 30 minuti. Nel frattempo preriscalda il forno a 190 °C.

6 Cospargi di farina il matterello e il piano di lavoro ben pulito. Rimuovi la pellicola e stendi l'impasto a circa mezzo mignolo di spessore.

7 Con il tagliapasta ritaglia tanti dischetti, poi disponili nelle placche. Reimpasta gli avanzi, forma una palla e stendila.

8 Ritaglia altri dischetti e mettili nelle placche. Inforna per 8-10 minuti, fino a che non saranno dorati, quindi toglili dal forno.

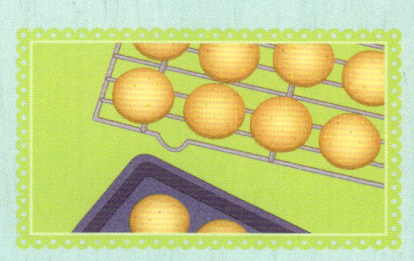

9 Lascia riposare i biscotti per 5 minuti nelle placche, poi poggiali su una gratella. Per fare la glassa, setaccia lo zucchero a velo in una terrina.

10 Incorpora 3 cucchiai di succo di limone. Metti metà del composto in un'altra ciotola e aggiungici qualche goccia di colorante giallo.

11 Con un cucchiaino, spalma la glassa bianca su una metà dei biscotti e la glassa gialla sull'altra metà, poi lascia asciugare bene.

12 Per finire, decora i biscotti con la glassa in tubetto e le caramelline. Per scoprire come disegnare dei motivi con la glassa vai a pagina 379.

Biscotti alla cannella

Ingredienti:

215 g di farina autolievitante

4 cucchiaini di cannella in polvere

¼ di cucchiaino di pepe nero macinato (facoltativo)

50 g di burro

50 g di zucchero di canna

3 cucchiai di miele

Per decorare:
glassa (anche già pronta)

Procurati inoltre due placche da forno e dei tagliapasta o delle formine per biscotti.

Dosi per 30 biscotti

Questi croccanti biscotti al profumo di cannella acquistano un gradevole gusto speziato con un pizzico di pepe nero, ma non esagerare! Puoi decorarli a piacere con le glasse colorate.

1. Preriscalda il forno a 180 °C. Ungi e fodera le placche (vedi pag. 10).

2. Setaccia la farina, la cannella e il pepe in una terrina capiente. Metti il burro, lo zucchero e il miele in una casseruola. Riscalda a fuoco basso, mescolando spesso, finché il burro si è sciolto.

3. Togli la casseruola dal fuoco, aggiungi la farina e mescola finché il composto si addensa. Copri e lascia riposare per 5 minuti, in modo che si raffreddi.

4. Spolvera di farina il piano di lavoro e il matterello e appoggiaci sopra la pasta. Impasta delicatamente con le mani finché ottieni una palla soffice.

5. Rimetti metà della pasta nella casseruola e copri con il coperchio. Con il matterello spiana l'altra metà della pasta finché avrà lo spessore di mezzo mignolo.

6. Con i tagliapasta ritaglia tante formine, poi sistemale nelle placche. Stendi l'altra metà della pasta e ritaglia tante altre fome.

7 Appallottola di nuovo i ritagli. Spiana la pasta e ritaglia altre forme fino a terminare la pasta.

8 Cuoci per 8-10 minuti, finché i biscotti saranno leggermente scuri ai bordi. Lasciali riposare per qualche minuto, poi mettili a raffreddare su una gratella.

9 Quando i biscotti sono ben freddi decorali a piacere con le glasse colorate.

Altri gusti
Per biscotti alla vaniglia, usa lo zucchero al posto di quello di canna e invece della cannella e del pepe usa un cucchiaino di estratto di vaniglia.

Biscotti lecca-lecca

Ingredienti:

1 arancia
50 g di zucchero
50 g di burro morbido o margarina
1 uovo medio
125 g di farina
15 g di maizena

Per la glassa all'arancia:
100 g di zucchero a velo
1 cucchiaio di succo d'arancia
coloranti alimentari di varie tonalità

Procurati inoltre due placche da forno, un tagliapasta rotondo del diametro di circa 4 cm e 12-15 bastoncini di legno.

Dosi per 12-15 lecca-lecca

Le glasse dai colori vivaci usate per decorare questi squisiti biscotti all'arancia su stecco fanno pensare ai lecca-lecca di una volta.

1. Preriscalda il forno a 180 °C e fodera le placche con carta forno (vedi pag. 10).

2. Gratta la scorza di un'arancia sui fori piccoli della grattugia, poi spremi metà arancia e tieni da parte il succo. Metti la scorza in una terrina capiente.

3. Aggiungi nella terrina lo zucchero e il burro e sbatti fino a ottenere un composto chiaro e soffice.

4. Rompi l'uovo in una tazza e sbattilo con la forchetta. Versane metà nella terrina e mescola. Metti da parte il resto.

5. Incorpora la farina e la maizena setacciate, poi lavora l'impasto con le mani e forma una palla.

6. Cospargi di farina il matterello e un piano di lavoro pulito e stendi l'impasto (vedi pag. 372) fino a uno spessore di circa mezzo mignolo.

7. Con il tagliapasta rotondo ricava tanti dischetti, reimpasta e stendi gli avanzi per fare altri dischetti finché non avrai usato tutta la pasta.

La spirale è stata disegnata su uno strato di glassa.

Questo biscotto ha dei motivi in giallo e in rosa.

Questi puntini sono stati fatti con la glassa in tubetto.

Puoi disegnare con la glassa direttamente sul biscotto.

Biscotti lecca-lecca

Questi biscotti sono stati fatti con tagliapasta di 2 misure.

8 Con una spatola disponi metà dischetti sulla placca in modo che ci sia spazio anche per i bastoncini di legno.

9 Dopo aver spennellato d'uovo tutti i dischetti, poggia su ciascuno di loro un bastoncino e infine copri con un altro dischetto, premendo delicatamente.

10 Inforna per 12-15 minuti, fino a doratura. Lascia riposare per 10 minuti, poi togli i dischetti con delicatezza e trasferiscili su una gratella a raffreddare.

11 Per la glassa, setaccia lo zucchero a velo in una terrina e aggiungi 1 cucchiaio del succo d'arancia che avevi messo da parte. Distribuisci la glassa in 3 o più ciotole.

12 Mescola qualche goccia di colorante alimentare in ogni ciotola, poi decora i biscotti con la glassa utilizzando le tecniche spiegate alle pagine 378-379.

55

Stelline di biscotto

Ingredienti:

350 g di farina
2 cucchiaino di zenzero in polvere
1 cucchiaino di bicarbonato
100 g di burro
175 g di zucchero di canna
1 uovo medio
4 cucchiai di golden syrup

Per decorare:
glassa in tubetto
caramelline

Procurati inoltre due placche da forno e un tagliapasta grande a forma di stella.

Dosi per circa 25 biscotti

Questa stessa ricetta può essere utilizzata per fare biscotti di qualsiasi forma.

1. Preriscalda il forno a 190 °C. Ungi e fodera le placche (vedi pag. 10).

2. Setaccia la farina, lo zenzero in polvere e il bicarbonato in una terrina capiente.

3. Taglia il burro a pezzetti con un coltello a lama piatta, mettilo nella terrina e mescola con il cucchiaio.

4. Lavora l'impasto schiacciando fra il pollice e l'indice i pezzetti di burro infarinati fino a quando non si saranno praticamente sbriciolati (vedi pag. 375).

5. Rompi l'uovo in una ciotola, aggiungici il golden syrup e sbatti bene con la forchetta. Versa il composto nella terrina.

6. Amalgama bene il tutto, poi cospargi di farina il matterello e il piano di lavoro ben pulito e poggiaci l'impasto.

7. Lavora la pasta, stendendola in avanti e schiacciandola con i palmi, poi tirandola e ripiegandola più e più volte.

8 Cospargi il piano di lavoro con altra farina, stendi la pasta a uno spessore di circa metà mignolo, infine ritaglia le stelle con il tagliapasta.

9 Con una spatola trasferiscile nelle placche. Reimpasta gli avanzi e forma una palla, poi stendila e ritaglia altre stelle.

10 Cuoci i biscotti per 12-15 minuti. Quando saranno belli dorati toglili dal forno e lasciali riposare nelle placche per 5 minuti.

11 Metti i biscotti su una gratella. Quando si saranno raffreddati decorali con la glassa in tubetto e le caramelline.

Attacca le caramelline con una goccia di glassa.

57

Piccole gemme

Ingredienti:

20 g di zucchero a velo
40 g di burro morbido
1 limone
50 g di farina

Per la crema di burro al limone:
25 g di burro morbido
50 g di zucchero a velo
1 limone
colorante alimentare rosso e blu

Procurati inoltre una placca da forno e una siringa o sacca da pasticciere con beccuccio a stella o a fiore.

Dosi per 30 biscotti

Questi deliziosi biscottini al limone sono decorati con ciuffetti di crema di burro colorati che ricordano delle piccole gemme.

1. In una terrina capiente sbatti burro e zucchero setacciato fino a ottenere un composto liscio.

2. Gratta la scorza di mezzo limone sui fori piccoli della grattugia, poi taglia il limone a metà e spremilo.

3. Aggiungi la scorza grattata al composto, poi incorpora la farina setacciata e 1 cucchiaino e ½ di succo di limone. Forma una palla.

4 Rolla la palla con le mani sul piano di lavoro infarinato fino a ottenere un salsicciotto di 2 cm e ½ di diametro. Avvolgilo nella pellicola trasparente e mettilo in frigo per 30 minuti.

5 Preriscalda il forno a 180 °C. Ungi la placca (vedi pag. 10). Togli la pellicola trasparente e con un coltello taglia il salsicciotto a fettine di ½ centimetro di spessore.

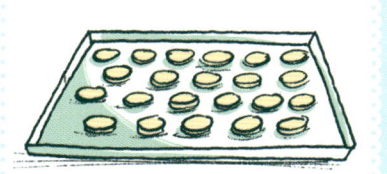

6 Disponi con delicatezza le fettine sulla placca, inforna per 8-10 minuti, fino a doratura. Una volta cotti, lascia raffreddare i biscotti nella placca.

7 Per fare la crema di burro al limone segui le istruzioni per la crema agli agrumi a pagina 376. Versa la crema in altre 2 ciotole in modo da dividerla in 3 parti.

8 Metti in una ciotola qualche goccia di colorante rosso e nell'altra quello blu. Seguendo le istruzioni a pagina 379 fai dei ciuffetti di crema sui biscottini.

9 Per evitare che i colori si mischino, lava bene la sacca da pasticciere (o la siringa) oppure usane una nuova quando cambi colore.

Per una crema di burro come questa usa un burro molto chiaro.

A pag. 382 scopri come fare delle palline e delle stelle commestibili con la glassa fondente.

59

Corone di biscotto

Ingredienti:

50 g di burro
3 cucchiai di golden syrup
175 g di farina autolievitante
½ cucchiaino di cannella in polvere
½ cucchiaino di bicarbonato
1 cucchiaio di zucchero di canna
2 cucchiai di latte

Per decorare:
glassa in tubetto e caramelline

Procurati inoltre due placche da forno.

Dosi per circa 16 corone

Taglia i biscotti a forma di corona prima di metterli in forno. Una volta freddi, decorali con la glassa di vari colori e con delle caramelline che sembreranno pietre preziose.

1 Ungi leggermente d'olio le due placche con un foglio di carta da cucina.

2 Metti il burro tagliato a cubetti in un pentolino, aggiungici il golden syrup e metti sul fuoco.

3 Fai sciogliere a fiamma bassa, mescolando di tanto in tanto, poi spegni e lascia raffreddare per 3 minuti.

4 Setaccia la farina, la cannella e il bicarbonato in una terrina, incorpora lo zucchero e fai una fontana al centro con un cucchiaio.

5 Versa il contenuto del pentolino nella fontana, poi aggiungi il latte e amalgama bene il tutto fino a formare una palla.

6 Avvolgi il panetto nella pellicola trasparente e mettilo in frigo per 15 minuti. Nel frattempo, preriscalda il forno a 180 °C.

Schiaccia leggermente il panetto prima di avvolgerlo.

7 Cospargi di farina il matterello e il piano di lavoro pulito e stendi l'impasto a circa mezzo mignolo di spessore.

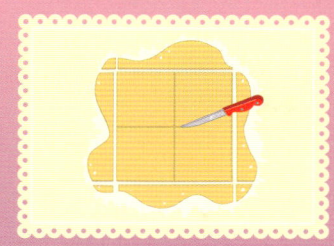

8 Rifila i bordi con un coltello affilato in modo da ottenere una sfoglia quadrata, poi tagliala in quattro parti.

9 Taglia ogni pezzo in due per fare 8 rettangoli, poi ritaglia 2 triangolini in cima a ogni rettangolo per fare le corone.

Fissa le caramelle con una goccia di glassa.

10 Reimpasta gli avanzi, forma una palla e stendila. Ritaglia tante altre coroncine e disponile nelle placche.

11 Cuoci per 8-10 minuti. Estrai i biscotti dal forno e lasciali riposare nelle placche per 5 minuti.

12 Con una spatola, metti le coroncine a raffreddare su una gratella, poi decorale con glassa e caramelline.

Contiene mandorle

Stelle limone e cannella

Ingredienti:
2 limoni
250 g di zucchero a velo
400 g di farina di mandorle
2 cucchiaini di cannella in polvere
2 uova medie

Per la glassa al limone:
125 g di zucchero a velo
1 cucchiaio e ⅛ di succo di limone

Procurati inoltre una placca da forno e un tagliapasta piccolo a forma di stella.

Dosi per circa 40 biscotti

Questi deliziosi biscotti al gusto di cannella e limone non contengono né glutine né frumento perché sono fatti con la farina di mandorle invece che con la farina normale.

Usa i fori piccoli.

1 Preriscalda il forno a 200 °C. Fodera la placca (vedi pag. 10). Gratta la scorza dei limoni. Spremi un limone e metti da parte il succo.

2 In una terrina capiente mescola zucchero a velo setacciato, farina di mandorle, scorza di limone e cannella.

I tuorli non ti servono.

3 Separa le uova (vedi pag. 11). Metti gli albumi in una terrina capiente e sbatti fino a ottenere un composto spumoso: alzando la frusta, la spuma che si solleva dovrà restare ben ferma.

Muovi il cucchiaio a forma di 8.

4 Con un cucchiaio grande di metallo incorpora la farina di mandorle agli albumi. Si dovrebbe formare una pasta. Se è appiccicosa aggiungi altra farina di mandorle.

Cospargi di zucchero a velo il matterello e il piano di lavoro.

5 Poggia la pasta sul piano di lavoro e stendila fino a circa un mignolo di spessore.

6 Con il tagliapasta ritaglia tante stelle nella pasta e disponile nella placca da forno foderata.

Con il rigalimoni taglia dei riccioli di scorza da un altro limone e usali per decorare i biscotti.

7 Inforna per 5-6 minuti. Fai raffreddare i biscotti nella placca per qualche minuto, poi spostali su una gratella.

8 Setaccia lo zucchero a velo in una ciotola, poi aggiungici 1 cucchiaio e ½ di succo di limone. Mescola bene e spalma la glassa sui biscotti.

Biscotti ragnatela

Ingredienti:

160 g di farina
2 cucchiai di cacao
100 g di burro
50 g di zucchero
2 cucchiai di latte
glassa bianca in tubetto

Procurati inoltre due placche da forno, un tagliapasta rotondo grande e uno stecchino.

Dosi per circa 18 biscotti

Questi biscotti son ideali per una festa di Halloween. Prima fai i biscotti al cioccolato e poi disegnaci delle ragnatele con la glassa.

1. Ungi e fodera le placche (vedi pag. 10).

2. Setaccia la farina e il cacao in una terrina capiente. Aggiungi il burro a pezzetti e mescolalo alla farina lavorandolo con la punta della dita (vedi pag. 375).

3. Quando i pezzetti di burro infarinati saranno come delle briciole, incorpora lo zucchero e il latte mescolando con una forchetta.

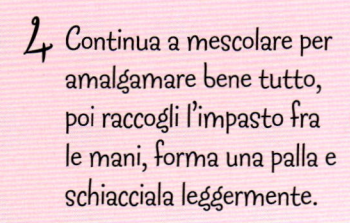

4. Continua a mescolare per amalgamare bene tutto, poi raccogli l'impasto fra le mani, forma una palla e schiacciala leggermente.

5. Avvolgi il panetto nella pellicola e mettilo in frigo per 20 minuti. Nel frattempo preriscalda il forno a 180 °C.

6. Cospargi di farina il matterello e il piano di lavoro pulito. Stendi l'impasto a circa mezzo mignolo di spessore.

7. Con il tagliapasta ritaglia tanti dischetti e disponili nelle placche. Reimpasta gli avanzi e forma una palla.

8. Stendi l'impasto e ritaglia altri dischetti. Cuoci per 10-12 minuti, poi mettiti i guanti e estrai le placche dal forno.

9 Fai riposare i biscotti nelle placche per circa 5 minuti, poi trasferiscili su una gratella a raffreddare completamente.

10 Quando i biscotti si saranno raffreddati disegna una spirale con la glassa in tubetto a partire dal centro.

11 Per ottenere l'effetto ragnatela trascina la punta di uno stecchino a partire dal centro come per disegnare dei raggi. Lascia rassodare la glassa.

Altre idee

Se preferisci, al posto delle ragnatele puoi disegnare delle linee dritte, a zig-zag o fare dei puntini. Scopri come alle pagine 378-379.

Biscotti allo zenzero

Ingredienti:

50 g di burro

50 g di zucchero di canna

4 cucchiai di golden syrup o miele liquido

215 g di farina autolievitante

3 cucchiaini di zenzero in polvere

1 cucchiaino di cannella in polvere

¼ di cucchiaino di pepe della Giamaica (facoltativo)

Per la glassa:

100 g di zucchero a velo

varie tonalità di colorante alimentare (facoltativo)

Procurati inoltre due placche da forno e dei mini tagliapasta a forma di cuore (o altro).

Dosi per 40 biscotti

Questi biscotti croccanti sono stati tagliati a forma di cuore, ma puoi scegliere le fome che preferisci. Le decorazioni sono state fatte con glassa all'acqua in colori pastello.

1 Preriscalda il forno a 180 °C e fodera le placche con la carta forno (vedi pag. 10).

2 Fai sciogliere il burro, lo zucchero e il golden syrup o il miele in un pentolino a fiamma bassa, poi togli dal fuoco.

3 Setaccia la farina, lo zenzero, la cannella e il pepe nel pentolino. Amalgama bene il tutto, poi copri con un coperchio e lascia raffreddare per 15 minuti.

4 Cospargi di farina il piano di lavoro pulito e il matterello. Poggia metà dell'impasto sul piano di lavoro e stendilo (vedi pag. 372) fino a mezzo mignolo di spessore.

5 Ritaglia con il tagliapasta tanti cuoricini e mettili nelle placche. Reimpasta i ritagli avanzati e stendili nuovamente per fare altri cuoricini.

6 Stendi allo stesso modo l'altra metà dell'impasto e fai tanti altri cuoricini. Inforna i biscotti per 8-10 minuti, fino a doratura.

7 Lasciali nella placca per 5 minuti, poi trasferiscili su una gratella e lasciali raffreddare completamente.

8 Per la glassa, mescola in una terrina lo zucchero a velo setacciato e 2 cucchiaini d'acqua fino a ottenere un composto liscio, poi distribuiscilo in due o più ciotoline.

9 Versa in ogni ciotola qualche goccia di colorante alimentare e mescola bene, poi stendi la glassa sui biscotti.

Usa una placca per i biscotti grandi e una per quelli piccoli perché hanno tempi di cottura diversi: 10 minuti i grandi, 8 i piccoli.

Casette di pan di zenzero

Ingredienti:

350 g di farina
1 cucchiaino e ½ di zenzero in polvere
½ cucchiaino di cannella in polvere
1 cucchiaino di bicarbonato
100 g di burro
175 g di zucchero di canna grezzo
1 uovo medio
2 cucchiai di golden syrup

Per decorare:

glassa in tubetto, caramelline e palline di zucchero

Procurati inoltre due placche da forno.

Dosi per circa 10 casette

La parte più divertente di questa ricetta è il momento della decorazione dopo la cottura. Puoi fare disegni più o meno elaborati, anche diversi per ogni casetta, usando glasse, caramelline e palline di zucchero dei colori che preferisci.

1 Preriscalda il forno a 180 °C. Fodera le placche (vedi pag. 10). In una terrina capiente mescola la farina, lo zenzero, la cannella e il bicarbonato.

2 Aggiungi il burro a pezzetti. Lavora burro e farina con la punta della dita (vedi pag. 375) fino a formare grosse briciole. Incorpora lo zucchero.

3 In una ciotola sbatti l'uovo e il golden syrup e versali nella terrina con la farina. Amalgama bene, poi forma una palla.

4 Cospargi di farina il matterello e il piano di lavoro pulito e stendi l'impasto a circa un mignolo di spessore.

5 Rifila i bordi con un coltello affilato in modo da ottenere una sfoglia quadrata, poi tagliala in quattro pezzi, così.

6 Taglia ogni pezzo in due così da ottenere 8 rettangoli, poi ritaglia un triangolo in cima a ciascun rettangolo per fare i tetti delle case.

7 Reimpasta gli avanzi, forma una palla e stendila. Ritaglia altre case, mettile nelle placche e inforna per 12-15 minuti, fino a che saranno dorate.

8 Lascia raffreddare le casette nelle placche per qualche minuto, poi mettile su una gratella. Infine, decorale con glassa, caramelline e palline di zucchero.

Su questa casetta è stato prima steso uno strato di glassa all'acqua (vedi pagg. 377-378) e poi è stata decorata.

Biscotti coriandolini

Ingredienti:

50 g di burro morbido
75 g di zucchero
1 uovo medio
1 cucchiaino di miele liquido
1 cucchiaino di estratto di vaniglia
2 cucchiaino di latte
100 g di farina
25 g di maizena

Per la glassa:
150 g di zucchero a velo
colorante alimentare rosa

Procurati inoltre due placche da forno e dei tagliapasta molto piccoli.

Dosi per circa 100 biscottini

Questi biscottini piccolissimi sembrano proprio dei coriandoli. Per farli, usa dei tagliapasta molto piccoli di varie forme e poi ricoprili di glassa bianca e rosa.

1. Preriscalda il forno a 180 °C. Ungi leggermente d'olio le due placche con della carta da cucina.

2. Sbatti il burro e lo zucchero in una terrina fino a ottenere un composto cremoso. Separa il tuorlo dall'albume (vedi pag. 11), versalo nella terrina e mescola.

L'albume non ti serve. Usalo per le ricette delle pagg. 148-165.

3. Incorpora il miele, la vaniglia e il latte. Aggiungi la farina e la maizena setacciate e mescola il tutto con un cucchiaio.

4. Continua a lavorare con le mani e forma una palla. Se l'impasto ti sembra troppo asciutto aggiungi una goccia o due di latte.

5 Cospargi di farina il piano di lavoro pulito, stendi l'impasto a circa mezzo mignolo di spessore e ritaglia tante forme con i tagliapasta.

6 Disponi i biscottini nelle placche da forno. Reimpasta gli avanzi, forma una palla, poi stendila e ritaglia tante altre forme.

7 Cuoci i biscottini per 6-8 minuti, finché avranno preso un bel colore dorato, poi lasciali raffreddare nelle placche, fuori dal forno.

8 Per la glassa, mescola lo zucchero a velo setacciato e 2 cucchiai d'acqua in una ciotola, poi versane metà in un'altra ciotola.

9 Copri una delle due ciotole con della pellicola trasparente e metti nell'altra due gocce di colorante alimentare.

10 Ricopri metà biscotti con la glassa bianca e metà con la glassa rosa. Lascia rassodare la glassa.

Usa il coltello a lama piatta.

Fiori di pan di zenzero

Puoi guarnire questi morbidi biscotti di pan di zenzero ricoprendoli con glasse di diversi colori. Se ti piace particolarmente il gusto di zenzero, usane ½ cucchiaino in più al posto della cannella.

Ingredienti:

350g di farina
1 cucchiaino e ½ di zenzero in polvere
½ cucchiaino di cannella in polvere
1 cucchiaino di bicarbonato
100 g di burro o margarina
175 g di zucchero di canna grezzo
1 uovo medio
2 cucchiai di golden syrup

Per decorare:
glassa in tubetto

Procurati inoltre due placche da forno e un tagliapasta a forma di fiore di media grandezza.

Dosi per circa 25 biscotti

1 Preriscalda il forno a 180 °C. Ungi d'olio le due placche con carta da cucina. In una terrina capiente mescola farina, zenzero, cannella e bicarbonato setacciati.

2 Taglia il burro o la margarina a pezzetti, mettili nella terrina e mescola con un cucchiaio in modo da coprirli di farina.

3 Lavora velocemente burro e farina con la punta della dita (vedi pag. 375). Quando l'impasto avrà la consistenza di grosse briciole incorpora lo zucchero.

4 Rompi l'uovo in una ciotola e sbattilo con la forchetta. Aggiungici il golden syrup, mescola e versa il tutto nella terrina capiente. Amalgama bene.

5 Tieni ferma la terrina con una mano e con l'altra lavora l'impasto e forma una palla liscia. Taglia il panetto a metà con un coltello a lama piatta.

6 Cospargi di farina il matterello e il piano di lavoro pulito e stendi uno dei due panetti a poco meno di un mignolo di spessore.

7 Con il tagliapasta ritaglia tanti fiori, poi sollevali delicatamente con la spatola e disponili nelle placche.

8 Stendi il secondo panetto e ritaglia altri fiori. Reimpasta gli avanzi, forma una palla, stendila e taglia ancora altri fiori.

9 Inforna i biscotti per 12-15 minuti, finché saranno belli dorati, poi lasciali raffreddare nelle placche per 5 minuti.

10 Trasferisci i biscotti su una gratella a raffreddare completamente. Infine, usa la glassa in tubetto o quella fatta da te (vedi pag. 377) per disegnare dei motivi.

Biscotti fiocco di neve

Ingredienti:
75 g di burro morbido
25 g di zucchero a velo
115 g di farina

Per decorare:
glassa bianca in tubetto

Procurati inoltre due placche da forno e un tagliapasta rotondo grande.

Dosi per circa 14 biscotti

Questi biscotti sono stati decorati con fiocchi di neve bianchi, ma se preferisci puoi usare glasse in tubetto di colori diversi e disegnare altri motivi.

1. Ungi leggermente d'olio le placche con un foglio di carta da cucina.

2. Metti il burro in una terrina capiente e sbattilo fino a che non sarà diventato spumoso, poi incorpora lo zucchero a velo setacciato.

3. Aggiungi la farina setacciata e mescola. Lavora l'impasto con le mani, forma una palla e schiacciala leggermente.

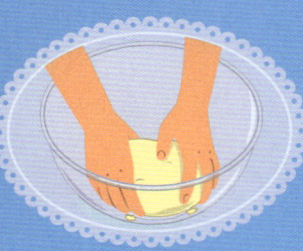

4. Avvolgi il panetto nella pellicola e mettilo in frigo per 30 minuti. Nel frattempo preriscalda il forno a 180 °C.

5. Cospargi di farina il matterello e il piano di lavoro pulito e stendi uno dei due panetti a poco meno di un mignolo di spessore.

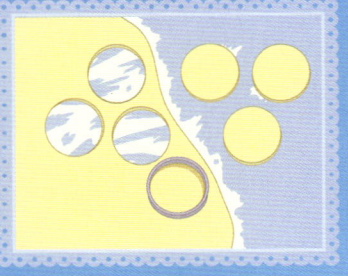

6. Ritaglia tanti dischetti con il tagliapasta. Reimpasta gli avanzi, forma una palla e stendila. Taglia altri dischetti.

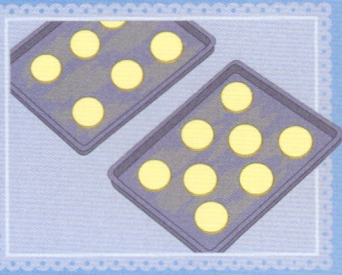

7. Quando avrai finito tutto l'impasto disponi i biscotti nelle placche e cuoci in forno per 10-12 minuti.

A pag. 379 trovi tante idee per disegnare motivi diversi con la glassa.

Alcuni di questi biscotti sono stati decorati sia con glassa brillante che con glassa bianca.

8 Lascia riposare i biscotti nelle placche per 2 minuti, poi con una spatola trasferiscili su una gratella a raffreddare.

9 Con la glassa in tubetto disegna tre linee dritte che si incontrano nel centro, a raggiera, come mostrato nella figura.

10 Disegna una lineetta in senso orizzontale all'estremità di ciascun raggio per fare il fiocco di neve. Ripeti con gli altri biscotti.

Biscotti farciti

- 78 Biscotti viennesi
- 80 Bottoni alla marmellata
- 82 Cuori di cacao e marzapane
- 84 Biscotti alla marmellata
- 86 Biscotti con cuore morbido

88   Pepite arachidi e cioccolato
90   Merletti di biscotto
92   Biscotti yo-yo
94   Cuori di cioccolato all'arancia
96   Biscotti di Linz

Biscotti viennesi

Ingredienti:

175 g di burro morbido
40 g di zucchero a velo
1 cucchiaino di estratto di vaniglia
175 g di farina
40 g di maizena

Per la crema ganache:
75 g di cioccolato fondente o al latte
4 cucchiai di panna fresca

Procurati inoltre due placche da forno e una terrina resistente al calore da appoggiare su un pentolino.

Dosi per circa 12 biscotti farciti

Questi biscotti farciti, croccanti e burrosi, sono originari di Vienna. Per farli, stendi la crema ganache su un biscotto e ricopri con un altro biscotto, tipo panino. La crema ganache può essere al cioccolato fondente, bianco o al latte.

1. Preriscalda il forno a 190 °C. Ungi e fodera le placche (vedi pag. 10). Sbatti il burro in una terrina con lo zucchero a velo setacciato fino a ottenere un composto cremoso.

2. Incorpora l'estratto di vaniglia. Aggiungi la farina e la maizena setacciate e amalgama bene il tutto. Versa un cucchiaino di impasto su una placca.

3. Versa altri cucchiaini di impasto lasciando un po' di spazio fra l'uno e l'altro, poi schiacciali leggermente con il dorso di un cucchiaio.

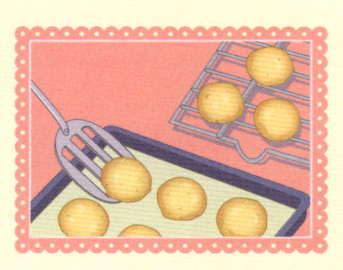

4. Inforna i biscotti per 12-14 minuti, finché saranno appena dorati. Lasciali raffreddare nelle placche per 5 minuti, poi trasferiscili su una gratella.

5. Per la crema ganache, metti il cioccolato a pezzi nella terrina resistente al calore e aggiungi la panna. Riempi un pentolino di acqua per un quarto.

6. Metti a scaldare. Quando l'acqua bolle, togli il pentolino dal fuoco. Con i guanti da forno, metti la terrina sul pentolino e mescola finché il cioccolato sarà sciolto.

7. Sempre con i guanti da forno togli la terrina dal pentolino e fai raffreddare per qualche minuto, poi metti in frigo per un'ora, mescolando di tanto in tanto.

8. Quando la crema avrà una consistenza simile al burro toglila dal frigo e spalmala sul lato piatto di un biscotto con un coltello, poi coprila con un altro biscotto.

9. Prepara tanti altri "paninetti", fino a che non avrai finito i biscotti e la crema. Puoi mangiarli subito o conservarli in frigo in un contenitore ermetico.

79

Bottoni alla marmellata

Contiene noce di cocco

Ingredienti:

100 g di burro morbido

1 cucchiaino di estratto di vaniglia

50 g di zucchero a velo

100 g di farina

25 g di maizena

25 g di farina di cocco

2 cucchiai circa di marmellata di lamponi, o simile

Procurati inoltre due placche da forno.

Dosi per circa 20 biscotti

Per fare questi biscotti forma tante palline, poi fai una fossetta al centro premendo con il dito. A fine cottura, riempi le fossette con la marmellata.

1 Preriscalda il forno a 180 °C e ungi le placche (vedi pag. 10).

2 Metti il burro in una terrina capiente e mescola finché diventa cremoso, poi incorpora l'estratto di vaniglia.

3 Aggiungi lo zucchero a velo setacciato e sbatti con il cucchiaio di legno finché ottieni un composto soffice.

4 Incorpora farina e maizena setacciate, aggiungi la farina di cocco e amalgama il tutto finché l'impasto sarà morbido.

5 Infarinati leggermente le mani, preleva un po' di impasto con un cucchiaino e dagli la forma di una pallina.

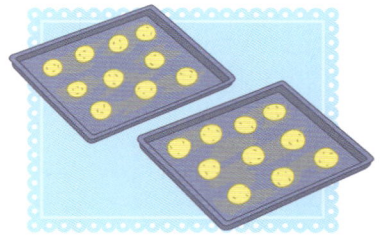

6 Fai tante palline allo stesso modo e disponile sulla placca distanziandole tra loro perché durante la cottura aumentano di volume.

7 Fai una fossetta al centro di ogni pallina, premendo con il mignolo fino all'altezza della falangetta, così.

8 Inforna i biscotti per 12-14 minuti. Mettiti i guanti, estrai le placche dal forno e lascia raffreddare.

9 Quando i biscotti sono freddi, spolverizzali con lo zucchero a velo, poi riempi le fossette con la marmellata che preferisci.

Per questi biscotti è stata usata la marmellata di lamponi, ma qualsiasi altro tipo va bene.

Cuori di cacao e marzapane

Contiene frutta a guscio

Ingredienti:

100 g di farina autolievitante
25 g di cacao
75 g di burro
50 g di zucchero
1 uovo medio
100 g di marzapane

Per decorare:
1 cucchiaino di zucchero a velo
½ cucchiaino di cacao

Procurati inoltre una placca da forno e due tagliapasta a forma di cuore, uno piccolo e uno medio.

Dosi per 12 biscotti

Questi sembrano dei normali biscotti al gusto di cioccolato, ma quando li mordi scoprirai un delizioso cuore di marzapane.

1 Ungi la placca (vedi pag. 10). In una terrina capiente metti la farina e il cacao setacciati e il burro tagliato a dadini. Mescola bene.

2 Lavora burro e farina con la punta della dita (vedi pag. 375). Quando l'impasto avrà la consistenza di grosse briciole incorpora lo zucchero.

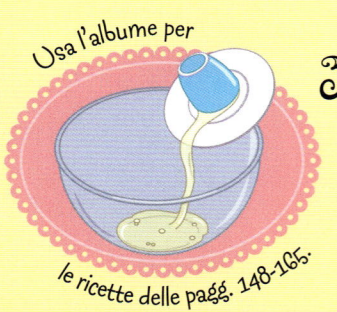

Usa l'albume per le ricette delle pagg. 148-165.

3 Rompi l'uovo in un piatto. Copri il tuorlo con un portauovo e inclina il piatto per far scivolare l'albume in una ciotola. Versa il tuorlo nella terrina capiente.

4 Amalgama bene il tutto poi lavora l'impasto, forma una palla e schiacciala leggermente. Avvolgi il panetto nella pellicola e mettilo in frigo per 30 minuti.

5 Cospargi di zucchero a velo il piano di lavoro e il matterello, stendi il marzapane a mezzo mignolo di spessore e ritaglia dei cuori col tagliapasta piccolo.

6 Reimpasta gli avanzi, forma una palla, stendila e taglia altri cuori fino ad averne in tutto 12. Preriscalda il forno a 200 °C.

Premi energicamente il matterello per stendere l'impasto.

7 Infarina il matterello e il piano di lavoro e stendi la pasta al cacao a mezzo mignolo di spessore. Con il tagliapasta più grande ritaglia 24 cuori.

8 Disponi 12 cuori sulla placca, poggia su ciascuno un cuore di marzapane e coprili con gli altri cuori al cacao, premendo un po' per sigillare i bordi.

9 Inforna per 10 minuti. A fine cottura, spolverizzali con lo zucchero a velo e poi con il cacao setacciati, infine trasferiscili su una gratella a raffreddare.

83

Biscotti alla marmellata

Può contenere mandorle

Ingredienti:

100 g di burro morbido

50 g di zucchero

1 arancia

1 uovo medio

2 cucchiai di farina di mandorle (facoltativo)

200 g di farina

1 cucchiaio di maizena

8 cucchiai di marmellata

Procurati inoltre due placche da forno, un tagliapasta rotondo del diametro di 5 cm e altri tagliapasta piccoli di varie forme.

Dosi per circa 10 biscotti farciti

Per fare questi dolcetti poggia i biscotti tagliati al centro su quelli interi, in modo che la marmellata si veda. Puoi usare marmellate di tipo diverso e ritagliare il centro dei biscotti nelle forme che preferisci.

1. Preriscalda il forno a 180 °C. Ungi le placche (vedi pag. 10). Sbatti burro e zucchero in una terrina capiente fino a ottenere un composto soffice e cremoso.

2. Lava bene l'arancia e grattane la scorza sui fori piccoli della grattugia. Versa la scorza grattugiata nella terrina con burro e zucchero e mescola bene.

3. Rompi l'uovo in una tazza, sbattilo con la forchetta e versalo un po' alla volta nella terrina grande, continuando sempre a mescolare.

4. Quando avrai finito di incorporare l'uovo aggiungi la farina di mandorle, se hai deciso di usarla, e la farina e la maizena setacciate.

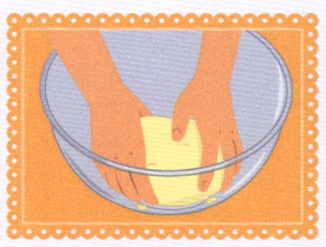

5. Lavora l'impasto con le mani, poi forma una palla, schiacciala leggermente, avvolgila nella pellicola e mettila in frigo per 30 minuti.

6 Cospargi di farina il matterello e il piano di lavoro pulito, poi stendi l'impasto fino a raggiungere lo spessore di circa mezzo mignolo.

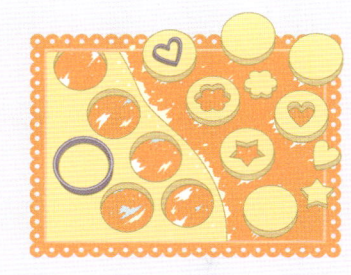

7 Ricava tanti dischetti con il tagliapasta rotondo. Su metà di essi ritaglia delle forme al centro usando gli altri tagliapasta.

8 Reimpasta gli avanzi e forma una palla, stendi la pasta e ritaglia altri dischetti. Metti i biscotti nelle placche e inforna per 15 minuti. Lascia riposare per due minuti.

9 Trasferisci i biscotti sulla gratella. Quando saranno freddi, spalma la marmellata sui dischetti interi e poggiaci sopra i biscotti tagliati al centro, premendo leggermente.

Biscotti con cuore morbido

Ingredienti:

65 g di cioccolato fondente
15 g di burro
1 uovo medio
½ cucchiaino di estratto di vaniglia
40 g di zucchero
50 g di farina autolievitante
15 g di cacao
50 g di zucchero a velo

Per il ripieno:
10 quadrati di cioccolato fondente, bianco o al latte

Procurati una placca da forno e una terrina resistente al calore da appoggiare su un pentolino.

Dosi per 10 biscotti

Mangia questi biscotti ancora caldi e scoprirai un morbido cuore di cioccolato che ti conquisterà fin dal primo morso.

1 Riempi un pentolino d'acqua per un quarto e mettilo sul fuoco. Quando l'acqua bolle, spegni. In una terrina resistente al calore metti il cioccolato e il burro tagliato a pezzetti.

2 Metti la terrina sul pentolino e dopo due minuti comincia a mescolare finché burro e cioccolato saranno sciolti.

3 Rompi l'uovo in una ciotola, aggiungi la vaniglia e sbatti, infine versa il composto nella terrina con il cioccolato.

4 Aggiungi lo zucchero e sciogliloescolando per un minuto. Togli la terrina dal pentolino facendo attenzione a non scottarti e lascia raffreddare.

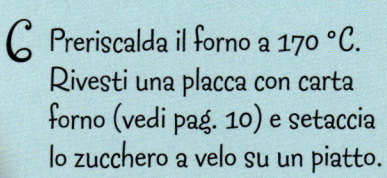

5 Setaccia la farina e il cacao nel composto e amalgama il tutto. Copri la terrina con della pellicola e mettila in frigo per un'ora.

6 Preriscalda il forno a 170 °C. Rivesti una placca con carta forno (vedi pag. 10) e setaccia lo zucchero a velo su un piatto.

7 Preleva un cucchiaio di impasto alla volta e con le mani forma una pallina, poggiala su una superficie pulita e con il pollice fai un foro nel centro. Fai in tutto 9 palline.

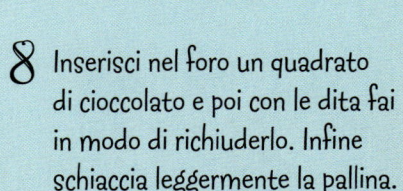

8 Inserisci nel foro un quadrato di cioccolato e poi con le dita fai in modo di richiuderlo. Infine schiaccia leggermente la pallina.

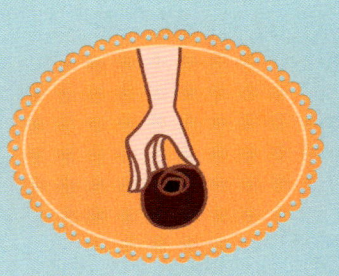

9 Rotola le palline nello zucchero a velo e poi sistemale sulla placca da forno.

10 Cuoci per 10-12 minuti. Lascia nel forno spento per pochi minuti, poi metti a raffreddare su una gratella.

La superficie dei biscotti si presenta screpolata.

Pepite arachidi e cioccolato

Contiene arachidi

Ingredienti:

- 50 g di arachidi tostate e salate
- 100 g di burro morbido o margarina
- 100 g di zucchero
- 50 g di zucchero di canna
- 100 g di burro d'arachidi cremoso
- ½ cucchiaino di estratto di vaniglia
- 1 uovo medio
- 150 g di farina
- 50 g di cioccolato fondente, al latte o bianco

Procurati inoltre due placche da forno, carta d'alluminio e una terrina resistente al calore da appoggiare su un pentolino.

Dosi per 35 biscotti

Questi biscotti al burro d'arachidi hanno una fossetta al centro ripiena di cioccolato e decorata con un'arachide o un altro tipo di noce.

1. Preriscalda il forno a 180 °C e fodera le placche (vedi pag. 10). Metti le arachidi in un colino, sciacquale in acqua fredda per eliminare il sale, asciugale con uno strofinaccio e mettile da parte.

2. Sbatti in una terrina capiente il burro e i due tipi di zucchero fino a ottenere un composto chiaro e soffice.

3. Incorpora il burro d'arachidi e la vaniglia, poi rompi l'uovo in una tazza, sbattilo con la forchetta e aggiungilo al composto.

Mandorla pelata

Cioccolato bianco

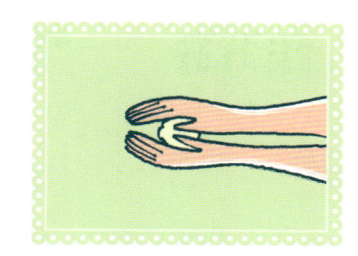

4 Aggiungi al composto la farina setacciata, mescola bene e poi lavoralo con le mani fino a formare una palla.

5 Preleva un cucchiaino d'impasto, forma una pallina e poggiala nella placca. Fai altre palline sino a finire tutto l'impasto. Metti in forno per 10-12 minuti, fino a doratura.

6 Ritaglia un quadrato di carta d'alluminio, accartoccialo a forma di pallina del diametro di 2 cm e poi forma un manico premendo ad un'estremità.

7 Estrai i biscotti dal forno e, tenendo la pallina per il manico, premila delicatamente al centro del biscotto per formare una fossetta. I biscotti si screpoleranno un po'.

8 Fai raffreddare i biscotti, poi sciogli il cioccolato (vedi pag. 380), versane un po' nelle fossette, e decora con le arachidi che avevi messo da parte.

Altri gusti

Per decorare i biscottini, al posto delle arachidi puoi usare pistacchi sgusciati, noci di macadamia, mandorle pelate o nocciole. Se usi arachidi senza sale, al punto 1 non serve sciacquarle.

Al posto del cioccolato puoi farcire i biscotti con la salsa mou (vedi pag. 377). Per una variante davvero "nocciolosa", usa crema di nocciole e cacao.

Questi biscotti sono stati farciti con la salsa mou (vedi pag. 377).

Merletti di biscotto

Ingredienti:

75 g di burro
75 g di fiocchi di avena
100 g di zucchero
1 uovo medio
2 cucchiaini di farina
1 cucchiaino di lievito

Per la crema di mascarpone al lime:
1 lime
250 g di mascarpone
25 g di zucchero a velo

Procurati inoltre due placche da forno.

Dosi per circa 8 merletti farciti

Durante la cottura, questi burrosi biscotti all'avena assumono l'aspetto di un merletto. Puoi gustarli così come sono o accoppiarli e farcirli con una crema di mascarpone e scorzetta di lime.

1. Preriscalda il forno a 170 °C. Ungi e fodera le placche seguendo le istruzioni a pagina 10.

Per la farcitura puoi usare un limone o un'arancia al posto del lime.

2. Metti il burro in un pentolino e fallo sciogliere a fiamma bassa. Togli dal fuoco, aggiungi i fiocchi di avena e mescola con un cucchiaio di legno.

3. Aggiungi lo zucchero e mescola bene. Fai riposare l'impasto per 2-3 minuti, in modo che i fiocchi di avena assorbano bene il burro.

4. Rompi l'uovo in una ciotola e sbattilo con la forchetta. Incorpora l'uovo sbattuto al composto di avena, aggiungi la farina setacciata e il lievito, poi mescola.

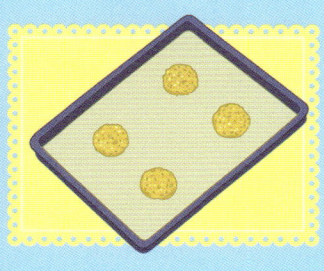

5. Versa su ciascuna placca 4 cucchiaiate di impasto ben distanziate tra loro. Inforna per 9-10 minuti, finché i biscotti saranno belli dorati.

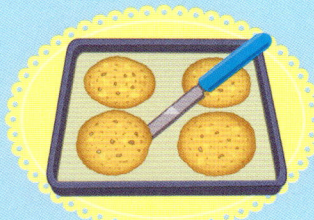

6. Lascia riposare i biscotti nelle placche per 5 minuti, poi staccali delicatamente con un coltello a lama piatta e poggiali su una gratella a raffreddare.

7. Lascia la carta forno nelle placche e prepara altri biscotti seguendo le istruzioni ai punti 5 e 6. Fai raffreddare bene tutti i biscotti sulla gratella.

8. Nel frattempo prepara la farcitura seguendo la ricetta a pagina 376. Spalma il mascarpone al lime sul lato piatto di un biscotto.

9. Copri con un altro biscotto. Ripeti la stessa operazione fino a finire tutti i "merletti". Mangia i dolcetti prima che la crema li renda molli.

Biscotti yo-yo

Ingredienti:

175 g di burro morbido
40 g di zucchero a velo
1 cucchiaino di estratto di vaniglia
175 g di farina
40 g di maizena
1 cucchiaio di cacao

Per la glassa al cioccolato:
40 g di burro
75 g di cioccolato fondente o al latte

Procurati inoltre due placche da forno e delle palline di zucchero.

Dosi per 12 yo-yo

Questi biscotti doppi alla vaniglia e al cioccolato ricordano la forma degli yo-yo. Decorali con palline di zucchero, oppure lasciali così come sono.

Questi biscotti sono stati farciti con la glassa al cioccolato, ma puoi usare anche la crema di burro (pag. 376) o la salsa mou (pag. 377).

1. Preriscalda il forno a 190 °C. Ungi o fodera le placche (vedi pag. 10).

2. In una terrina metti il burro e lo zucchero a velo setacciato e sbatti fino a ottenere un composto liscio. Incorpora vaniglia, farina e maizena.

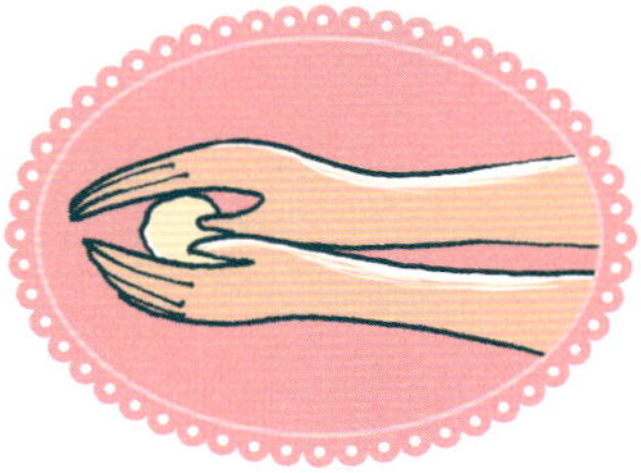

3. Versa metà del composto in un'altra terrina, aggiungi il cacao setacciato e mescola.

4. Prendi una cucchiaiata di impasto alla volta e con le mani forma tante palline che disporrai nella placca ad una certa distanza l'una dall'altra.

5. Schiaccia le palline con il dorso di una forchetta e poi inforna per 12-14 minuti.

6. Nel frattempo, prepara la glassa al cioccolato (vedi pag. 377).

7. Lascia riposare i biscotti nella placca per qualche minuto, poi trasferiscili su una gratella a raffreddare.

8. Quando si saranno raffreddati, spalma la glassa su metà dei biscotti e coprili con la restante metà, come dei panini.

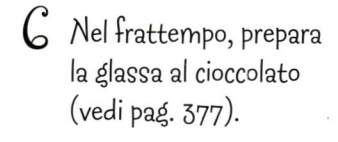

9. Versa delle palline di zucchero in un piatto e passaci velocemente gli yo-yo.

Contiene mandorle

Cuori di cioccolato all'arancia

Questi croccanti cuori di cioccolato hanno un delizioso ripieno di pasta di mandorle aromatizzata all'arancia.

Ingredienti:

100 g di farina autolievitante

25 g di cacao

75 g di burro

50 g di zucchero

1 uovo medio

Per il ripieno all'arancia:

50 g di zucchero

50 g di farina di mandorle

2 arance

Procurati inoltre una placca da forno e un tagliapasta a forma di cuore largo almeno 5 cm.

Dosi per 15 biscotti

1. Ungi la placca (vedi pag. 10). Mescola la farina e il cacao in una terrina capiente e aggiungici il burro tagliato a cubetti.

2. Lavora burro e farina fino a ottenere delle grosse briciole (vedi pag. 375), poi incorpora lo zucchero e il tuorlo d'uovo. Metti l'albume in una tazza: ti servirà dopo.

3. Lavora l'impasto con le mani, forma una palla e avvolgila nella pellicola trasparente, quindi mettila in frigo per 20 minuti.

4. Per il ripieno, versa metà albume, lo zucchero e la farina di mandorle in una terrina.

5. Gratta la scorza delle arance, versala nella terrina e amalgama bene il tutto.

Infarinati le mani con lo zucchero a velo.

6. Preriscalda il forno a 200 °C. Prendi un po' di impasto alla volta e forma 15 palline, poi schiacciale leggermente.

Cospargi di zucchero a velo il matterello e il piano di lavoro.

7 Togli il panetto dal frigo, stendilo a circa un mignolo di spessore premendo bene, poi ritaglia 30 cuori.

8 Disponi 15 cuori nella placca. Metti una pallina di ripieno su ogni cuore, spennella i bordi con l'albume, poi copri con un altro cuore, premendo leggermente lungo i bordi.

9 Inforna i biscotti per 8-10 minuti. Lasciali raffreddare per qualche minuto, poi spostali su una gratella.

Una spolverata di zucchero a velo come tocco finale e i tuoi cuoricini saranno perfetti.

Contiene nocciole

Biscotti di Linz

Questi deliziosi biscotti alla nocciola sono una specialità di Linz, in Austria. Un foro al centro del biscotto permette di vedere il ripieno di marmellata.

Ingredienti:

- 100 g di nocciole
- 200 g di farina
- 150 g di zucchero
- 150 g di burro
- 1 uovo medio
- ½ cucchiaino di estratto di vaniglia
- marmellata di lamponi o di qualsiasi altro gusto

Procurati inoltre due placche da forno, un tagliapasta rotondo del diametro di 6 cm e dei tagliapasta piccoli di altre forme.

Dosi per circa 7 biscotti

1 Metti le nocciole in un sacchetto di plastica per alimenti, chiudilo e schiaccia le nocciole con un matterello.

2 Metti nocciole, farina, zucchero e burro a pezzetti in una terrina. Lavora l'impasto con la punta delle dita (vedi pag. 375) fino a farne grosse briciole.

Usa l'albume per le ricette delle pagg. 148-165.

Infarina il matterello e il piano di lavoro.

3 Rompi l'uovo e versa il tuorlo nella terrina. Aggiungi la vaniglia, amalgama bene l'impasto fino a formare una specie di panetto.

4 Avvolgi il panetto nella pellicola trasparente e metti in frigo per 30 minuti. Nel frattempo fodera le placche (vedi pag. 10).

5 Preriscalda il forno a 200 °C. Togli il panetto di pasta dal frigo e stendila a circa un mignolo di spessore.

6 Con il tagliapasta rotondo ritaglia tanti dischetti. Reimpasta gli avanzi, forma una palla, stendila e ritaglia altri dischetti.

7 Con un tagliapasta più piccolo ricava un foro al centro di metà dei biscotti. Inforna tutti i biscotti per 8 minuti.

8 Estrai i biscotti dal forno. Falli riposare nelle placche per 2 minuti, poi trasferiscili su una gratella a raffreddare.

9 Spalma la marmellata sul biscotto intero, coprilo con il biscotto con il foro e premi delicatamente.

I biscotti di Linz di solito sono farciti con la marmellata di lamponi, ma puoi usare altri gusti.

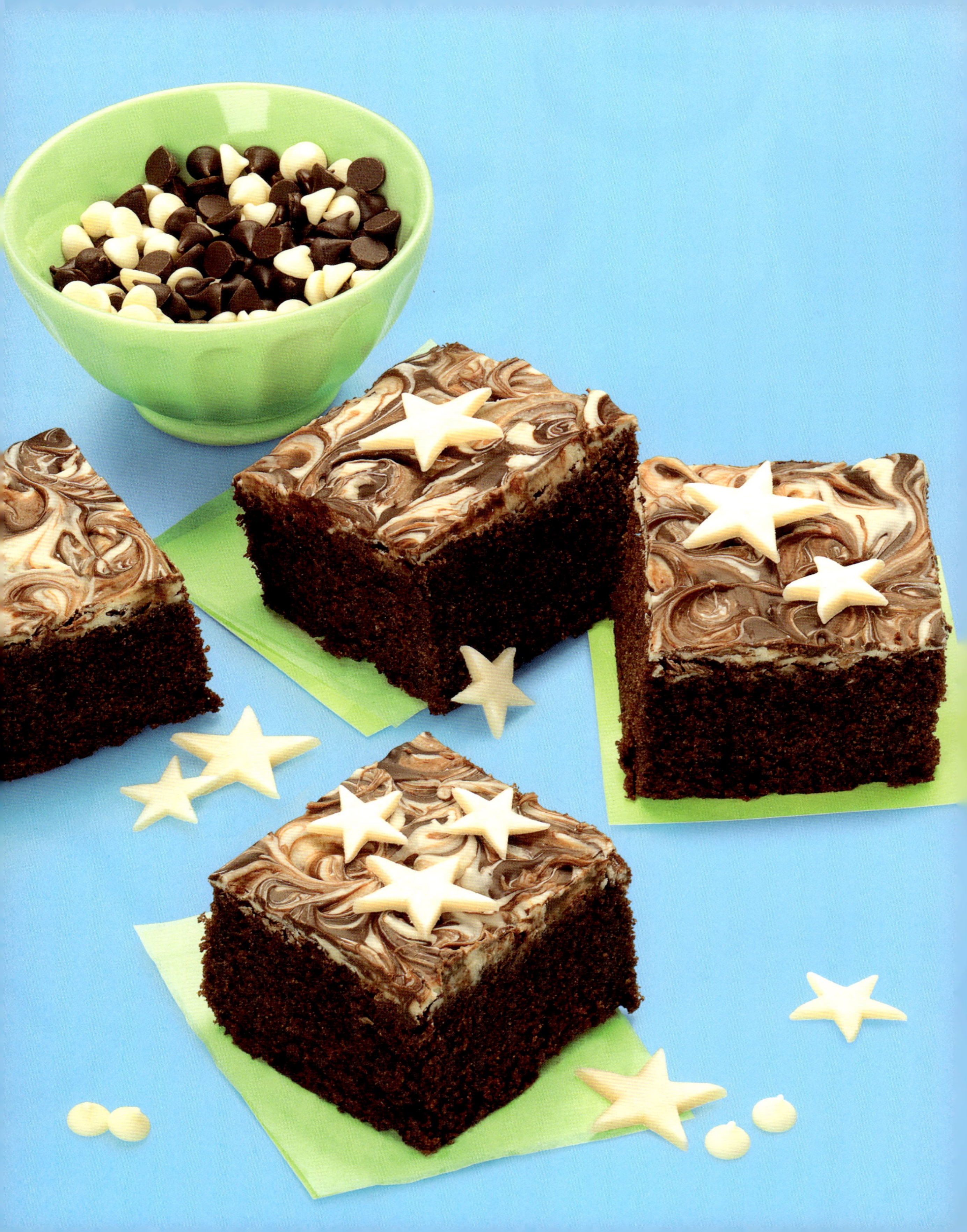

Dolci in teglia

- 100 Torta al cocco
- 102 Dolcetti glassati
- 104 Rotolo svizzero
- 106 Plumcake al limone e mango
- 108 Torta di ricotta al limone
- 110 Rotolo al cioccolato
- 112 Torta di mele alla cannella
- 114 Torta di carote
- 116 Plumcake allo zenzero
- 118 Torta di compleanno
- 120 Quadrotti al cioccolato
- 122 Tronchetto di Natale
- 124 Torta alle spezie e miele
- 126 Quadrotti con canditi

Torta al cocco

Contiene nocce di cocco

Ingredienti:

200 g di burro o margarina
3 uova medie
6 cucchiai di farina di cocco
225 g di zucchero
300 g di farina autolievitante
120 ml di latte

Per la glassa:
300 g di formaggio cremoso
100 g di zucchero a velo
½ cucchiaino di estratto di cocco (facoltativo)

Per decorare:
2 cucchiai di farina di cocco
colorante alimentare rosa
3 cucchiai di marmellata di lamponi
1 cucchiaino di succo di limone

Procurati inoltre una teglia rettangolare di 27 x 18 cm.

Dosi per 12-15 fette

Questa soffice torta rettangolare è ricoperta con glassa al formaggio cremoso e decorata con salsa al lampone e farina di cocco rosa.

1 Togli il formaggio dal frigo. Preriscalda il forno a 180° C. Ungi e fodera la teglia (vedi pag. 10).

2 Fai sciogliere il burro o la margarina in un pentolino a fuoco basso e lascia raffreddare bene.

3 Rompi un uovo in una tazza, versalo in una ciotola e sbattilo con la forchetta. Ripeti con le altre uova.

4 Versa il cocco e lo zucchero in una terrina, aggiungi la farina setacciata e mescola. Incorpora latte, burro e uova.

5 Versa l'impasto nella teglia, cuoci per 20-30 minuti o fino a doratura e fai la prova cottura con il dito (vedi pag. 373).

6 Fai riposare la torta per 10 minuti, passa un coltello lungo le pareti della teglia, capovolgi la torta su una gratella e falla raffreddare.

Quando la torta è fredda, stacca la carta forno.

7 Per fare la glassa, sbatti il formaggio in una terrina fino a ottenere una crema morbida. Incorpora lo zucchero a velo setacciato e l'estratto di cocco.

Se sbatti troppo forte la glassa perde consistenza.

8 Per il cocco rosa, versa la farina di cocco in una ciotola, aggiungi qualche goccia di colorante e mescola bene con un cucchiaino.

9 Per la salsa, metti in una ciotola la marmellata passata al setaccio e il succo di limone. Se vuoi puoi aggiungere qualche goccia di colorante. Mescola bene.

Altre idee

Puoi usare marmellata di albicocche al posto di quella di lamponi e colorare il cocco in tinta con la marmellata.

10 Poggia la torta su un tagliere e spalmaci la glassa. Prendi un po' di salsa con un cucchiaino e falla colare sulla glassa in modo da formare degli zig-zag, infine cospargi di farina di cocco.

Questa torta è stata guarnita con gelatine al cocco e al lampone.

Per fare le strisce con la salsa puoi usare una siringa o una sacca da pasticciere con il beccuccio rotondo.

Dolcetti glassati

Ingredienti:

3 uova medie
2 limoni
175 g di burro morbido
175 g di zucchero
175 g di farina autolievitante
1 cucchiaio e ½ di latte

Per la glassa:
350 g di zucchero a velo
25 g di burro
1 cucchiaino di acqua di rose (facoltativo)
succo di limone
colorante alimentare giallo e rosa

Procurati inoltre una teglia quadrata di 20 cm di lato.

Dosi per 16 dolcetti

Per fare questi fantasiosi dolcetti, prima fai una torta grande, poi tagliala a quadratini e ricoprili di glassa al limone o all'aroma di rosa.

1. Preriscalda il forno a 180 °C. Ungi e fodera la teglia (vedi pag. 10). Rompi le uova in una terrina e sbattile con la forchetta.

2. Gratta la scorza dei limoni, usando i fori piccoli della grattugia. Poi taglia i limoni a metà, spremili e metti da parte il succo (ti servirà più tardi).

3. Metti la scorza grattugiata, lo zucchero e il burro in una terrina e sbatti fino a ottenere una crema chiara e soffice. Incorpora l'uovo un po' alla volta continuando a mescolare.

4. Aggiungi la farina setacciata e il latte e mescola delicatamente con un cucchiaio. Versa l'impasto nella teglia e livellalo col cucchiaio.

Muovi il cucchiaio a forma di 8.

5. Inforna per 25 minuti, fino a doratura, e lascia riposare per qualche minuto. Passa un coltello lungo le pareti della teglia, capovolgi la torta su una gratella e fai raffreddare.

Stacca la carta forno.

6. Poggia la torta su un tagliere e rifila i bordi. Fai tre tagli orizzontali e tre tagli verticali per ottenere 16 quadrati e mettili su una gratella con un vassoio sotto.

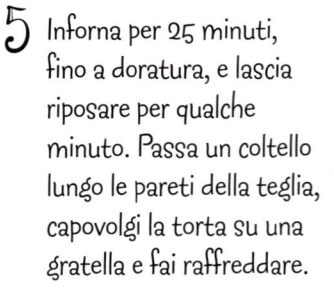

7. Setaccia 175 g di zucchero a velo in una terrina e metti metà burro in un pentolino. Aggiungi 2 cucchiai di succo di limone e fai sciogliere a fuoco lento.

Se la glassa è troppo densa aggiungi qualche goccia d'acqua.

8. Versa il burro fuso sullo zucchero a velo, aggiungi qualche goccia di colorante alimentare giallo e mescola bene.

9. Con un cucchiaio, versa la glassa sui quadratini lasciandola gocciolare lungo i lati.

10. Setaccia il resto dello zucchero a velo in una terrina. Fai sciogliere il burro rimasto, aggiungi 5 cucchiaini di succo di limone e 1 di acqua di rose. Fai scaldare e versa sullo zucchero a velo.

11. Aggiungi qualche goccia di colorante rosa, mescola bene e versa sugli altri quadratini. Decora a piacere seguendo le istruzioni a pagina 382.

Solo limone

Se vuoi usare solo la glassa al limone, al punto 7 usa tutto il burro, tutto lo zucchero a velo e tutto il succo di limone e al punto 9 glassa tutti i quadratini.

103

Rotolo svizzero

Ingredienti:
3 uova grandi
150 g di zucchero
125 g di farina
1 cucchiaio di acqua tiepida

Per il ripieno:
150 g di lamponi freschi
2 cucchiai di marmellata di lamponi

Procurati inoltre una teglia rettangolare bassa da 35 x 25 cm.

Dosi per 10 fette

Il rotolo svizzero è un delizioso dolce farcito e arrotolato. Questa ricetta prevede un ripieno ai lamponi e sia la torta che il ripieno sono privi di lattosio. Nella pagina accanto trovi idee per altri tipi di ripieno.

1. Preriscalda il forno a 200 °C. Ungi e fodera la teglia (vedi pag. 10).

2. Rompi le uova in una terrina capiente. Aggiungi 125 g di zucchero e sbatti bene fino ad ottenere un composto chiaro e soffice.

Non importa se la superficie ti sembra screpolata. Il dolce si presenta proprio così.

Taglia il rotolo a fette.

3. Incorpora metà della farina setacciata, mescolando con un cucchiaio di metallo. Setaccia il resto della farina, aggiungi l'acqua e amalgama il tutto.

4. Versa il composto nella teglia coprendo anche gli angoli e livella con il dorso di un cucchiaio. Cuoci per 10-12 minuti e fai la prova stecchino (vedi pag. 373).

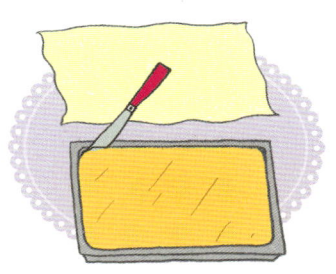

5. Stendi un pezzo di carta forno più grande della teglia e cospargilo con lo zucchero rimasto. Passa un coltello lungo il bordo interno della teglia.

6. Mettiti i guanti da forno e capovolgi la torta sulla carta. Togli la vecchia carta forno e partendo dal lato corto arrotola la torta con la carta all'interno. Lascia raffreddare.

7. Per il ripieno: metti i lamponi in una ciotola, schiacciali bene con la forchetta e aggiungi, mescolando, la marmellata.

8. Quando la torta di base è fredda srotolala, spalmaci il ripieno e poi arrotolala di nuovo, ma senza la carta.

Altri gusti

Puoi sostituire i lamponi con 150 g di pesche o albicocche a pezzetti e usare marmellata di albicocche al posto di quella di lamponi.

Invece del ripieno alla frutta potresti usare crema di burro alla vaniglia e spalmare 2 cucchiai della marmellata al gusto che preferisci.

Oppure potresti farcire il rotolo con mousse al cioccolato bianco, seguendo la ricetta a pagina 301. Se preferisci, puoi fare la mousse con cioccolato al latte oppure fondente.

Per farcire il rotolo con panna montata e ciliegie segui la ricetta alle pagine 110-111.

Plumcake al limone e mango

Contiene frutta a guscio

Questo plumcake alla frutta contiene succo e scorza di limone e mango disidratato ed è ricoperto di glassa al limone. Per combinazioni di frutta diverse vedi la pagina accanto. Questo dolce non contiene uova.

Ingredienti:
- 150 g di mango disidratato
- 2 limoni
- 100 g di zucchero
- 75 g di burro morbido
- 75 g di farina di mandorle
- 300 ml di yogurt al naturale
- 2 cucchiaini di estratto di vaniglia
- 250 g di farina
- 2 cucchiaini di bicarbonato

Per la glassa al limone:
- 150 g di zucchero a velo
- 1 cucchiaio di succo di limone

Procurati inoltre uno stampo da plumcake da 1 kg, di 20 x 12 x 8 cm.

Dosi per 12 fette

1. Preriscalda il forno a 180 °C. Taglia il mango a pezzettini. Ungi e fodera lo stampo (vedi pag. 10).

2. Gratta la scorza di limone e mettila in una terrina capiente. Spremi il succo di mezzo limone e mettilo da parte. *Usa i fori piccoli.*

3. Metti il burro e lo zucchero nella terrina e sbatti fino ad ottenere un composto chiaro e soffice.

4. Incorpora la farina di mandorle, 4 cucchiai colmi di yogurt e la vaniglia. Setaccia la farina e il bicarbonato e aggiungi il resto dello yogurt e il mango.

5. Amalgama bene il tutto mescolando delicatamente con un cucchiaio grande di metallo.

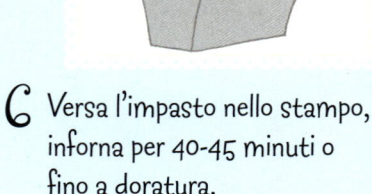

6. Versa l'impasto nello stampo, inforna per 40-45 minuti o fino a doratura.

Per guarnire puoi usare degli altri pezzettini di mango.

7 Lascia la torta nello stampo per 10 minuti, poi capovolgila su una gratella, raddrizzala e falla raffreddare.

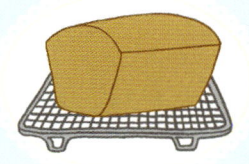

8 Per fare la glassa, setaccia lo zucchero a velo in una terrina e incorpora il succo di limone. Spalmala sul plumcake ben freddo.

Altri gusti

Per un plumcake al limone e uvetta oppure al limone e mirtilli, usa uva sultanina o mirtilli disidratati al posto del mango.

Per un plumcake al lime e fichi usa 4 lime al posto dei limoni e fichi secchi al posto del mango. Puoi sostituire i fichi secchi con i datteri, se preferisci.

Per un plumcake all'arancia e ciliegie, usa arance invece dei limoni e amarene al posto del mango. Puoi sostituire le amarene con albicocche disidratate.

Torta di ricotta al limone

Ingredienti:

2 limoni
3 uova medie
50 g di burro morbido
300 g di zucchero
250 g di ricotta
175 g di farina autolievitante
50 g di gocce di cioccolato bianco
25 g di gocce di cioccolato fondente

Procurati inoltre una teglia quadrata profonda, di 20 cm di lato.

Dosi per 9 fette

La ricotta rende questa torta soffice e leggera, mentre il limone le conferisce un aroma delicato. Per ottenere l'effetto marmorizzato della copertura cospargi la torta ancora calda di gocce di cioccolato bianco e fondente, aspetta che si sciolgano e poi "mescola" il cioccolato con il dorso di un cucchiaio.

1. Ungi la teglia e foderala con la carta forno (vedi pag. 10). Preriscalda il forno a 180 °C. Gratta la scorza del limone sui fori piccoli della grattugia.

2. Separa le uova, seguendo le istruzioni a pagina 11. Metti i tuorli in una tazza e gli albumi in una terrina capiente pulita.

3. Sbatti gli albumi con una frusta fino a ottenere un composto compatto e spumoso: quando alzi la frusta, la spuma che si solleva dovrà restare ben ferma.

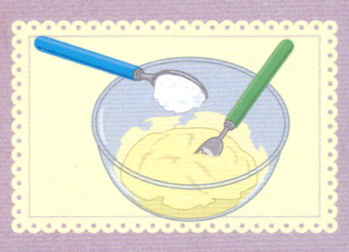

4. Metti burro, zucchero, tuorli e scorza di limone grattugiata in un'altra terrina capiente e sbatti bene con la forchetta. Aggiungi la ricotta, un cucchiaio alla volta continuando a sbattere.

Muovi il cucchiaio a forma di 8.

5 Incorpora la farina setacciata, mescolando delicatamente con un cucchiaio di metallo. Incorpora anche gli albumi, poi versa l'impasto nella teglia.

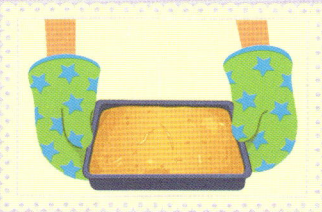

6 Livella l'impasto con il dorso di un cucchiaio, inforna per 45-50 minuti e a fine cottura estrai il dolce dal forno.

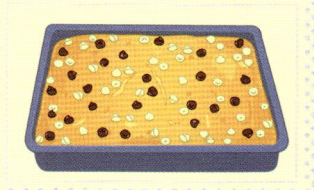

7 Cospargi la torta ancora calda con i due tipi di gocce di cioccolato e segui le istruzioni a pagina 381 per ottenere l'effetto marmorizzato.

Rotolo al cioccolato

Contiene mandorle

Ingredienti:

4 uova grandi
125 g di zucchero
60 g di farina di mandorle
1 cucchiaio e ½ di cacao
1 cucchiaino e ¼ di lievito (anche senza glutine)
zucchero a velo per spolverizzare

Per il ripieno:
300 ml di panna da montare
1 barattolo di ciliegie sciroppate

Procurati inoltre una teglia rettangolare bassa da 35 x 25 cm.

Dosi per circa 10 fette

La preparazione è simile a quella del rotolo svizzero (vedi pagg. 104-105), ma con farina di mandorle al posto di quella bianca e l'aggiunta di cacao. Per il ripieno puoi usare la panna e le ciliegie come in questa ricetta o la panna alla vaniglia (vedi pag. 377).

1 Preriscalda il forno a 180 °C. Ungi e fodera la teglia (vedi pag. 10). Separa i tuorli dagli albumi (vedi pag. 11) e mettili in due terrine.

2 Aggiungi lo zucchero ai tuorli e sbatti fino a ottenere un composto chiaro e soffice. Incorpora farina di mandorle, cacao e lievito.

3 Sbatti gli albumi con una frusta fino a ottenere un composto compatto e spumoso: quando alzi la frusta, la spuma che si solleva dovrà restare ben ferma.

4 Incorpora delicatamente gli albumi all'impasto. Amalgama tutti gli ingredienti mescolando bene con un cucchiaio di metallo, infine versa il composto nella teglia.

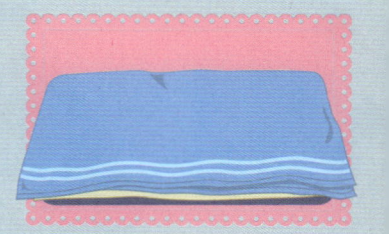

5 Cuoci per 20-25 minuti, fino a che il dolce non sarà ben dorato. Lascia raffreddare per 10 minuti, poi copri con un pezzo di carta forno e uno strofinaccio pulito.

6 Metti la teglia in frigo per circa 2 ore. Nel frattempo, monta la panna seguendo le istruzioni a pagina 377.

7 Togli il dolce dal frigo. Passa un coltello lungo il bordo interno della teglia. Cospargi di zucchero a velo un pezzo grande di carta forno.

8 Capovolgi il dolce sulla carta e dopo aver tolto la vecchia carta forno spalma la panna sul dolce. Scola bene le ciliegie.

La carta forno ti aiuta ad arrotolare il dolce.

9 Snocciola le ciliegie e distribuiscile sulla panna. Arrotola il dolce partendo dal lato corto e poi mettilo su un piatto.

Come tocco finale, spolverizza il rotolo con un po' di zucchero a velo.

Torta di mele alla cannella

Ingredienti:

2 mele medie
9 cucchiai d'olio di semi di girasole
150 g di zucchero
3 uova medie
100 g di uvetta
75 g di farina integrale
75 g di farina autolievitante
1 cucchiaino e ½ di lievito
1 cucchiaino e ½ di bicarbonato
1 cucchiaino e ½ di cannella in polvere
1 cucchiaino di zenzero in polvere

Per la crosta:
2 cucchiai di zucchero di canna
½ cucchiaino di cannella in polvere

Procurati inoltre una teglia rettangolare da 27 x 8 cm.

Dosi per 12 fette

Questa torta dall'aspetto rustico è ricca di uvetta, spezie e pezzetti di mela, e ha una crosta croccante di zucchero e cannella. I pezzetti di mela nell'impasto risulteranno perfettamente cotti e morbidi una volta che la torta sarà pronta.

1. Preriscalda il forno a 180 °C e fodera la teglia con carta forno (vedi pag. 10).

2. Taglia le mele a metà. Metti la parte piatta in giù e taglia di nuovo a metà. Poi togli il torsolo.

3. Butta via il torsolo. Se vuoi, puoi sbucciare i quarti di mela, ma non ce n'è bisogno. Taglia la mela a tocchetti.

4. Metti l'olio e lo zucchero in una terrina capiente e sbattili per 1 minuto col cucchiaio di legno.

5. Rompi un uovo in una tazza e sbattilo con la forchetta. Aggiungilo alla miscela d'olio e zucchero, sempre sbattendo bene. Ripeti col secondo e poi col terzo uovo.

6. Metti i pezzetti di mela e l'uvetta nella terrina e mescola bene per amalgamare il tutto.

7. Setaccia nella terrina farine, lievito, bicarbonato, cannella e zenzero. Aggiungi gli eventuali residui di crusca nel colino.

8. Incorpora tutto insieme con un cucchiaio di metallo, mescolando a forma di 8. Versa il composto nella teglia e livella la superficie.

9. Per fare la crosta, mischia zucchero e cannella e spargili sopra la torta. Cuoci in forno per 45 minuti, poi lasciala raffreddare nella teglia per 10 minuti.

10. Capovolgi la teglia su una gratella e fai uscire la torta. Togli la carta forno. Quando la torta si è raffreddata, rimettila dritta e tagliala a quadrati.

Altri gusti

Invece della crosta di zucchero e cannella puoi guarnire la torta con una glassa al formaggio cremoso seguendo la ricetta a pagina 376.

Prova a usare 2 pere mature tagliate a tocchetti al posto delle mele. Volendo, potresti sostituire l'uvetta con bottoni di cioccolato fondente.

Può contenere noci

Torta di carote

Questa torta leggermente speziata è ricoperta con una fresca glassa al formaggio cremoso.

Ingredienti:

2 carote medie
3 uova medie
175 ml d'olio di semi di girasole
200 g di zucchero
100 g di noci a pezzi (facoltative)
200 g di farina
1 cucchiaino e ½ di lievito
1 cucchiaino e ½ di bicarbonato
1 cucchiaino e ½ di cannella in polvere
1 cucchiaino di zenzero in polvere
½ cucchiaino di sale

Per la copertura:

50 g di zucchero a velo
200 g di formaggio cremoso
1 cucchiaio di succo di limone
½ cucchiaino di estratto di vaniglia

Per decorare:

noci o noci pecan tagliate a metà (facoltative)

Procurati inoltre una teglia rettangolare poco profonda da 27 x 18 cm.

Dosi per 12 fette

1. Togli il formaggio cremoso dal frigo. Preriscalda il forno a 180 °C. Ungi e fodera la teglia (vedi pag. 10).

2. Pela le carote e, facendo attenzione, grattale sui fori più larghi della grattugia tenendole saldamente.

3. Rompi le uova in una ciotola e sbattile con la forchetta. Metti l'olio e lo zucchero in una terrina più grande e sbattili con un cucchiaio di legno.

4. Versa le uova nella terrina con l'olio, un po' alla volta, continuando a sbattere. Poi incorpora le carote grattugiate e le noci a pezzetti.

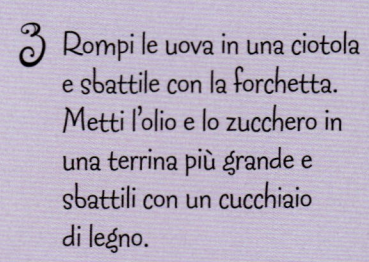

5. Incorpora farina, lievito, bicarbonato, cannella, zenzero e sale setacciati, mescolando delicatamente il tutto con un cucchiaio di metallo.

6. Versa l'impasto nella teglia e livella la superficie con il dorso di un cucchiaio. Cuoci per 45 minuti, fino a che la torta non sarà ben dorata.

7 Fai riposare per 10 minuti, poi passa un coltello lungo il bordo interno della teglia. Capovolgi delicatamente la torta su una gratella e lasciala raffreddare.

8 Setaccia lo zucchero a velo in una terrina, aggiungici il formaggio, il succo di limone e la vaniglia e sbatti bene, quindi versa la glassa sul dolce freddo.

9 Mentre spalmi la glassa con un coltello a lama piatta, muovilo in modo da disegnare dei motivi. Cospargi con noci tagliate a metà o con scorza di limone.

Per fare queste scorzette di limone usa un rigalimoni.

Plumcake allo zenzero

Ingredienti:

275 g di golden syrup
100 g di zucchero di canna grezzo
100 g di burro
225 g di farina autolievitante
1 cucchiaio di zenzero in polvere
1 cucchiaino di cannella in polvere
2 uova medie
2 cucchiai di latte

Per la glassa:
100 g di zucchero a velo

Procurati inoltre uno stampo da plumcake da 1 kg di 20 x 12 x 8 cm.

Dosi per circa 12 fette

Il particolare gusto di questo soffice plumcake è dato dallo zenzero, dal golden syrup e dallo zucchero di canna. Dopo qualche giorno diventa ancora più morbido e zuccheroso.

1 Preriscalda il forno a 170°C. Ungi e fodera lo stampo (vedi pag. 10).

2 Fai sciogliere a fuoco lento il golden syrup, lo zucchero e il burro in un pentolino, mescolando ogni tanto, poi togli dal fuoco.

3 Setaccia la farina, lo zenzero e la cannella in una terrina capiente e fai la fontana al centro.

4 Rompi un uovo in una tazza e versalo nella caraffa. Ripeti con le altre uova. Aggiungi il latte e sbatti bene con una forchetta.

5 Versa il composto di zucchero, burro e golden syrup nella farina. Dopo aver mescolato per un po', incorpora le uova sbattute e amalgama bene.

Non importa se la superficie è screpolata.

6 Versa l'impasto nella teglia, inforna per 50 minuti, poi fai la prova stecchino (vedi pag. 373).

Quando il dolce è freddo, stacca la carta forno.

7 Lascia raffreddare per 15 minuti, poi rovescia il plumcake su una gratella e fallo raffreddare capovolto.

8 Per fare la glassa, setaccia lo zucchero, aggiungi 1 cucchiaio di acqua fredda e mescola fino a ottenere una crema.

9 Versa la glassa sul plumcake con un cucchiaio, facendola colare lungo i lati (vedi pag. 378). Lascia asciugare prima di decorare.

Altri gusti

Se vuoi un gusto più ricco e un colore più scuro usa solo 200 g di golden syrup e aggiungici 75 g di melassa nera.

Per una glassa aromatizzata, usa succo di limone o lime al posto dell'acqua.

A pag. 384 trovi le indicazioni su come fare queste casette per decorare il plumcake.

Puoi fare i disegnini sul tetto con della glassa brillante in tubetto.

Per fare la neve, prima stendi la glassa bianca in tubetto e poi cospargi di palline di zucchero bianco o cristalli di zucchero.

Per fare questi particolari puoi usare il lato o la punta di uno stecchino.

Puoi cospargere di cristalli di zucchero sia il dolce che il piatto.

Torta di complenno

Ingredienti:

100 g di farina autolievitante
40 g di cacao
1 cucchiaino e ½ di lievito
150 g di burro morbido o margarina
150 g di zucchero di canna
1 cucchiaino di estratto di vaniglia
3 cucchiai di latte
3 uova grandi

Per la crema di burro al cioccolato:
100 g di burro o margarina
175 g di zucchero a velo
40 g di cacao
1 cucchiaio di latte
½ cucchiaino di estratto di vaniglia

Procurati inoltre una teglia rettangolare di 27 x 18 cm.

Dosi per 12-15 fette

Questa torta di compleanno al cioccolato è l'ideale per una festicciola perché facile da tagliare e da servire. Quella che vedi qui è stata decorata con confetti di cioccolato e ricami di crema al cioccolato bianco, ma puoi usare decorazioni diverse.

1. Preriscalda il forno a 180 °C. Ungi e fodera la teglia (vedi pag. 10).

2. Setaccia farina, cacao e lievito in una terrina grande. Metti il burro e lo zucchero in un'altra terrina.

3. Sbatti il burro e lo zucchero fino ad ottenere un composto chiaro e soffice. Incorpora vaniglia e latte.

4. Rompi un uovo alla volta in una tazza, versalo nella terrina con il burro e lo zucchero e aggiungi un cucchiaio della miscela di farina. Sbatti bene.

Muovi il cucchiaio a forma di 8.

5. Aggiungi il resto della miscela di farina e mescola delicatamente con un cucchiaio.

6. Versa il composto nella teglia e livellalo con il dorso di un cucchiaio. Inforna per 30-35 minuti e fai la prova stecchino (vedi pag. 373).

Se hai avvolto un nastro intorno alla torta, ricordati di toglierlo prima di tagliarla.

Prima di tagliare la torta ricordati di togliere anche le candeline.

7 Quando la torta è cotta, lasciala nella teglia per qualche minuto, poi capovolgila su una gratella (vedi pag. 373).

Stacca la carta forno.

8 Per fare la crema di burro al cioccolato vedi pagina 376.

9 Quando la torta si sarà raffreddata spalma la crema di burro.

10 Guarnisci con cioccolato fuso (vedi pag. 381) e confetti di cioccolato e infila le candeline. Taglia in 12 o 15 fette e servi.

Quadrotti al cioccolato

Ingredienti:
- 225 g di burro morbido o margarina
- 225 g di zucchero
- 4 uova medie
- 50 g di cacao
- 2 cucchiaini di lievito senza glutine
- 165 g di farina di mais a grana fine
- 1 cucchiaino di estratto di vaniglia

Per la copertura:
- 100 g di gocce o di pezzettini di cioccolato bianco
- 50 g di gocce o di pezzettini di cioccolato fondente

Procurati inoltre una teglia rettangolare di 27 x 18 cm.

Dosi per 12 quadrotti

Questa torta da tagliare a quadrotti non contiene frumento, né glutine o frutta a guscio e puoi farla anche senza lattosio, perciò oltre a essere deliziosa è anche indicata per chi soffre di allergie o intolleranze alimentari.

1 Preriscalda il forno a 190 °C. Ungi e fodera la teglia (vedi pag. 10).

2 In una terrina capiente sbatti il burro e lo zucchero fino a ottenere un composto chiaro e soffice.

3 Rompi le uova in una ciotola e sbattile con la forchetta. Unisci un po' alla volta le uova al composto di burro e zucchero.

Puoi decorare con delle stelle in cioccolato plastico (vedi pag. 381).

4 Setaccia il lievito e il cacao nella terrina. Aggiungi la farina di mais, la vaniglia e un cucchiaio d'acqua e mescola bene il tutto.

5 Versa il composto nella teglia e stendilo in modo uniforme con il dorso di un cucchiaio, inforna per 25-30 minuti e a fine cottura lascia raffreddare la torta nella teglia per 5 minuti.

6 Capovolgi la teglia su una gratella e scuotila leggermente per far uscire la torta. Mentre è ancora calda, decora con cioccolato marmorizzato (vedi pag. 381).

Stacca la carta forno.

Per la copertura puoi usare cioccolato senza allergeni.

7 Quando la copertura al cioccolato si è indurita, sposta la torta su un tagliere e taglia in 12 quadrotti.

Tronchetto di Natale

Contiene mandorle

Ingredienti:

4 uova grandi
125 g di zucchero
60 g di farina di mandorle
2 cucchiai e ½ di cacao
1 cucchiaino e ¼ di lievito

Per la crema di burro al cioccolato:
100 g di burro morbido o margarina
225 g di zucchero a velo
1 cucchiaio di cacao

Per la panna ai lamponi:
200 ml di panna da montare
150 g di lamponi
1 cucchiaio e ½ di zucchero

Procurati inoltre una teglia rettangolare bassa da 35 x 25 cm.

Dosi per 10 fette

Questa è una versione natalizia del rotolo al cioccolato, (vedi pagg. 110-111) e grazie alla copertura di crema di burro al cioccolato, spolverizzata di zucchero a velo, somiglia davvero a un tronchetto innevato.

1. Preriscalda il forno a 180 °C. Ungi e fodera la teglia (vedi pag. 10). Separai tuorli dagli albumi (vedi pag. 11) e mettili in due terrine.

2. Sbatti i tuorli con lo zucchero fino a ottenere un composto chiaro e soffice, poi incorpora la farina di mandorle, il cacao e il lievito.

3. Sbatti gli albumi con una frusta fino a ottenere un composto compatto e spumoso: quando alzi la frusta, la spuma che si solleva dovrà restare ben ferma.

4. Incorpora delicatamente gli albumi all'impasto, poi versalo nella teglia e cuoci per 20-25 minuti. *Muovi il cucchiaio a forma di 8.*

5. Lascia raffreddare per 10 minuti, poi copri la teglia con uno strofinaccio pulito e mettila in frigo per un'ora.

6. Per la crema di burro, sbatti burro e zucchero a velo in una terrina fino a ottenere una crema soffice, poi incorpora 1 cucchiaio d'acqua e il cacao mescolati a parte.

7 Per il ripieno, monta la panna (vedi pag. 377), poi incorpora i lamponi schiacciati con una forchetta e lo zucchero.

8 Togli il dolce dal frigo e passa un coltello lungo il bordo interno della teglia. Cospargi di zucchero a velo un pezzo grande di carta forno.

9 Capovolgi il dolce sulla carta e togli la vecchia carta forno. Spalma la panna e aiutandoti con la carta forno arrotola partendo dal lato corto.

10 Ricopri tutto il tronchetto con la crema di burro al cioccolato.

Spolverizza con lo zucchero a velo e decora il tronchetto con foglie di menta e lamponi freschi.

Altre idee

Per una versione senza lattosio prepara la crema di burro con la margarina e per fare il ripieno mescola 150 g di lamponi freschi schiacciati con 2 cucchiai di marmellata di lamponi. Per una versione senza glutine e senza frumento usa un lievito privo di questi due ingredienti. Vedi prima i consigli a pagina 388.

Torta alle spezie e miele

Contiene mandorle

Ingredienti:

- 1 limone
- 1 arancia
- 150 g di zucchero di canna
- 150 g di burro morbido o margarina
- 3 uova medie
- 2 cucchiaini di lievito
- 150 g di semolino o farina di mais a grana fine
- 2 cucchiaini di cannella in polvere
- ½ cucchiaino di spezie miste in polvere
- 150 g di farina di mandorle
- 4 cucchiai di miele liquido

Procurati inoltre una teglia rettangolare di 27 x 18 cm.

Dosi per 12-15 fette

Per rendere questa torta al limone, miele e cannella adatta a chi è intollerante al frumento e al glutine usa farina di mais al posto del semolino. Per gli intolleranti al lattosio basta usare margarina invece del burro.

1. Preriscalda il forno a 180 °C. Ungi e fodera la teglia (vedi pag. 10).

2. Spremi l'arancia e il limone e metti il succo in una caraffa.

3. In una terrina capiente, sbatti lo zucchero e il burro fino ad ottenere un composto chiaro e soffice.

4. Rompi un uovo in una ciotola e sbattilo. Incorporalo all'impasto nella terrina grande. Fai lo stesso con le altre uova. Non preoccuparti dei grumi.

5. In un'altra terrina mescola il lievito, il semolino o la farina di mais, la cannella, le spezie e la farina di mandorle. Versa il tutto nella terrina grande.

6. Aggiungi 4 cucchiai di succo di arancia e limone e mescola bene. Versa l'impasto nella teglia e livella con il dorso di un cucchiaio. Inforna per 30-35 minuti.

Con la pasta di zucchero o il marzapane puoi fare dei fiori e delle api per decorare la torta (vedi pag. 382).

Per far aderire le decorazioni spennellale alla base con una goccia di miele e poi premile sulla torta.

Non importa se non si amalgama bene.

7 Nel frattempo, versa il miele nella caraffa e mescola. Quando la torta sarà soda e ben lievitata togli la teglia dal forno.

8 Dai una mescolatina al succo nella caraffa e versalo sulla torta. Lascia raffreddare nella teglia e poi taglia in 12-15 fette.

... e in versione mini

Se preferisci, puoi fare dei cupcakes: al punto 1, preriscalda il forno a 200 °C. Inserisci 12 pirottini di carta in uno stampo per muffin. Segui le istruzioni ai punti 2-5. Al punto 6, versa l'impasto nei pirottini e cuoci per 15-20 minuti.

Può contenere mandorle

Quadrotti con canditi

Questi ricchi dolcetti con canditi e frutta disidratata sono ottimi anche senza la copertura di marzapane, da evitare se vuoi una versione senza frutta a guscio.

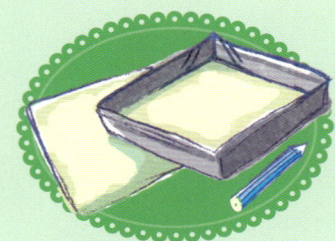

Ingredienti:

125 g di burro morbido
125 g di zucchero di canna grezzo
2 uova grandi
1 arancia
1 limone
200 g di frutta disidratata mista (fichi, prugne, albicocche e datteri)
50 g di frutta candita assortita
250 g di uva passa (anche mista)
25 g di scorzette di agrumi candite a pezzetti
125 g di farina
½ cucchiaino di lievito
2 cucchiaini di spezie miste

Per decorare:
2 cucchiai di marmellata di albicocche
400 g di marzapane (facoltativo)
400 g di zucchero a velo

Procurati inoltre una teglia quadrata profonda, di 20 cm di lato.

Dosi per 25 quadrotti

1. Preriscalda il forno a 180 °C. Fodera la teglia con carta forno (vedi pag. 10). Tagliane un altro pezzo della stessa grandezza da usare in un secondo momento.

2. Ritaglia due strisce di carta forno lunghe 35 cm e larghe 12 cm per foderare anche i lati della teglia.

L'impasto si presenta grumoso.

3. Sbatti lo zucchero e il burro in una terrina capiente. Sbatti le uova in una tazza e aggiungile, un po' alla volta, nella terrina, continuando a sbattere.

4. Gratta la scorza dell'arancia e del limone. Spremi l'arancia e aggiungi la scorza grattugiata e il succo all'impasto.

5. Snocciola i datteri. Sminuzza i fichi, le prugne, le albicocche e i datteri con un paio di forbici e mettili nella terrina.

6. Aggiungi la frutta candita, l'uva passa, le scorzette di agrumi, la farina, il lievito e le spezie miste e mescola bene il tutto.

Puoi decorare ogni quadrotto con mezza ciliegia candita.

7 Versa l'impasto nella teglia, distribuiscilo bene con un cucchiaio e livella la superficie. Copri con l'altro pezzo di carta forno.

8 Inforna per 50-60 minuti. Togli la carta forno e fai la prova stecchino (vedi pag. 373). Se necessario, cuoci per altri 10 minuti e controlla nuovamente.

9 Lascia raffreddare la torta nella teglia, poi capovolgila su una gratella, stacca la carta forno e copri con uno strato di marmellata di albicocche.

10 Stendi il marzapane in una sfoglia leggermente più grande della torta. Arrotola la sfoglia intorno al matterello e stendila sulla torta.

11 Rifila i bordi del marzapane con le forbici. Fai la glassa, mescolando lo zucchero a velo setacciato e 4 cucchiai di acqua tiepida, e spalmala sulla torta.

12 Lascia asciugare la glassa, poi pratica 4 tagli verticali e 4 orizzontali con un coltello ben affilato per ricavare 25 quadrotti.

127

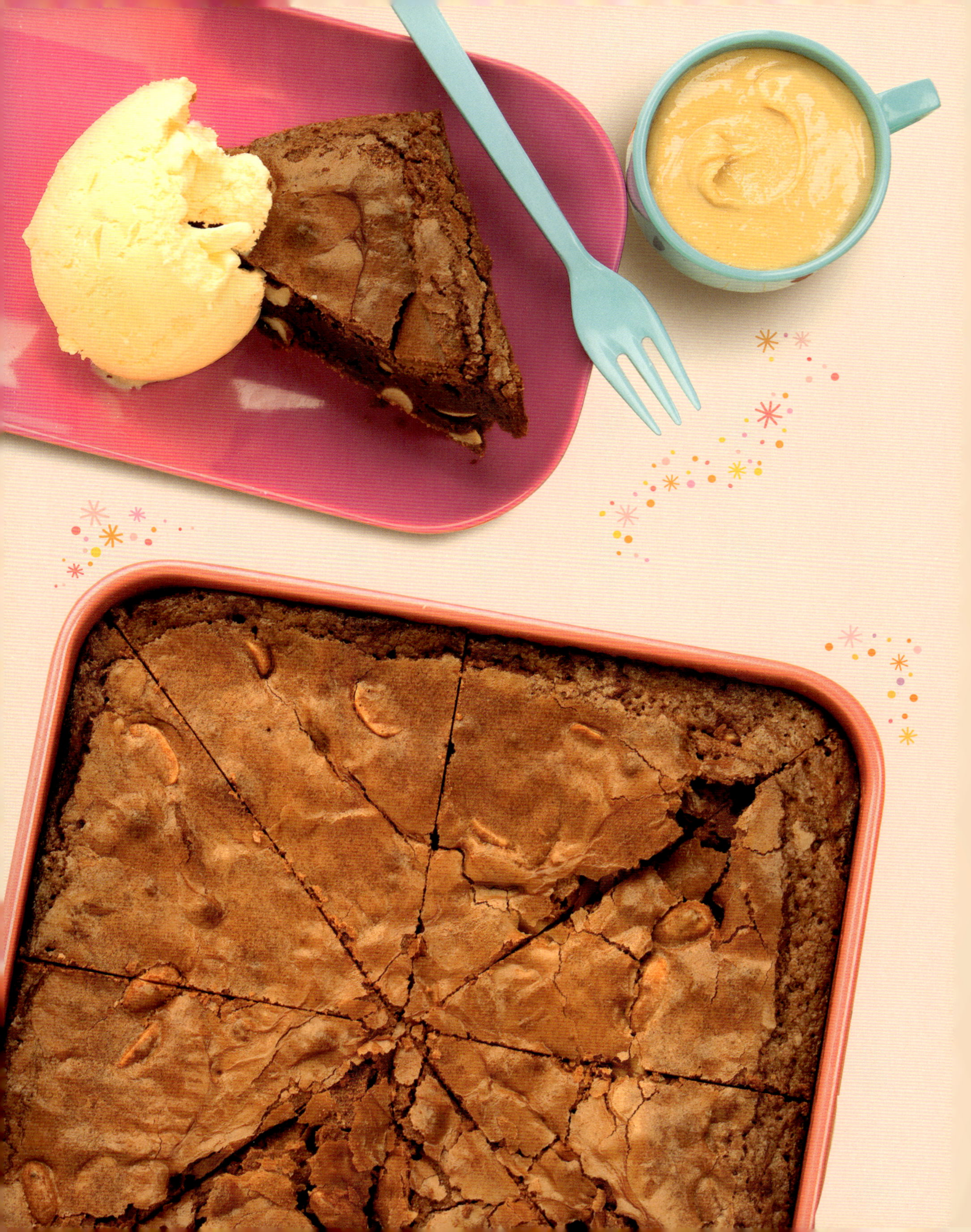

Barrette e brownies

- 130 Barrette alle ciliegie
- 132 Barrette alle mele
- 134 Brownies al cioccolato
- 136 Brownies alle ciliegie
- 138 Brownies supercioccolatosi
- 140 Brownies cioccolato e arachidi
- 142 Brownies bianchi ai mirtilli
- 144 Torta gelato

Barrette alle ciliegie

Ingredienti:

Per la copertura:
- 75 g di farina
- 25 g di fiocchi di avena
- 25 g di semi di girasole (facoltativo)
- 75 g di zucchero di canna
- 50 g di burro

Per la torta di base:
- 200 g di farina autolievitante
- 1 cucchiaino di cannella
- ½ cucchiaino di lievito
- un pizzico di sale
- 125 g di zucchero
- 40 g di burro
- 2 uova grandi
- 200 ml di panna acida
- 375 g di marmellata di ciliegie

Procurati inoltre una teglia rettangolare da 27 x 18 cm, alta almeno 4 cm.

Dosi per 12 barrette

Queste barrette sono croccanti fuori e morbide dentro. Puoi farcirle con qualsiasi tipo di marmellata, anche se quelle molto colorate sono più belle da vedere.

1 Preriscalda il forno a 180 °C. Ungi e fodera la teglia (vedi pag. 10). Per la copertura, setaccia la farina in una terrina capiente, incorpora i fiocchi di avena, i semi e lo zucchero.

2 Metti a scaldare il burro in un pentolino, a fiamma bassa. Non appena il burro si sarà sciolto, toglilo dal fuoco e versalo nella terrina sugli altri ingredienti.

3 Amalgama bene il tutto con una forchetta, poi metti la terrina in frigo mentre prepari l'impasto per la torta di base.

4 Setaccia farina, cannella, lievito e sale in un'altra terrina. Incorpora lo zucchero. Sciogli il burro in un pentolino a fiamma bassa e versalo in una caraffa.

5 Rompi le uova in una ciotola e sbattile. Quando il burro nella caraffa si sarà raffreddato aggiungici le uova e la panna acida. Amalgama bene.

6 Versa il contenuto della caraffa nella terrina con gli altri ingredienti e sbatti con un cucchiaio di legno fino a ottenere un composto liscio che verserai nella teglia.

7 Con un cucchiaio, spingi bene l'impasto negli angoli della teglia, poi mettici sopra dei mucchietti di marmellata che avrai prima sbattuto in una ciotola con la forchetta.

Fai in modo che la marmellata penetri nell'impasto.

8 Quando la superficie della torta sarà quasi tutta coperta di marmellata, traccia delle onde con un coltello a lama piatta per ottenere un effetto marmorizzato dopo la cottura.

9 Togli la terrina dal frigo. Sbriciola l'impasto e cospargilo sulla torta in modo uniforme. Cuoci per 40 minuti. Lascia raffreddare nella teglia prima di tagliare 12 barrette.

Barrette alle mele

Ingredienti:

2 mele
175 g di burro
175 g di zucchero di canna
2 cucchiai di golden syrup
½ cucchiaino di cannella in polvere
50 g di uva passa
225 g di fiocchi di avena
2 cucchiai di semi di girasole (facoltativo)

Procurati inoltre una teglia rettangolare da 27 x 18 cm, alta almeno 4 cm.

Dosi per 12 barrette

Queste deliziose barrette alle mele contengono uva passa e sono aromatizzate alla cannella. Nella preparazione, alcuni ingredienti si fanno sciogliere insieme in tegame.

1. Preriscalda il forno a 160 °C. Ungi la teglia e poi foderala con carta forno (vedi pag. 10).

2. Taglia le mele in quattro. Sbucciale, privale del torsolo e poi taglia gli spicchi a pezzetti.

Mescola con un cucchiaio di legno.

3. Metti i pezzetti di mela in un tegame con 25 g di burro. Cuoci a fiamma bassa per 10 minuti, mescolando di tanto in tanto, fino a che la mela non si ammorbidisce.

4. Incorpora il burro rimasto, lo zucchero, il golden syrup, la cannella e l'uva passa. Quando il burro sarà sciolto togli dal fuoco.

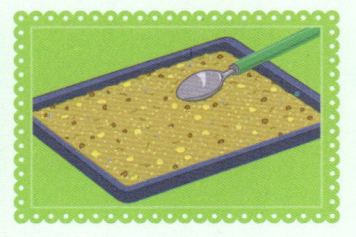

5. Aggiungi fiocchi d'avena e semi e mescola. Versa il composto nella teglia e livella la superficie con il dorso di un cucchiaio.

6. Inforna per 25 minuti. A cottura ultimata, estrai il dolce dal forno e lascialo raffreddare per 10 minuti. Infine, taglialo in 12 pezzi.

A fine cottura le barrette devono essere belle dorate in superficie, ma soffici dentro. Se le cucini troppo, potrebbero seccarsi e indurirsi.

Può contenere noci

Brownies al cioccolato

Ingredienti:

100 g di cioccolato fondente
2 uova grandi
125 g di burro morbido
275 g di zucchero
½ cucchiaino di estratto di vaniglia
50 g di farina autolievitante
25 g di farina normale
2 cucchiai di cacao
100 g di noci (facoltative)

Procurati inoltre una teglia quadrata profonda, di 20 cm di lato, e una terrina resistente al calore da appoggiare su un pentolino.

Dosi per 9 brownies

I brownies sono dei dolcetti al cioccolato tipicamente americani, chiamati così per via del colore: "brown", infatti, significa marrone. Croccanti fuori e morbidi dentro, tradizionalmente sono ricchi di noci, ma se sei allergico o intollerante puoi farli anche senza.

1. Preriscalda il forno a 180 °C. Ungi e fodera la teglia (vedi pag. 10). Spezzetta il cioccolato e mettilo nella terrina resistente al calore.

Usa i guanti da forno.

2. Riempi un pentolino d'acqua per un quarto e metti a scaldare. Quando l'acqua bolle, togli il pentolino dal fuoco e poggiaci la terrina.

3. Mescola con un cucchiaio di legno finché il cioccolato si sarà sciolto, poi mettiti i guanti da forno ed estrai la terrina.

4. Sbatti le uova in un ciotola. Sbatti burro, zucchero e vaniglia fino a ottenere un composto cremoso, poi incorpora le uova sbattute, un po' alla volta.

5. Setaccia i due tipi di farina e il cacao nella terrina. Aggiungi il cioccolato fuso e mescola bene.

6 Trita le noci, poi aggiungile all'impasto. Distribuisci l'impasto nella teglia e livella la superficie con il dorso di un cucchiaio.

7 Inforna per 35 minuti, fino a che il dolce non sarà leggermente lievitato e si sarà formata una crosticina in superficie.

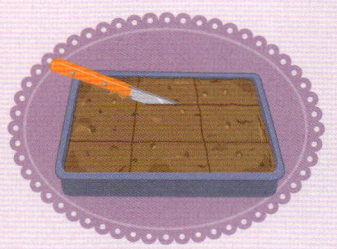

8 Lascia raffreddare nella teglia per 20 minuti. Con un coltello affilato, pratica 3 tagli verticali e 3 orizzontali per ricavare 9 quadrati.

Scopri come decorare i brownies con la tecnica dello stencil a pag. 383.

Può contenere noci

Brownies alle ciliegie

Ingredienti:

100 g di cioccolato fondente
2 uova grandi
125 g di burro morbido o margarina
275 g di zucchero
½ cucchiaino di estratto di vaniglia
50 g di farina autolievitante
25 g di farina normale
2 cucchiai di cacao
100 g di ciliegie disidratate
100 g di noci o noci pecan (facoltative)

Procurati inoltre una teglia quadrata profonda, di 20 cm di lato, e una terrina resistente al calore da appoggiare su un pentolino.

Dosi per 12-16 brownies

Croccanti fuori e morbidi dentro, questi dolci sono dei brownies arricchiti da noci e ciliegie disidratate, ma puoi farli anche senza noci, se preferisci. Sono ancora più buoni serviti tiepidi con una pallina di gelato e salsa al cioccolato, secondo la ricetta della pagina accanto.

1. Preriscalda il forno a 180 °C, ungi e fodera la teglia (vedi pag. 10).

2. Sciogli il cioccolato seguendo le istruzioni a pagina 380.

3. Rompi le uova in una ciotola e sbattile bene con la forchetta.

4. Sbatti burro, zucchero e vaniglia in una terrina capiente fino ad ottenere un composto soffice. Incorpora le uova un po' alla volta.

5. Setaccia entrambi i tipi di farina e il cacao nella terrina. Aggiungi il cioccolato fuso e amalgama bene.

6. Incorpora le ciliegie e le noci. Versa il composto nella teglia e livellalo con il dorso di un cucchiaio.

La salsa al cioccolato si rassoda a contatto con il gelato freddo.

Questi dolcetti sono ottimi anche accompagnati da ciliegie fresche, tagliate a metà e snocciolate.

Puoi omettere le ciliegie, se non ti vanno.

7 Inforna per 35 minuti, finché non si sarà formata una crosticina in superficie (l'interno sarà morbido).

8 Lascia raffreddare il dolce nella teglia per 20 minuti prima di tagliarlo a quadrotti.

Salsa al cioccolato

Ingredienti: 100 g di gocce di cioccolato fondente, 2 cucchiai di golden syrup o miele liquido e 1 cucchiaio di acqua.

Sciogli tutti gli ingredienti in un tegamino a fuoco lento, mescolando fino ad ottenere una crema. Lascia raffreddare prima di mangiare.

Brownies supercioccolatosi

Può contenere noci

I golosi dolcetti di questa ricetta contengono una quantità generosa di cioccolato. Puoi usare le gocce di cioccolato o, in alternativa, una tavoletta tagliata a pezzetti. Scegli cioccolato fondente, al latte o bianco in base ai tuoi gusti. Puoi farli anche senza noci, se sei allergico o intollerante alla frutta a guscio.

Ingredienti:

- 100 g di cioccolato fondente
- 2 uova grandi
- 125 g di burro morbido
- 275 g di zucchero
- ½ cucchiaino di estratto di vaniglia
- 50 g di farina autolievitante
- 25 g di farina normale
- 2 cucchiai di cacao
- 100 g di gocce o pezzetti di cioccolato
- 100 g di noci o noci pecan a pezzetti (facoltativo)

Procurati inoltre una teglia quadrata profonda, di 20 cm di lato, e una terrina resistente al calore da appoggiare su un pentolino.

Dosi per 9 brownies

1 Preriscalda il forno a 180 °C. Poggia la teglia su un foglio di carta forno, disegna il contorno, poi ritaglia la sagoma.

2 Ungi la teglia con un po' d'olio, spargendolo bene con della carta da cucina. Metti la carta forno nella teglia.

3 Spezzetta il cioccolato e mettilo nella terrina. Riempi il pentolino d'acqua per un quarto e metti a scaldare. Quando l'acqua bolle, togli il pentolino dal fuoco.

4 Infila i guanti da forno e metti la terrina sul pentolino. Mescola il cioccolato finché si sarà sciolto poi, sempre con i guanti da forno, estrai la terrina.

5 Sbatti le uova in una ciotola. Sbatti burro, zucchero e vaniglia in una terrina capiente fino ad ottenere un composto soffice. Incorpora le uova sbattute un po' alla volta.

6 Aggiungi le due farine e il cacao setacciati nella terrina. Incorpora il cioccolato fuso, mescolando bene il tutto. Se usi una tavoletta di cioccolato invece delle gocce, tagliala a pezzetti.

7 Incorpora le gocce o i pezzetti di cioccolato e le noci (se le usi) al composto, mescola e versa il tutto nella teglia. Livella la superficie col dorso di un cucchiaio.

8 Cuoci per 35 minuti, o fino a quando l'impasto non sarà cresciuto leggermente e si sarà formata una crosta sulla superficie. L'interno, però, deve restare morbido.

9 Lascia raffreddare nella teglia per 20 minuti, poi taglia 9 cubotti.

I brownies sono deliziosi se mangiati tiepidi, quando le gocce di cioccolato sono ancora morbide.

Può contenere arachidi

Brownies cioccolato e arachidi

Ingredienti:

100 g di arachidi salate e tostate
100 g di cioccolato fondente
2 uova grandi
125 g di burro morbido o margarina
275 g di zucchero di canna
½ cucchiaino di estratto di vaniglia
50 g di farina autolievitante
25 g di farina normale
2 cucchiai di cacao

Procurati inoltre una teglia quadrata profonda, di 20 cm di lato, e una terrina resistente al calore da appoggiare su un pentolino.

Dosi per 8-12 brownies

Le arachidi si sposano benissimo con il cioccolato in questi golosi brownies, qui tagliati a triangolo, che saranno ancora più buoni se serviti tiepidi con salsa di burro d'arachidi e gelato alla vaniglia. Anche senza arachidi saranno comunque deliziosi.

1 Preriscalda il forno a 180 °C, ungi e fodera la teglia (vedi pag. 10).

2 Sciogli il cioccolato seguendo le istruzioni a pagina 380, poi con i guanti da forno estrai la terrina dal pentolino.

3 Metti le arachidi in un colino, sciacquale sotto l'acqua fredda per togliere il sale, poi asciugale con un panno.

4 Rompi le uova in una ciotola e sbattile con la forchetta.

5 Sbatti burro o margarina, zucchero e vaniglia in una terrina fino ad ottenere un composto soffice. Incorpora le uova un po' alla volta, sempre sbattendo.

6 Setaccia entrambi i tipi di farina e il cacao nella terrina. Aggiungi il cioccolato fuso e le arachidi e amalgama bene.

7   Versa il composto nella teglia e livellalo bene. Inforna per 35 minuti, fino a che non si sarà formata una crosticina in superficie. L'interno deve restare morbido.

Salsa al burro di arachidi

Per fare la salsa al burro di arachidi da servire con i brownies versa 150 g di burro d'arachidi cremoso in un pentolino e scaldalo a fuoco basso per 5 minuti, mescolando di tanto in tanto fino a quando si sarà sciolto.

8   Lascia raffreddare nella teglia per 20 minuti, poi taglia in 8-12 porzioni.

Brownies bianchi ai mirtilli

Ingredienti:

200 g di cioccolato bianco o gocce di cioccolato bianco

75 g di burro

3 uova medie

175 g di zucchero

1 cucchiaino di estratto di vaniglia

175 g di farina

75 g di mirtilli rossi essiccati

Procurati inoltre una teglia quadrata profonda, di 20 cm di lato, e una terrina resistente al calore da appoggiare su un pentolino.

Dosi per 25 brownies

Questi dolcetti, detti anche "blondies" per il loro colore chiaro, sono una variante dei brownies tradizionali in cui il cioccolato bianco sostituisce il cacao. I mirtilli rossi mitigano il dolce spiccato del cioccolato bianco.

1 Preriscalda il forno a 180 °C. Ungi e fodera la teglia (vedi pag. 10). Riempi il pentolino d'acqua per un quarto e fai scaldare a fuoco basso. Quando l'acqua bolle, togli dal fuoco.

Usa i guanti da forno.

2 Se usi una tavoletta di cioccolato, spezzettala. Metti metà dei pezzetti o delle gocce nella terrina, poi aggiungici il burro tagliato a cubetti. Metti la terrina nel pentolino.

3 Fai sciogliere il cioccolato e il burro, mescolando bene. Con i guanti da forno, estrai la terrina dal pentolino.

4 Sbatti le uova in una terrina capiente, poi aggiungi lo zucchero e l'estratto di vaniglia. Incorpora il composto di cioccolato poco alla volta, mescolando bene a ogni aggiunta.

Muovi il cucchiaio a forma di 8.

5 Incorpora la farina, i mirtilli e il resto dei pezzi di cioccolato o delle gocce mescolando delicatamente.

6 Metti il composto nella teglia. Cuoci per 25 minuti se vuoi brownies soffici o per 30 se li vuoi più sodi.

7 Lascia riposare nella teglia per 20 minuti, poi taglia 25 cubotti. Se vuoi, spolverizza di zucchero a velo setacciato.

Altri gusti

Se vuoi, puoi sostituire i mirtilli con altri tipi di frutta disidratata come il ribes e le albicocche secche a pezzi, oppure con frutti tropicali disidratati come il mango, l'ananas e la papaya.

Al posto della frutta disidratata puoi usare gocce o pezzetti di cioccolato fondente o al latte.

Torta gelato

Ingredienti:

50 g di cioccolato fondente
1 uovo medio
65 g di burro morbido o margarina
125 g di zucchero di canna
25 g di farina autolievitante
15 g di farina normale
1 cucchiaio di cacao
1 litro e ½ di gelato

Procurati inoltre una teglia quadrata profonda, di 20 cm di lato, una terrina resistente al calore da appoggiare su un pentolino e uno stampo per plumcake da 1 kg delle dimensioni di 20 x 12 x 8 cm.

Dosi per 10 fette

Per realizzare questa torta spettacolare basta alternare degli strati di gelato con strati di torta al cioccolato preparata con l'impasto che si usa per i brownies.

1. Preriscalda il forno a 180 °C. Ungi e fodera la teglia (vedi pag. 10). Sciogli il cioccolato seguendo le istruzioni a pagina 380.

2. Sbatti l'uovo in una tazza con la forchetta. Sbatti burro e zucchero in una terrina fino a ottenere un composto soffice.

3. Versa una cucchiaiata di uovo nella terrina e sbatti. Aggiungi un cucchiaio alla volta, continuando a sbattere.

4. Setaccia entrambi i tipi di farina e il cacao nella terrina. Aggiungi il cioccolato fuso e mescola bene. Versa l'impasto nella teglia e livellalo col dorso di un cucchiaio.

Puoi mangiare anche i bordi – sono deliziosi!

5. Inforna per 20 minuti, fino a che non si sarà formata una crosticina. Fai raffreddare la torta, togli il gelato dal freezer e lascialo per 10 minuti a temperatura ambiente.

6. Passa un coltello lungo le pareti della teglia e capovolgi la torta su un tagliere. Raddrizzala e rifila i bordi, quindi taglia la torta a metà.

7. Fodera lo stampo da plumcake con un pezzo di pellicola trasparente piuttosto grande, in modo che esca dai bordi.

Salsa al cioccolato

Ti serviranno 40 g di cioccolato fondente o al latte e 75 ml di panna da montare. Per fare la salsa segui le istruzioni al punto 8 di pagina 231.

8 Versa un terzo del gelato nello stampo, premendo e spingendo verso gli angoli, poi livellalo con il dorso di un cucchiaio.

Puoi decorare la torta gelato con della salsa al cioccolato (vedi sopra) e dei confetti di cioccolato.

Non importa se la torta si rompe, puoi ricomporla nello stampo.

9 Poggia metà torta sul gelato, rifilando i bordi, se necessario. Stendi un altro strato di gelato fino a riempire lo stampo per due terzi.

10 Copri con l'altro pezzo di torta e rifila i bordi. Aggiungi un altro strato di gelato fino a riempire lo stampo, livella la superficie, copri con la pellicola e metti in freezer per almeno 4 ore.

11 Stacca la pellicola, capovolgi lo stampo su un tagliere e passaci sopra un panno caldo e umido per facilitare l'uscita della torta, infine solleva lo stampo e rimuovi la pellicola.

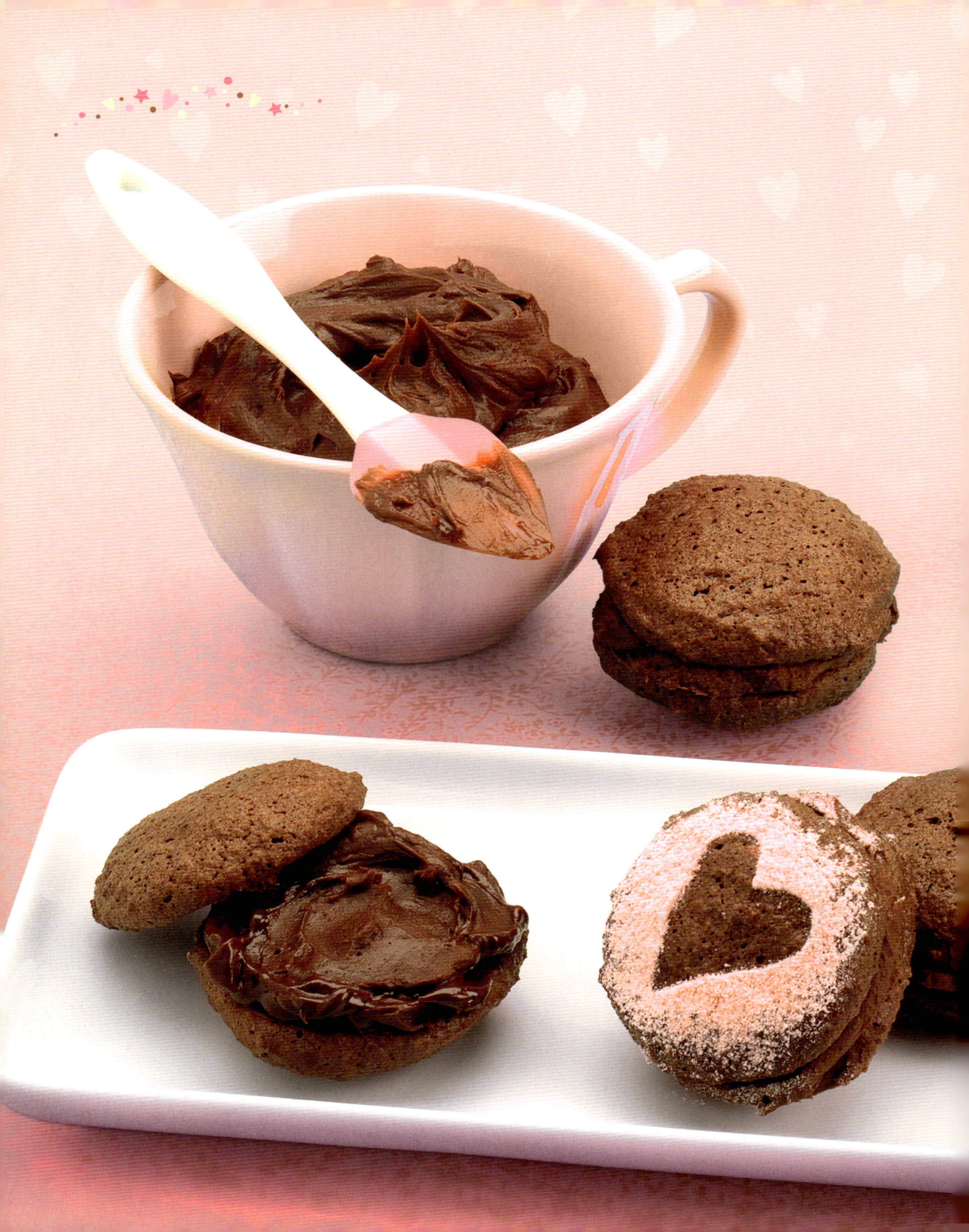

Meringhe e macarons

- 148 Meringhe farcite
- 150 Meringhe variopinte
- 152 Nidi di meringa
- 154 Meringhe variegate
- 156 Meringhe mignon
- 158 Macarons ai lamponi
- 160 Macarons al cioccolato
- 162 Macarons farciti
- 164 Macarons al mou

Meringhe farcite

Ingredienti:
2 uova medie
100 g di zucchero

Per la panna ai lamponi:
125 g di lamponi
150 ml di panna da montare

Procurati inoltre due placche da forno.

Dosi per 20 meringhe circa

Le meringhe sono fatte con albumi montati a neve e zucchero. Si cuociono al forno finché l'esterno diventa croccante mentre l'interno rimane morbido. Sono deliziose se farcite con panna ai lamponi.

1. Preriscalda il forno a 110 °C. Fodera le placche con carta forno (vedi pag. 10).

2. Separa i tuorli dagli albumi (vedi pag. 11) e metti questi ultimi in una ciotola larga e bassa. Non ti servono i tuorli per questa ricetta, ma li puoi usare per fare i biscotti a pagina 26.

3. Sbatti rapidamente gli albumi con una frusta, finché non diventano densi e spumosi. Se, quando alzi la frusta, la spuma forma una punta, gli albumi sono montati a sufficienza.

4. Aggiungi agli albumi un cucchiaino colmo di zucchero, amalgamando con la frusta. Continua ad aggiungere lo zucchero a cucchiaini, sempre sbattendo con la frusta.

5. Ora distribuisci il composto a cucchiaiate sulla placca, magari aiutandoti con un altro cucchiaio. Lascia un po' di spazio tra una meringa e l'altra.

6. Inforna per 40 minuti. Poi spegni e lascia in forno le meringhe per 15 minuti. Quando sono cotte tirale fuori e falle raffreddare.

7. Intanto prepara la panna ai lamponi. Lava i lamponi in un colino e lasciali scolare, poi schiacciali in una ciotola fino a ridurli in purè.

8. Versa la panna in una terrina e sbattila rapidamente con la frusta finché non diventa bella soda. Solleva la frusta: se si forma una punta morbida, è montata a sufficienza.

9. Incorpora delicatamente alla panna il purè di lamponi usando un cucchiaio di metallo. Quando le meringhe si sono freddate, spalma il lato piatto di una meringa con la panna ai lamponi e premici sopra il lato piatto di un'altra.

Bianche o dorate

Se usi lo zucchero bianco, una volta cotte le meringhe saranno quasi bianche. Se invece usi lo zucchero di canna, prenderanno un colore leggermente dorato.

Altri gusti

Prova a sostituire i lamponi con 3 frutti della passione maturi. Taglia a metà i frutti della passione ed estrai succo e semini con un cucchiaio. Al punto 9 aggiungi alla panna succo e semini dei frutti della passione al posto dei lamponi.

Meringhe variopinte

Ingredienti:
2 uova medie

un pizzico di cremor tartaro (facoltativo)

100 g di zucchero

palline di zucchero

coloranti alimentari di vari colori

Procurati inoltre due placche da forno.

Dosi per 18 meringhe circa

Queste piccole meringhe sono croccanti fuori e morbide dentro e sono state decorate con colorante alimentare e palline di zucchero.

1. Preriscalda il forno a 110 °C. Fodera le placche con carta forno (vedi pag. 10).

2. Sbatti un uovo sul bordo di una terrina, aprilo e fai scivolare tuorlo e albume su un piattino. Copri il tuorlo con un portauovo.

3. Tieni il portauovo fermo mentre inclini il piattino per far scivolare l'albume nella terrina. Ripeti con l'altro uovo.

I tuorli non servono. Usali nella ricetta a pag. 26.

4. Aggiungi il cremor tartaro agli albumi, poi sbatti energicamente il composto con una frusta.

5. Continua a sbattere fino a ottenere un composto compatto e spumoso: alzando la frusta, la spuma che si solleva deve restare ben ferma.

6. Aggiungi un cucchiaio colmo di zucchero e sbatti bene con la frusta. Ripeti fino a finire tutto lo zucchero.

7. Prendi un cucchiaino di impasto alla volta e spingilo sulla placca aiutandoti con un altro cucchiaio. Cospargi di palline di zucchero.

Il colorante non va mescolato.

8 Dividi il resto dell'impasto in tre ciotole e aggiungici delle gocce di colorante, un colore per ciotola, senza mescolare. Versa un cucchiaino di impasto sulla seconda placca.

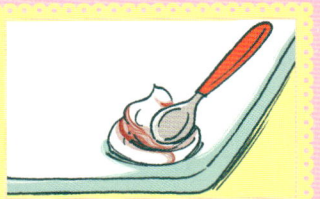

9 Mentre versi l'impasto, gira il cucchiaino in modo che il colorante formi delle spirali. Riempi tutta la placca.

10 Cuoci per 40 minuti. Lascia le meringhe nel forno spento per 10 minuti, poi sfornale e falle raffreddare completamente.

Per queste meringhe abbiamo usato colorante in gel: se usi quello liquido il colore risulterà più tenue.

Altre idee

Potresti accompagnare queste meringhe con la panna montata. Sbatti con la frusta 150 ml di panna da montare finché non diventa bella soda. Se quando sollevi la frusta si forma una punta morbida è montata a sufficienza.

Nidi di meringa

Ingredienti:

2 uova medie
100 g di zucchero

Per il ripieno:
150 ml di panna da montare
½ cucchiaino di estratto di vaniglia
225 g di fragole, lamponi e mirtilli freschi o frutti di bosco misti

Procurati inoltre 2 placche da forno.

Dosi per 8 nidi

Puoi preparare questi nidi di meringa con un paio di giorni di anticipo e conservarli in un contenitore ermetico. Riempili con panna e frutta poco prima di servirli.

1. Preriscalda il forno a 110 °C. Fodera le placche con carta forno (vedi pag. 10).

2. Separa le uova (vedi pag. 11). Metti gli albumi in una terrina grande e pulita. I tuorli non ti servono: puoi usarli per la ricetta a pagina 26.

3. Sbatti energicamente gli albumi fino a ottenere un composto compatto e spumoso: alzando la frusta, la spuma che si solleva deve restare ben ferma.

4. Ora aggiungi un cucchiaino colmo di zucchero e mescola bene. Continua a incorporare lo zucchero, un cucchiaino alla volta, fino a usarlo tutto.

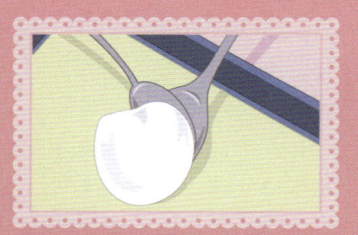

5. Prendi un cucchiaio da dessert del composto e, aiutandoti con un cucchiaino, fallo scivolare in una delle placche.

6. Con il dorso del cucchiaino, appiattisci al centro per fare una cavità. Ripeti altre 7 volte, lasciando un po' di spazio tra un nido e l'altro.

7 Cuoci per 40 minuti. Lascia riposare le meringhe nel forno spento per 10 minuti, poi sfornale e falle raffreddare completamente.

8 Per il ripieno, metti la panna e la vaniglia in una terrina. Sbatti energicamente (vedi pag. 377): alzando la frusta, la spuma che si solleva deve restare ben ferma.

9 Lava i frutti di bosco e asciugali delicatamente con carta da cucina. Quando i nidi si sono raffreddati riempili con la panna e decorali con i frutti.

Altri gusti

Se vuoi, puoi sostituire i frutti di bosco con pezzetti di ananas o di pesche, oppure fettine di kiwi o polpa del frutto della passione.

Meringhe veriegate

Ingredienti:

50 g di cioccolato fondente
2 uova medie
100 g di zucchero

Procurati inoltre 2 placche da forno e una terrina resistente al calore da appoggiare su un pentolino.

Dosi per 12 meringhe circa

Per fare queste meringhe variegate incorpora all'impasto del cioccolato fuso prima di metterle in forno. Il risultato è bello da vedere e delizioso da mangiare.

1 Preriscalda il forno a 110 °C. Fodera le placche con carta forno (vedi pag. 10).

2 Spezzetta il cioccolato e mettilo nella terrina. Riempi il pentolino d'acqua per un quarto e metti a scaldare. Quando l'acqua bolle, togli il pentolino dal fuoco.

3 Con i guanti da forno, metti la terrina nel pentolino e mescola il cioccolato. Quando si sarà sciolto, estrai la terrina con i guanti da forno. Fai raffreddare.

4 Sbatti un uovo sul bordo di una terrina capiente, poi fallo scivolare con delicatezza in un piatto. Copri il tuorlo con un portauovo.

I tuorli non servono; usali per la ricetta di pag. 26.

5 Tenendo fermo il portauovo, inclina il piatto sulla terrina e facci scivolare dentro l'albume. Fai altrettanto con il secondo uovo.

6 Sbatti gli albumi fino a ottenere un composto compatto e spumoso: alzando la frusta, la spuma che si solleva deve restare ben ferma.

Se vuoi, puoi immergere la base delle meringhe pronte in 50 g di cioccolato fondente fuso.

7 Aggiungi un cucchiaino colmo di zucchero e mescola bene. Continua a incorporare lo zucchero, un cucchiaino alla volta, fino a usarlo tutto.

8 Fai colare a filo qualche cucchiaino di cioccolato fuso sul composto. Mescola un paio di volte per formare delle spirali.

9 Prendi un cucchiaio da dessert colmo di composto e con un cucchiaino fallo scivolare su una placca. Ripeti per fare altre meringhe.

10 Cuoci per 40 minuti. Lascia riposare le meringhe nel forno spento per 10 minuti, poi sfornale e falle raffreddare completamente.

Meringhe mignon

Ingredienti:
2 uova medie
100 g di zucchero
colorante alimentare rosso e rosa
150 ml di panna da montare

Procurati inoltre 2 placche da forno.

Dosi per 30 meringhe circa

Queste meringhe mignon bianche e rosa fanno un figurone ma sono semplicissime da preparare. Croccanti fuori e morbide dentro, ottime mangiate da sole, sono ancora più golose se farcite a due a due con panna montata.

1 Preriscalda il forno a 110 °C. Fodera le placche con carta forno (vedi pag. 10).

2 Sbatti un uovo sul bordo di una terrina capiente, poi fallo scivolare con delicatezza in un piatto. Copri il tuorlo con un portauovo.

3 Tenendo fermo il portauovo, inclina il piatto sulla terrina e facci scivolare dentro l'albume. Fai altrettanto con il secondo uovo.

4 Sbatti gli albumi fino a ottenere un composto compatto e spumoso: alzando la frusta, la spuma che si solleva deve restare ben ferma.

5 Aggiungi un cucchiaino colmo di zucchero e mescola bene. Continua a incorporare lo zucchero, un cucchiaino alla volta, fino a usarlo tutto.

6 Prendi un cucchiaio da dessert colmo di composto e con un cucchiaino fallo scivolare su una placca. Ripeti per fare altre meringhe (15 in tutto).

7 Lascia un po' di spazio fra una cucchiaiata di composto e l'altra. Ora aggiungi poche gocce di colorante alimentare al resto della miscela.

Muovi il cucchiaio a forma di 8.

8 Mescola delicatamente la miscela con un cucchiaio di metallo e quando il composto ha preso un colore rosato fai altre 15 meringhe.

9 Inforna le due placche e cuoci per 40 minuti. A cottura ultimata lascia riposare le meringhe nel forno spento.

10 Dopo 15 minuti estrai le placche dal forno (usa sempre i guanti) e lascia raffreddare completamente le meringhe.

11 Sbatti energicamente la panna con la frusta finché diventa soda e forma una punta soffice quando sollevi la frusta.

12 Con un coltello a lama piatta spalma di panna montata la parte piatta di una meringa e coprila con un'altra.

Una volta farcite di panna, le meringhe vanno consumate in giornata.

Macarons ai lamponi

Contiene mandorle

Ingredienti:

100 g di zucchero a velo
2 uova medie
un pizzico di cremor tartaro
¼ di cucchiaino di colorante alimentare rosa
25 g di zucchero
100 g di farina di mandorle

Per la farcitura:
100 g di lamponi
150 g di formaggio cremoso
2 cucchiai di zucchero a velo

Procurati inoltre due placche da forno.

Dosi per 12 macarons

I macarons, croccanti fuori e gommosi dentro, si fanno incorporando la farina di mandorle agli albumi montati a neve. I dolcetti qui illustrati sono farciti con una crema di formaggio fresco e lamponi, ma per un'alternativa senza lattosio puoi usare marmellata di lamponi.

1. Rivesti le placche con la carta forno (vedi pag. 10). Setaccia lo zucchero a velo in una ciotola.

I tuorli non servono – usali per la ricetta di pag. 26.

2. Separa i tuorli dagli albumi (vedi pag. 11) e metti gli albumi in una terrina capiente pulita.

3. Monta gli albumi a neve (vedi pag. 11). Incorpora il cremor tartaro, il colorante e i due cucchiai di zucchero a velo.

4. Aggiungi il resto dello zucchero a velo un cucchiaio alla volta, avendo cura di amalgamare ben bene.

5. Incorpora lo zucchero e la farina di mandorle, mescolando delicatamente con un cucchiaio di metallo.

Muovi il cucchiaio a forma di 8.

6. Versa l'impasto sulle placche con un cucchiaino, lasciando un po' di spazio fra una cucchiaiata e l'altra.

Aiutati con un altro cucchiaio.

7 Batti con decisione ogni placca sul tavolo due volte. Lascia riposare mezz'ora.

8 Preriscalda il forno a 110 °C e cuoci per 30 minuti. Lascia riposare nel forno spento per 15 minuti, quindi fai raffreddare completamente.

9 Per la farcitura, schiaccia bene i lamponi, poi incorpora il formaggio cremoso e lo zucchero a velo.

10 Spalma un po' di farcitura sulla parte piatta di un macaron e poi coprila. Fai lo stesso con tutti gli altri.

Macaron alla menta e cioccolato

Macaron al gusto di limone

Macaron al lampone

Altri gusti

Per i macarons al limone, usa del colorante giallo invece del colorante rosa. Per la farcitura, usa scorza di limone grattugiata al posto dei lamponi, aggiungi 2 cucchiai di succo di limone e qualche goccia di colorante giallo.

Per i macarons alla menta e cioccolato, sosituisci il colorante rosa con quello verde. Per la farcitura, usa la ganache al cioccolato (vedi pag. 381) con l'aggiunta di qualche goccia di essenza di menta.

Macarons al cioccolato

Contiene mandorle

Ingredienti:

100 g di zucchero a velo
2 uova medie
un pizzico di cremor tartaro
25 g di cacao
25 g di zucchero
75 g di farina di mandorle

Per la crema ganache:
75 g di cioccolato fondente
4 cucchiai di panna fresca

Procurati inoltre due placche da forno.

Dosi per 12 macarons

Croccanti fuori e leggermente gommosi dentro, questi dolcetti squisiti sono farciti con la crema ganache al cioccolato.

1 Rivesti le placche con la carta forno (vedi pag. 10). Setaccia lo zucchero a velo in una ciotola.

2 Separa i tuorli dagli albumi (vedi pag. 11) e versa gli albumi in una terrina capiente. I tuorli non servono: usali nella ricetta a pagina 26.

3 Sbatti gli albumi con la frusta fino a ottenere un composto compatto e spumoso. Alzando la frusta, deve restare ben fermo.

4 Incorpora il cremor tartaro e i due cucchiai di zucchero a velo. Aggiungi il resto dello zucchero a velo un cucchiaio alla volta, avendo cura di amalgamare bene.

5 Setaccia il cacao nel composto, quindi incorpora lo zucchero e la farina di mandorle, mescolando delicatamente con un cucchiaio di metallo.

Muovi il cucchiaio a forma di 8.

6 Versa un l'impasto sulle placche con un cucchiaino (aiutati con un cucchiaio), lasciando un po' di spazio fra una cucchiaiata e l'altra.

7 Batti le placche sul tavolo due volte, poi lascia riposare mezz'ora. Intanto prepara la crema ganache, seguendo le istruzioni a pagina 381.

8 Preriscalda il forno a 110 °C e cuoci per 30 minuti. Lascia riposare nel forno spento per 15 minuti, quindi estrai le placche e fai raffreddare bene.

Altri gusti
Se preferisci, per la farcitura puoi fare la crema ganache al cioccolato al latte o bianco, invece che fondente. Segui le istruzioni a pagina 381.

9 Spalma un po' di crema sulla parte piatta di un macaron e poi coprila. Fai lo stesso con tutti gli altri.

Questo macaron è stato decorato con zucchero a velo colorato e uno stencil (vedi pag. 383).

Contiene mandorle

Macarons farciti

Questi dolcetti dorati e friabili si sciolgono in bocca. In questa ricetta sono stati farciti con creme di burro dai delicati colori pastello.

Ingredienti:

2 uova medie
175 g di zucchero
125 g di farina di mandorle
25 g di farina di riso

Per la crema di burro:
50 g di burro morbido o margarina
100 g di zucchero a velo
colorante alimentare rosa, giallo e verde

Procurati inoltre due placche da forno.

Dosi per 18 macarons

1. Preriscalda il forno a 110 °C. Fodera le placche con carta forno (vedi pag. 10).

2. Sbatti un uovo sul bordo di una terrina capiente, poi fallo scivolare con delicatezza in un piatto. Copri il tuorlo con un portauovo.

I tuorli non servono; usali per la ricetta di pag. 26.

3. Tenendo fermo il portauovo, inclina il piatto sulla terrina e facci scivolare dentro l'albume. Fai altrettanto con il secondo uovo.

4. Sbatti gli albumi con la frusta fino a ottenere un composto compatto e spumoso. Alzando la frusta, deve restare ben fermo.

Muovi il cucchiaio a forma di 8.

5. Aggiungi lo zucchero, la farina di mandorle e la farina di riso. Poi mescola delicatamente con un cucchiaio di metallo.

6. Versa l'impasto sulle placche con un cucchiaino, aiutandoti con un altro cucchiaio, come mostrato nella figura.

7. Riempi le placche lasciando un po' di spazio fra una cucchiaiata e l'altra. Inforna per 20 minuti, fino a doratura.

8. Lasciali riposare sulle placche per 5 minuti. Poi trasferiscili su una gratella e lasciali raffreddare bene.

Usa un cucchiaio di legno.

9. Per la crema di burro, sbatti il burro in una terrina fino a che non diventa soffice e cremoso. Setaccia lo zucchero e sbatti.

Usa un coltello a lama piatta.

10. Dividi la crema di burro in tre ciotole e metti qualche goccia di colorante alimentare in ognuna. Usa tre colori diversi.

11. Spalma un po' della crema di burro sulla parte piatta di un dolcetto e poi coprila con un altro macaron.

Altri gusti

Puoi abbinare un gusto a ciascun colore di crema di burro: aggiungi qualche goccia di estratto di vaniglia alla crema di burro gialla; essenza di menta alla crema verde e acqua di rose o essenza di mandorle alla crema rosa. Aggiungi le essenze alimentari al punto 10 della preparazione.

Macarons al mou

Contiene mandorle

Ingredienti:

50 g di zucchero a velo
1 uovo medio
1 pizzico di cremor tartaro
15 g di zucchero di canna
50 g di farina di mandorle

Per la salsa mou:
15 g di burro
40 g di zucchero di canna
100 g di formaggio cremoso

Procurati inoltre una placca da forno.

Dosi per 6 macarons

Questi friabili dolcetti sono farciti di cremosa salsa mou. Per altri gusti, vedi il riquadro nella pagina accanto.

1. Rivesti la placca con la carta forno (vedi pag. 10). Setaccia lo zucchero a velo in una ciotola e togli il formaggio dal frigo.

2. Separa il tuorlo dall'albume (vedi pag. 11) e metti l'albume in una terrina capiente pulita.

3. Sbatti gli albumi con la frusta fino a ottenere un composto compatto e bello spumoso.

4. Incorpora il cremor tartaro e aggiungi 1 cucchiaio di zucchero a velo alla volta, amalgamando bene dopo ogni aggiunta.

5. Aggiungi lo zucchero di canna e la farina di mandorle setacciati. Se si formano dei grumi, schiacciali con un cucchiaio e butta via i pezzetti duri rimasti nel colino.

Muovi il cucchiaio a forma di 8.

6. Mescola delicatamente con un cucchiaio di metallo.

Aiutati con un altro cucchiaio.

7. Versa delle cucchiaiate di impasto sulla placca, lasciando un po' di spazio fra una e l'altra. Batti con decisione la placca sul tavolo due volte.

Macaron al mou

Macaron al lime

Macaron alla fragola

8 Aspetta 30 minuti prima di infornare. Nel frattempo, prepara la salsa mou seguendo le istruzioni a pagina 377 e mettila in frigo a raffreddare.

9 Preriscalda il forno a 110 °C e cuoci per 30 minuti. Lascia riposare nel forno spento per 15 minuti, quindi estrai la placca e fai raffreddare bene.

10 Spalma un po' della salsa mou sulla parte piatta di un macaron e coprila con un altro dolcetto. Ripeti per tutti gli altri macarons.

Macarons al lime

Usa lo zucchero semolato al posto di quello di canna per fare i macarons e aggiungi qualche goccia di colorante alimentare verde. Per la farcitura procurati 1 lime, 3 cucchiai di formaggio cremoso e 4 cucchiaini di zucchero a velo. Segui le istruzioni per la ricetta dei macarons al limone a pagina 159 ma sostituisci il limone con il lime.

Macarons alle fragole

Usa lo zucchero semolato al posto di quello di canna per fare i macarons e aggiungi qualche goccia di colorante alimentare rosa o rosso. Per la farcitura, mescola 1 cucchiaio di marmellata di fragole e 3 cucchiai di formaggio cremoso in una terrina.

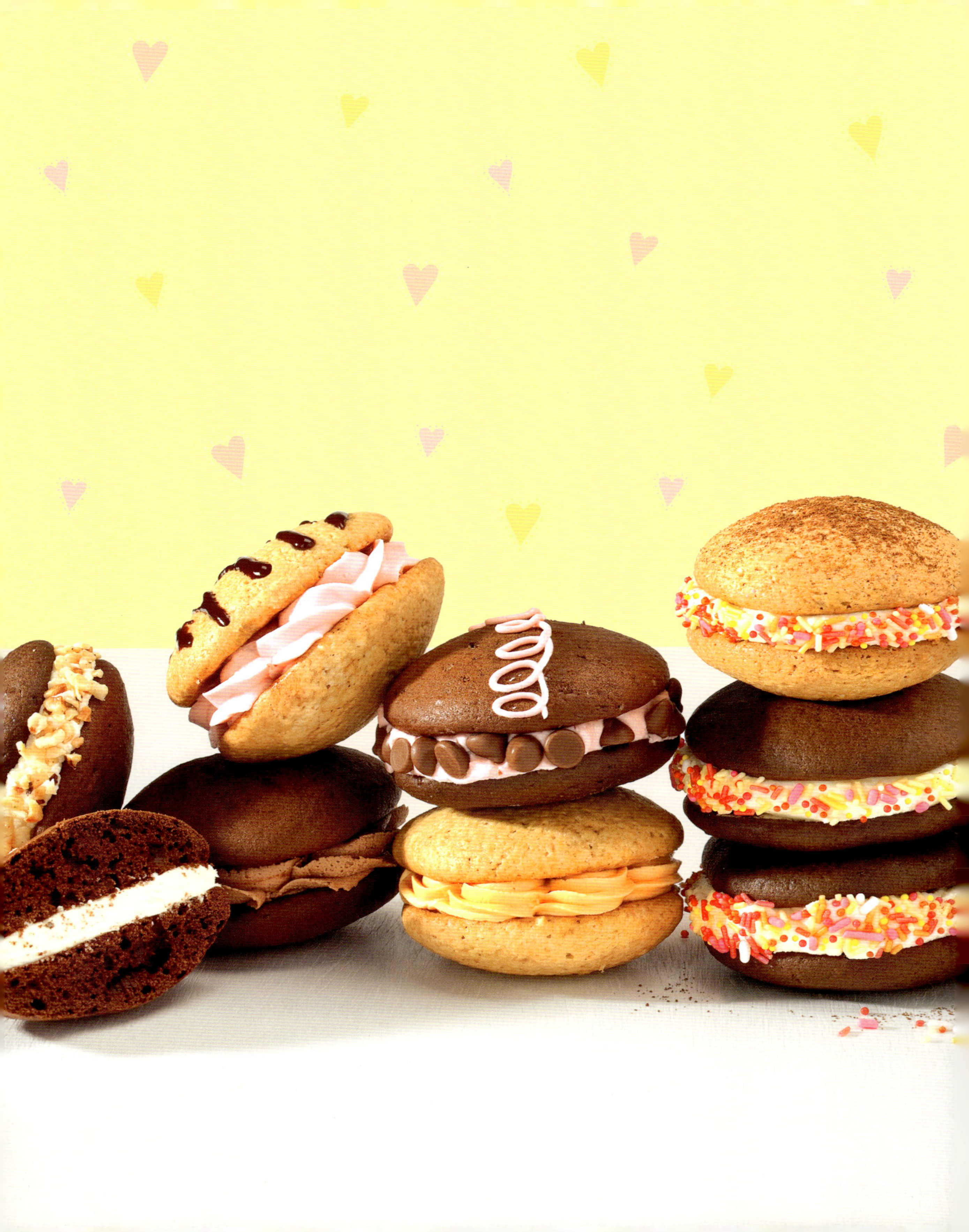

Muffins e morbidoni

- 168   Muffins glassati
- 170   Muffins al cioccolato
- 172   Muffins speziati alle mele
- 174   Muffins variegati
- 176   Muffins ai frutti di bosco
- 178   Muffins alla banana
- 180   Morbidoni alla crema
- 182   Morbidoni al cioccolato

Muffins glassati

Ingredienti:

300 g di farina
2 cucchiaini di lievito
100 g di zucchero
1 limone
50 g di burro
225 ml di latte
1 uovo medio
100 g di marmellata di lamponi

Per decorare:
175 g di zucchero a velo
codette e palline di zucchero

Procurati inoltre uno stampo da 12 muffins.

Dosi per 10 muffins

Questi golosi muffins sono farciti con marmellata, glassati e decorati con codette e palline di zucchero.

1 Preriscalda il forno a 200 °C.

Usa il pennello da pasticciere.

2 Spennella d'olio 10 degli incavi dello stampo, poi ritaglia 10 dischi di carta forno da mettere sul fondo di ciascun incavo.

3 Setaccia la farina e il lievito in una terrina capiente pulita. Aggiungi lo zucchero e mescola bene con un cucchiaio di metallo.

4 Gratta la scorza del limone usando i fori piccoli della grattugia e poi taglia il limone e spremine il succo.

5 Metti da parte 2 cucchiai di succo di limone per fare la glassa. Taglia il burro a pezzetti e mettili insieme alla scorza in un pentolino.

6 Aggiungi 4 cucchiai di latte e fai scaldare a fiamma bassa. Quando il burro si è sciolto, togli il pentolino dal fuoco e aggiungi il resto del latte.

7 Rompi l'uovo in una tazza e sbattilo con la forchetta. Incorporalo nella miscela di burro e poi versa tutto in una ciotola.

Usa un coltello affilato.

8 Mescola il tutto con la forchetta. Distribuisci il composto nei 10 incavi, riempiendoli quasi fino all'orlo. Cuoci per 15 minuti.

9 Lascia raffreddare i muffins nello stampo per 3 minuti, poi staccali e trasferiscili su una gratella.

10 Taglia i muffins a metà in senso orizzontale e spalma uno strato di marmellata. Copri con l'altra metà.

11 Setaccia lo zucchero a velo e aggiungici il succo di limone tenuto da parte. Versa la glassa sui muffins e cospargi di palline di zucchero.

Se metti una candelina sui muffins potresti servirli a una festa di compleanno.

Muffins al cioccolato

Ingredienti:

200 g di cioccolato fondente, al latte o bianco

275 g di farina autolievitante

1 cucchiaino e ½ di lievito

25 g di cacao

100 g di zucchero

100 ml d'olio di semi di girasole

250 ml di latte

1 uovo

1 cucchiaino di estratto di vaniglia

Procurati inoltre uno stampo da 12 muffins e 12 pirottini di carta.

Dosi per 12 muffins

I muffins sono delle tortine facilissime da preparare. Devi solo mescolare gli ingredienti liquidi a quelli secchi e cuocere l'impasto in forno. La ricetta principale prevede un impasto al cioccolato e gocce di cioccolato, ma troverai istruzioni anche per altri gusti.

1 Preriscalda il forno a 200 °C. Metti un pirottino di carta in ciascun incavo dello stampo. Spezzetta bene la tavoletta di cioccolato.

2 In una ciotola capiente setaccia farina, lievito e cacao. Aggiungi lo zucchero e i pezzetti di cioccolato e mescola il tutto.

3 Dosa l'olio e il latte in un misurino. Rompi l'uovo in una tazza e sbattilo bene, poi aggiungilo nel misurino insieme alla vaniglia.

4 Versa la miscela di latte nella ciotola e mescola tutto rapidamente con la forchetta. Fermati quando non ci sono più grumi di farina.

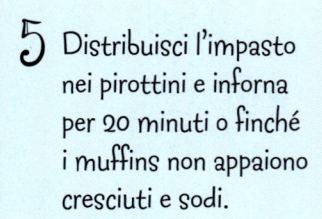

5 Distribuisci l'impasto nei pirottini e inforna per 20 minuti o finché i muffins non appaiono cresciuti e sodi.

6 Lascia i muffins nello stampo per 10 minuti. Falli raffreddare su una gratella.

Muffins al limone e cioccolato bianco

Gratta la scorza del limone sui fori piccoli della grattugia. Taglia il limone in due e spremi il succo di mezzo limone. Al punto 2, usa cioccolato bianco, ometti il cacao e aggiungi 25 g in più di farina autolievitante e la scorza di limone grattugiata. Al punto 3, quando dosi il latte, togline 2 cucchiai e aggiungi invece 2 cucchiai di succo di limone.

Muffins alla vaniglia con frutta

Al punto 2, sostituisci il cacao e il cioccolato con 25 g in più di farina autolievitante, 50 g in più di zucchero e 150 g di mirtilli o lamponi freschi o surgelati. Se usi frutta surgelata, non c'è bisogno di scongelarla.

Muffins speziati alle mele

Ingredienti:

- 3 mele
- 100 g di burro
- 3 chiodi di garofano
- 250 g di farina autolievitante
- 1 cucchiaino e ½ di lievito
- 1 cucchiaino e ½ di cannella in polvere
- 25 g di maizena
- 200 g di zucchero
- 2 uova medie
- 175 ml di latte

Per la copertura:
- 1 limone piccolo
- 1 arancia piccola
- 50 g di zucchero di canna

Procurati inoltre uno stampo per muffins da 12 e 12 pirottini di carta.

Dosi per 12 muffins

Questi deliziosi dolcetti alla mela sono arricchiti da cannella e chiodi di garofano, e resi morbidi da un intingolo di zucchero, arancia e limone.

1. Preriscalda il forno a 190 °C. Metti un pirottino in ciascun incavo dello stampo.

2. Sbuccia una mela e tagliala in quattro. Metti i quarti su un tagliere, fai due tagli in ciascuno, a forma di V, per eliminare il torsolo. Taglia i quarti a pezzetti.

Fai attenzione a non tagliarti.

3. Ripeti con le altre mele, poi mettile in un tegame con il burro e i chiodi di garofano. Cuoci per 6 minuti a fiamma bassa. Togli dal fuoco.

Mescola di tanto in tanto.

4. In una terrina capiente, mescola la farina, il lievito, la cannella, la maizena e lo zucchero. Sbatti le uova e il latte in una caraffa.

5. Con il cucchiaio, elimina i chiodi di garofano dal tegame. Versa le mele e le uova nel composto di farina.

6. Mescola il tutto ma senza amalgamare troppo: l'impasto dovrà risultare piuttosto grumoso.

Puoi realizzare dei pirottini infilando dei quadrati di carta forno negli incavi dello stampo.

7 Metti l'impasto nei pirottini. Cuoci per 18-20 minuti, o fino a quando non sono dorati e sodi.

8 Spremi il succo di mezzo limone e mezza arancia, mescola con lo zucchero e versa sui muffins ancora caldi. Fai raffreddare.

Altri gusti
Al punto 4 puoi aggiungere una manciata di uva passa o di mirtilli secchi, oppure dei pezzetti di noci o di nocciole.

Muffins variegati

Ingredienti:

1 barretta da 100 g di cioccolato fondente, al latte o bianco
2 limoni
300 g di farina autolievitante
1 cucchiaino e ½ di lievito
125 g di zucchero
100 ml d'olio di semi di girasole
un po' di latte
1 uovo medio
25 g di cacao

Procurati inoltre uno stampo per muffins da 12 e 12 pirottini di carta.

Dosi per 12 muffins

Per ottenere l'effetto variegato usa due composti, uno al cioccolato e uno al limone. Nascondi un pezzetto di cioccolato in ogni muffin.

1. Preriscalda il forno a 200 °C. Inserisci i 12 pirottini di carta nello stampo e spezzetta o taglia il cioccolato in 12 pezzi.

2. Gratta la scorza dei limoni usando i fori piccoli della grattuglia e poi spremi il succo. Metti da parte.

3. Setaccia farina e lievito in una terrina, aggiungi lo zucchero e la scorza di limone grattata e mescola.

4. Versa il succo in una caraffa graduata e aggiungi il latte fino a raggiungere il livello di 250 ml. Versa nella caraffa anche un uovo sbattuto, aggiungi l'olio e mescola.

5. Versa il contenuto della caraffa nella terrina e mescola velocemente con la forchetta fino a eliminare tutti i grumi.

6. Versa metà del composto in un'altra terrina, aggiungi il cacao setacciato e mescola velocemente con la forchetta per amalgamare bene.

7 Riempi per un terzo tutti i pirottini, alternando un cucchiaino di composto al cioccolato e un cucchiaino di composto al limone.

Se mangi i muffins quando sono ancora caldi, il cioccolato sarà morbido e cremoso.

Questi sono pezzi di cioccolato fondente, ma puoi usare cioccolato bianco o al latte.

8 Metti un pezzetto di cioccolato in ogni pirottino e poi continua a riempire alternando il composto al limone e quello al cioccolato.

9 Cuoci in forno per 20 minuti. Lascia i muffins nello stampo per 10 minuti, poi mettili a raffreddare su una gratella.

Altri gusti
Per muffins variegati al cioccolato e all'arancia o al cioccolato e al lime, sostituisci i limoni con 2 arance o 3 lime.

Muffins ai frutti di bosco

Ingredienti:

1 limone
250 g di farina autolievitante
1 cucchiaino di bicarbonato
150 g di zucchero
90 ml d'olio di semi di girasole
150 g di yogurt al limone
2 uova medie
150 g di frutti di bosco
75 g di zucchero a velo

Procurati inoltre uno stampo per muffins da 12 e 12 pirottini di carta.

Dosi per 12 muffins

Questi deliziosi muffins sono fatti con yogurt al limone e frutti di bosco freschi. Puoi usare mirtilli, more o lamponi o anche un misto di frutti di bosco surgelati, senza bisogno di scongelarli.

1 Metti un pirottino in ogni incavo dello stampo. Preriscalda il forno a 190 °C. Gratta la scorza del limone sui fori piccoli della grattugia.

2 Setaccia la farina e il bicarbonato in una terrina capiente pulita e incorpora lo zucchero. Mescola bene.

3 Misura l'olio in una caraffa graduata, poi aggiungi lo yogurt al limone e la scorza. Taglia il limone a metà e spremine mezzo. Aggiungi il succo alla miscela d'olio.

4 Rompi le uova in una terrina piccola e sbattile bene, poi aggiungile all'olio. Con un cucchiaio di metallo, mescola gli ingredienti fino a ottenere un composto omogeneo.

5 Versa il composto nella terrina con la farina e mescola per alcuni secondi. Aggiungi i frutti di bosco, poi mescola delicatamente il tutto.

6 Distribuisci il composto nei pirottini, riempiendoli quasi fino all'orlo. Cuoci i muffins per 15-18 minuti o fino a quando non sono dorati e sodi.

7 Lasciali raffreddare per 5 minuti nello stampo, poi trasferiscili su una gratella. Spolverizza di zucchero a velo o se preferisci usa glassa agli agrumi (vedi pag. 377).

Per un'occasione speciale, confeziona i muffins con carta regalo e un nastrino.

Muffins alla banana

Ingredienti:

250 g di farina autolievitante
1 cucchiaino di lievito
100 g di caramelle mou
100 g di zucchero di canna
75 g di burro
125 ml di latte
1 cucchiaino di estratto di vaniglia
2 banane mature medie
2 uova medie
2 cucchiai di miele liquido

Procurati inoltre uno stampo per muffins da 12 e 12 pirottini di carta.

Dosi per 12 muffins

Questi golosi muffins sono resi particolarmente soffici dalle caramelle mou che si sciolgono all'interno. Sono deliziosi mangiati ancora tiepidi e ricoperti di miele.

1. Preriscalda il forno a 190 °C. Metti un pirottino in ogni incavo dello stampo. Setaccia la farina e il lievito in una terrina capiente.

2. Metti le caramelle mou su un tagliere e tagliale a pezzetti. Aggiungi il pezzi di caramella e lo zucchero alla farina e mescola il tutto.

3. Metti il burro in una pentolino e fai scaldare a fiamma bassa. Quando il burro si è sciolto, togli il pentolino dal fuoco e aggiungi il latte e l'estratto di vaniglia.

4. Sbuccia le banane e mettile in una terrina, poi schiacciale con la forchetta fino a ridurle in poltiglia. Rompi le uova in un'altra terrina, poi sbattile con la forchetta.

5 Aggiungi le banane e le uova sbattute alla miscela nel pentolino, mescolando bene. Versa il composto nella terrina con la farina.

6 Mescola il tutto ma senza amalgamare troppo: l'impasto dovrà risultare piuttosto grumoso. Versalo nei pirottini con un cucchiaio.

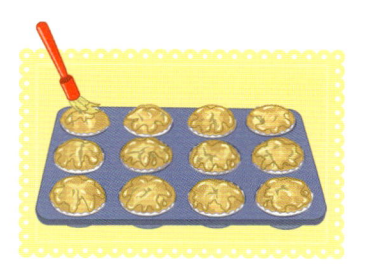

7 Cuoci per 20 minuti, o fino a quando i muffins non sono gonfi e sodi. Dopo 5 minuti spennella la superficie con il miele, poi trasferiscili su una gratella.

Per un sapore di banana più intenso, usa delle banane molto mature.

Morbidoni alla crema

Ingredienti:

75 g di burro

1 uovo grande

150 g di zucchero

150 ml di panna acida

2 cucchiaini di estratto di vaniglia

3 cucchiai di latte

275 g di farina

¾ di cucchiaino di bicarbonato

Per la crema di burro:

50 g di burro morbido

100 di zucchero a velo

1 cucchiaino di estratto di vaniglia

Procurati inoltre due placche da forno.

Dosi per 12 morbidoni farciti

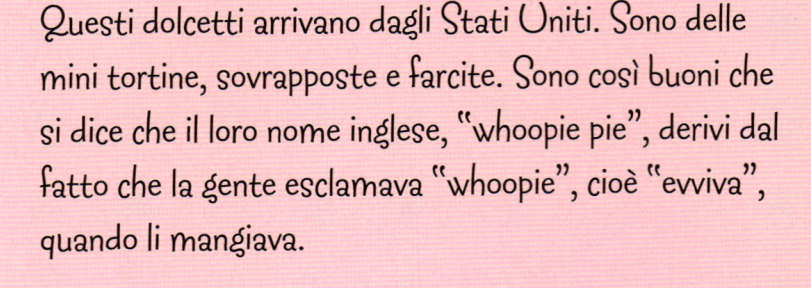

Questi dolcetti arrivano dagli Stati Uniti. Sono delle mini tortine, sovrapposte e farcite. Sono così buoni che si dice che il loro nome inglese, "whoopie pie", derivi dal fatto che la gente esclamava "whoopie", cioè "evviva", quando li mangiava.

1. Preriscalda il forno a 180 °C e rivesti due placche con carta forno (vedi pag. 10).

2. Metti il burro in un pentolino, riscaldalo a fuoco basso e togli dal fuoco appena si sarà sciolto.

3. Sbatti l'uovo con lo zucchero in una terrina grande, per 2-3 minuti, fino a ottenere un composto denso e chiaro.

4. Incorpora delicatamente il burro sciolto, la panna acida, la vaniglia e il latte muovendo a forma di 8 un cucchiaio grande di metallo.

5. Aggiungi all'impasto la farina e il bicarbonato setacciati, mescolando delicatamente.

Scopri come fare i morbidoni al cioccolato alle pagg. 182-183.

Aiutati con un cucchiaio.

6 Versa delle cucchiaiate di impasto sulle placche, in modo da lasciare un po' di spazio fra una e l'altra. Inforna per 10-12 minuti o fino a doratura.

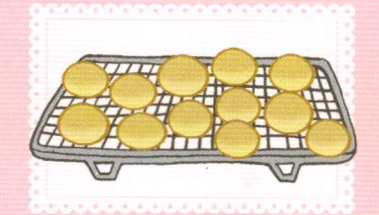

7 Lascia nella placca per 5 minuti e poi metti a raffreddare su una gratella.

8 Prepara la crema di burro (vedi pag. 376), spalmala sul lato piatto di un dolcetto e poi copri con un altro dolcetto, come se stessi preparando un panino.

Cacao in polvere setacciato

Per ottenere questo effetto, rotola il "panino" in un piatto con gocce di cioccolato o granella di zucchero.

A questa spirale (vedi pag. 379) di crema di burro è stato aggiunto colorante alimentare.

Crema di burro

Decorazioni con cioccolato fuso (vedi pag. 381)

Decorazione con noci tritate

181

Morbidoni al cioccolato

Ingredienti:

75 g di burro
1 uovo grande
150 g di zucchero
150 ml di panna acida
2 cucchiaini di estratto di vaniglia
3 cucchiai di latte
225 g di farina
50 g di cacao
¾ cucchiaio di bicarbonato
gelato alla crema per la farcitura

Procurati inoltre due placche da forno.

Dosi per 20 morbidoni farciti

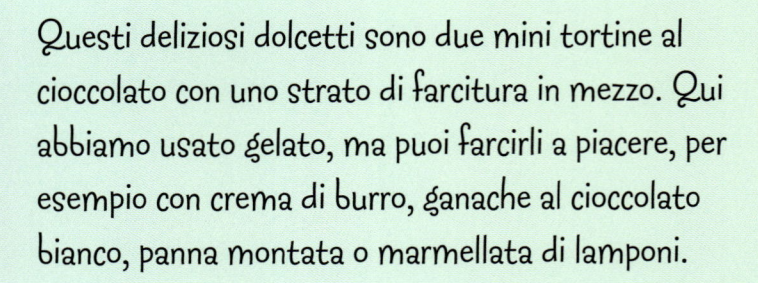

Questi deliziosi dolcetti sono due mini tortine al cioccolato con uno strato di farcitura in mezzo. Qui abbiamo usato gelato, ma puoi farcirli a piacere, per esempio con crema di burro, ganache al cioccolato bianco, panna montata o marmellata di lamponi.

1 Riscalda il forno a 180 °C. Appoggia due placche su un foglio di carta forno. Con una matita tracciane il contorno. Ritaglia i rettangoli di carta e mettili sopra le placche.

2 Metti il burro in un pentolino e riscalda a fuoco basso finché si è sciolto. Togli il pentolino dal fuoco.

3 Sbatti l'uovo con lo zucchero in una terrina grande, per 2-3 minuti, fino ad ottenere un composto denso e chiaro.

4 Aggiungi burro, panna, vaniglia e latte. Mescola delicatamente con un cucchiaio di metallo, con un movimento dal basso verso l'alto.

5 Setaccia la farina, il cacao e il bicarbonato sopra il composto. Mescola delicatamente con il cucchiaio, con un movimento dal basso verso l'alto.

Aiutati con un altro cucchiaio.

6 Versa il composto a cucchiaiate sulle placche da forno, spaziandole bene. Cuoci per 10-12 minuti o finché i dolcetti sono dorati e sodi.

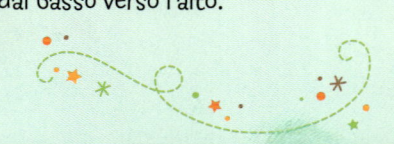

Per ottenere un bell'effetto cromatico usa gelato di gusti diversi.

7 Lasciali riposare sulle placche per 5 minuti. Poi trasferiscili su 2 gratelle e lasciali raffreddare. Non farcirli finché non sono completamente freddi.

8 Spalma il gelato sul lato piatto di un dolcetto e poi copri con un altro dolcetto, come se stessi preparando un panino. Avvolgi il dolcetto nella pellicola trasparente e mettilo in freezer. Ripeti per gli altri.

9 Tieni i morbidoni in freezer per un'ora, o anche di più. Prima di mangiarli trasferiscili in frigo per 10 minuti, così saranno più soffici.

Altre farciture

Per la crema di burro al cioccolato ti occorrono 50 g di burro morbido o margarina, 75 g di zucchero a velo, 25 g di cacao, 1 cucchiaino di estratto di vaniglia e 1 cucchiaino di latte o acqua. Segui le istruzioni a pagina 376.

Per la ganache al cioccolato bianco ti occorrono 200 g di cioccolato bianco e 100 ml di panna fresca. Segui le istruzioni per la crema ganache a pagina 381.

Tortine e cupcakes

- 186 Mignon cremosi
- 188 Tortine rosse e bianche
- 190 Cupcakes dal cuore morbido
- 192 Cupcakes allo sciroppo d'acero
- 194 Tortine ai frutti di bosco
- 196 Tortine con le ali
- 198 Tortine al cocco
- 200 Cupcakes fioriti
- 202 Cupcakes all'albicocca
- 204 Cupcakes al limone e lime
- 206 Cupcakes al cioccolato

208	Dolcetti farfalla	238	Tortine croccanti
210	Tortine di cioccolato alle ciliegie	240	Mignon menta e cioccolato
212	Mignon agli agrumi	242	Tortine fantasie
214	Tortine natalizie	244	Tortine margherita alle fragole
216	Tortine ai lamponi		
218	Tortine all'arancia		
220	Tortine al caffè		
222	Tortine lecca-lecca		
224	Mini cheesecakes		
226	Mignon con glassa rosa		
228	Boccioli di rosa		
230	Cupcakes dell'amicizia		
232	Tortine alla banana		
234	Cupcakes alla vaniglia		
236	Cupcakes cioccolatosi		

Mignon cremosi

Ingredienti:

40 g di zucchero

40 g di burro morbido o margarina

40 g di farina autolievitante

1 uovo medio

1 cucchiaino e ½ di cacao

1 cucchiaio di gocce di cioccolato bianco

1 cucchiaio di gocce di cioccolato al latte

Per la crema di burro alla vaniglia:

50 g di burro morbido o margarina

100 g di zucchero a velo

1 cucchiaino di estratto di vaniglia

Per la crema di burro al cioccolato:

50 g di burro morbido o margarina

75 g di zucchero a velo

25 g di cacao

1 cucchiaino di latte o acqua

Procurati inoltre 24 mini pirottini di carta, due placche da forno e una sacca da pasticciere con beccuccio a stella o a fiore.

Dosi per 24 mignon

Questa è una ricetta per dei mini dolcetti al cioccolato e vaniglia, ricoperti con crema di burro. Per decorarli puoi usare palline di zucchero, cioccolato fuso o bottoni di cioccolato.

1. Preriscalda il forno a 180 °C e disponi i pirottini sulle placche.

2. Rompi l'uovo in una tazza e versalo nella terrina con lo zucchero, il burro o la margarina e la farina setacciata. Mescola bene.

3. Con un cucchiaio, versa metà composto in un'altra terrina e incorpora il cacao setacciato e le gocce di cioccolato bianco. Versa le gocce di cioccolato al latte nella prima terrina e mescola.

4. Riempi metà pirottini con il composto al cacao e i rimanenti con quello senza. Ogni pirottino va riempito per due terzi.

5. Inforna per 10-12 minuti, o fino a doratura. Dopo qualche minuto, metti i dolcetti a raffreddare su una gratella.

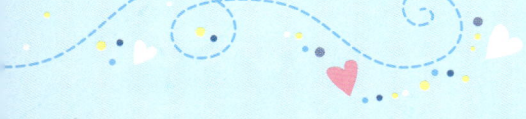

Questo dolcetto è stato decorato con crema di burro, cioccolato fuso e codette di zucchero.

Se hai fatto la crema con la margarina, spalmala, invece di usare la sacca da pasticciere.

6 Mentre i dolcetti si raffreddano, prepara la crema di burro alla vaniglia e quella al cioccolato seguendo le istruzioni a pagina 376.

7 Quando sono freddi, ricopri parte dei dolcetti con la crema al cioccolato e parte con quella alla vaniglia, seguendo le istruzioni a pagina 379.

8 Cospargi di palline di zucchero o aggiungi i bottoni di cioccolato prima che la crema di burro si asciughi troppo.

187

Tortine rosse e bianche

Nati in America, questi squisiti dolcetti rossi hanno una consistenza vellutata. Il colore rosso intenso si ottiene con un po' di colorante alimentare.

Ingredienti:

50 g di zucchero
25 g di burro morbido
1 cucchiaio colmo di miele liquido o di golden syrup
7 cucchiai di yogurt al naturale
2 cucchiaini di colorante alimentare rosso
1 cucchiaino di estratto di vaniglia
100 g di farina
1 cucchiaino di bicarbonato
1 cucchiaino e ½ di cacao

Per la glassa:
40 g di burro morbido
75 g di formaggio cremoso
250 g di zucchero a velo
½ cucchiaino di estratto di vaniglia
1 cucchiaio di succo di limone

Procurati inoltre due placche da forno e 60 mini pirottini di carta.

Dosi per 30 tortine

1. Togli il formaggio cremoso dal frigo. Preriscalda il forno a 180 °C e disponi i pirottini su due placche, poi metti un altro pirottino dentro ognuno.

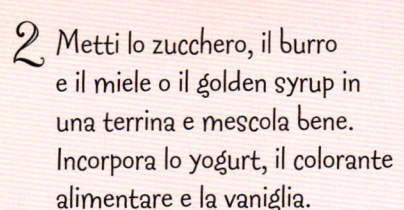

Muovi il cucchiaio a forma di 8.

2. Metti lo zucchero, il burro e il miele o il golden syrup in una terrina e mescola bene. Incorpora lo yogurt, il colorante alimentare e la vaniglia.

3. Incorpora la farina, il bicarbonato e il cacao setacciati, mescolando delicatamente con un cucchiaio grande.

4. Con un cucchiaio, versa l'impasto nei pirottini riempiendoli per metà. Inforna per 14-15 minuti, fino a cottura ultimata.

5. Lascia riposare le tortine per qualche minuto, poi mettile a raffreddare su una gratella.

6. Per la glassa, metti formaggio e burro e in una terrina, aggiungi zucchero a velo setacciato, vaniglia e succo di limone. Mescola delicatamente.

Se sbatti troppo il formaggio diventa acquoso.

Fiocchetti

Per fare questi graziosi fiocchetti, procurati del nastro e degli stecchini. Con le forbici, taglia uno stecchino a metà e poggialo sul nastro. Fai un nodo e un fiocco, spingi il fiocco fino all'estremità tagliata dello stecchino e infila quella appuntita nella tortina.

Per fare i fiocchetti, segui le istruzioni nel riquadro.

Questi fiocchetti sono di velluto rosso.

Togli i fiocchetti prima di mangiare le tortine.

7 Estrai i dolcetti dai pirottini e raschia l'interno con un coltello fino a che non avrai raccolto almeno 2 cucchiai di briciole.

8 Versa le briciole in un colino e setacciale in una ciotola premendo con il dorso di un cucchiaio.

9 Spalma la glassa sulle tortine, formando ciuffi e spirali con il coltello. Spolverizza con le briciole setacciate.

Cupcakes dal cuore morbido

Ingredienti:

175 g di margarina

175 g di zucchero

3 uova medie

40 g di cacao

125 g di farina di mais a grana fine

1 cucchiaino e ⅓ di lievito per dolci senza frumento e glutine

1 cucchiaino di estratto di vaniglia

Per la glassa al cioccolato:

150 g di cioccolato fondente

75 g di margarina

75 g di zucchero a velo

Procurati inoltre uno stampo per muffin da 12, 12 pirottini di carta e una terrina resistente al calore da appoggiare su un pentolino.

Dosi per 12 cupcakes

Questi dolcetti, morbidi e friabili, sono ricoperti di un delizioso strato di glassa al cioccolato. Se vuoi, puoi decorarli con frutti di bosco. Questa ricetta non contiene frumento, glutine, lattosio o frutta a guscio ed è quindi adatta a chi ha allergie o intolleranze alimentari, ma vedi prima i consigli a pagina 388.

1. Preriscalda il forno a 190 °C. Sistema i pirottini negli incavi dello stampo. Metti la margarina e lo zucchero in una terrina, poi sbatti fino a ottenere un composto soffice.

2. Rompi le uova in una terrina piccola, poi sbattile con una forchetta. Incorpora le uova, poco alla volta, mescolando bene a ogni aggiunta.

3. Aggiungi il cacao, la farina di mais, il lievito, l'estratto di vaniglia e un cucchiaio di acqua. Mescola bene, poi metti il composto nei pirottini.

4. Cuoci per 20 minuti, o finché i cupcakes non sono gonfi e sodi. Dopo 5 minuti, trasferiscili su una gratella a raffreddare.

Indurendosi, la glassa diventa lucida.

Questi cupcakes sono decorati con lamponi, mirtilli e ribes.

5 Per la glassa, spezzetta il cioccolato nella terrina e aggiungi la margarina. Riempi il pentolino di acqua per un quarto e metti a scaldare. Quando l'acqua bolle, togli dal fuoco.

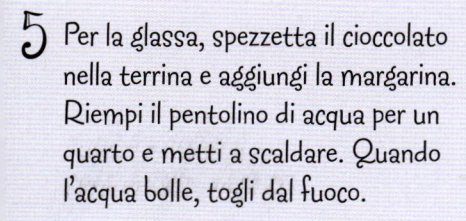

6 Metti la terrina nel pentolino. Quando il cioccolato si sarà sciolto, estrai la terrina con i guanti da forno. Aggiungi lo zucchero a velo setacciato.

7 Incorpora lo zucchero a velo. Quando i cupcakes sono freddi coprili con la glassa, poi aggiungi le guarnizioni. Lascia rassodare la glassa per circa 30 minuti.

Cupcakes allo sciroppo d'acero

Può contenere noci

Ingredienti:

50 g di noci pecan (facoltativo)
100 g di burro morbido
50 g di zucchero di canna
100 g di farina autolievitante
2 uova medie
6 cucchiai di sciroppo d'acero

Per la crema di burro:
100 g di burro morbido
225 g di zucchero a velo
1 cucchiaio di acqua tiepida
½ cucchiaino di estratto di vaniglia

Procurati inoltre uno stampo per muffin da 12 e 12 pirottini di carta.

Dosi per 12 cupcakes

Questi cupcakes sono al gusto di sciroppo d'acero e sono ricoperti da uno strato di crema al burro. Sono deliziosi anche senza le noci pecan.

1. Metti le noci in un sacchetto di plastica per alimenti e chiudilo bene. Tritura le noci con un matterello.

2. Preriscalda il forno a 190 °C. Sbatti il burro e lo zucchero in una terrina capiente, fino a ottenere un composto spumoso e soffice. Aggiungi la farina setacciata.

3. Sbatti le uova in una tazza, poi versale nella terrina. Aggiungi le noci e lo sciroppo d'acero e mescola bene per amalgamare il tutto.

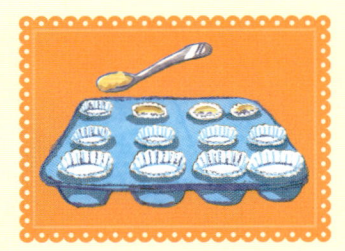

4. Metti i pirottini nello stampo. Con un cucchiaino, distribuisci il composto nei pirottini. Cuoci per 12-15 minuti, o fino a quando i cupcakes non sono gonfi e sodi.

5. Fai riposare i cupcakes nello stampo per qualche minuto, poi trasferiscili su una gratella e lasciali raffreddare completamente.

6. Per la crema di burro, metti il burro, lo zucchero a velo, l'acqua tiepida e la vaniglia in una terrina. Sbatti bene, poi spalma la crema sui cupcakes.

Aggiungendo qualche goccia di colorante alimentare a un po' di crema, puoi ottenere tonalità diverse.

Se vuoi, puoi decorare i cupcakes con noci intere o a pezzetti o con codette e palline di zucchero.

Tortine ai frutti di bosco

Ingredienti:

2 arance
100 g di burro morbido o margarina
100 g di zucchero
2 uova medie
1 cucchiaino di lievito senza glutine
100 g di farina di mais a grana fine
6 lamponi, more o mirtilli grandi (oppure 12-18 piccoli), freschi o surgelati (se surgelati non c'è bisogno di scongelarli)

Per la glassa ai frutti di bosco:
100 g di zucchero a velo
50 g di marmellata di lamponi, more o mirtilli, a scelta

Per decorare:
frutti di bosco freschi (facoltativo)

Procurati inoltre uno stampo per muffin da 6.

Dosi per 6 tortine

Queste soffici tortine capovolte contengono frutti di bosco e sono ricoperte di glassa ai frutti di bosco. Sono prive di frumento e glutine e puoi farle anche senza lattosio.

1 Preriscalda il forno a 190 °C e ungi ogni incavo dello stampo con un po' di burro morbido o di margarina (vedi pag. 10).

2 Gratta la scorza delle arance, poi tagliale a metà e spremile. Raccogli il succo in una tazza.

3 Sbatti la scorza grattugiata, il burro e lo zucchero in una terrina fino a ottenere un composto chiaro e soffice.

4 Rompi in una ciotola un uovo alla volta e sbattilo bene con la forchetta, poi versalo nella terrina e mescola.

5 Aggiungi il lievito, la farina e due cucchiaini di succo d'arancia e mescola delicatamente.

6 Versa l'impasto nello stampo e poi metti 1 frutto di bosco (2 o 3 se sono piccoli) al centro di ogni tortina.

7 Cuoci per 20 minuti, poi versa 2 cucchiaini di succo d'arancia su ogni tortina. Lascia raffreddare.

8 Per fare la glassa, mescola lo zucchero a velo setacciato e la marmellata in una terrina fino a ottenere un composto liscio.

9 Quando le tortine sono fredde, copri lo stampo con il tagliere e capovolgilo. Solleva lo stampo e lascia le tortine così, capovolte.

Passa un coltello intorno ad ogni tortina se fai fatica ad estrarle.

Le glasse usate per ricoprire queste tortine sono state fatte con marmellate diverse: di fragole, di lamponi e di mirtilli.

10 Versa la glassa sulle tortine con un cucchiaio e guarnisci con frutti di bosco.

Glassa al lampone

Tortine all'insù

Se preferisci tortine "all'insù", al punto 9 raddrizza i dolcetti e procedi con la glassatura. Se vuoi usare la sacca da pasticciere per fare dei ciuffi con la crema di burro (vedi pag. 376), segui le istruzioni a pagina 379.

Tortine con le ali

Ingredienti:

1 uovo medio
50 g di farina autolievitante
¼ cucchiaino di lievito
50 g di zucchero
50 g di margarina

Per decorare:
40 g di burro morbido o di margarina
¼ di cucchiaino di estratto di vaniglia
75 g di zucchero a velo
4 cucchiaini di marmellata di lamponi

Procurati inoltre uno stampo per muffin da 12 e 8 pirottini di carta.

Dosi per 8 tortine

Queste tortine sono guarnite con delle "farfalle", realizzate tagliando la parte superiore dei dolcetti, poi modellata a mo' di ali di farfalla.

1 Preriscalda il forno a 190 °C. Rompi le uova in una tazza. Setaccia la farina e il lievito in una terrina capiente. Aggiungi l'uovo, lo zucchero e la margarina.

2 Mescola tutti gli ingredienti con un cucchiaio di legno, fino a ottenere un composto soffice e omogeneo.

3 Metti un pirottino in 8 degli incavi dello stampo. Riempi fino a metà ogni pirottino con il composto.

4 Cuoci per 16-18 minuti. Estrai con cura le tortine dal forno e trasferiscile su una gratella a raffreddare.

Usa un cucchiaio di legno.

5 Per la crema, metti il burro o la margarina in una terrina e aggiungi la vaniglia. Mescola bene finché è omogenea.

6 Incorpora un terzo dello zucchero a velo setacciato, quindi setaccia il resto dello zucchero e incorporalo.

Se vuoi, setaccia un po' di zucchero a velo sulle farfalle.

Lascia un bordo intorno al cerchio.

7 Con un coltello affilato, taglia un dischetto dalla parte superiore di ogni tortina. Poi taglia ogni dischetto a metà.

8 Spalma la crema su ogni tortina, poi traccia una striscia al centro con mezzo cucchiaino di marmellata, come in figura.

9 Prendi due metà dischetti e sistemali delicatamente sulla crema a mo' di ali di farfalla.

197

Tortine al cocco

Contiene noce di cocco

Ingredienti:

2 lime
65 g di burro o margarina
2 cucchiai di farina di cocco
75 g di zucchero
100 g di farina autolievitante
1 uovo medio
2 cucchiai di latte

Per la glassa al lime:
25 g di burro morbido
50 g di formaggio cremoso
175 g di zucchero a velo
40 g di farina di cocco

Procurati inoltre due placche da forno e 60 mini pirottini di carta.

Dosi per 30 tortine

Queste soffici tortine combinano il gusto dolce del cocco con quello aspro del lime. Sono ricoperte di glassa cremosa e decorate con farina di cocco.

1 Togli il formaggio cremoso dal frigo. Preriscalda il forno a 180 °C e disponi i pirottini su due placche, poi metti un altro pirottino dentro ognuno.

2 Gratta la scorza dei lime sui fori piccoli della grattugia e mettine metà in una terrina, poi taglia i lime a metà e spremili.

3 Sciogli il burro in un pentolino a fiamma bassa. Quando il burro sarà sciolto, toglilo dal fuoco.

4 Metti il cocco, lo zucchero e la farina setacciata nella terrina con la scorza di lime e amalgama bene il tutto.

5 Rompi l'uovo in una tazza, sbattilo con la forchetta e versalo nella terrina. Incorpora il latte, il burro fuso e un cucchiaio di succo di lime. Mescola.

6 Con un cucchiaio, versa l'impasto nei pirottini riempiendoli per due terzi e inforna per 10-12 minuti, fino a doratura.

Queste spirali di scorza di lime sono state create con un rigalimoni.

7 A fine cottura, metti da parte 2 cucchiaini di succo di lime per la glassa e versa il rimanente sulle tortine ancora calde. Lascia raffreddare.

8 Per fare la glassa al lime, mescola burro e formaggio in una terrina capiente e poi incorpora metà dello zucchero a velo setacciato.

9 Aggiungi il resto dello zucchero a velo setacciato e i 2 cucchiaini di succo di lime messo da parte e mescola bene.

10 Metti la farina di cocco in una ciotola. Spalma la glassa su una tortina e poi intingila nella farina tenendola per il pirottino.

11 Glassa tutte le tortine allo stesso modo e infine cospargile con il resto della scorza di lime.

199

Cupcakes fioriti

Ingredienti:

175 g di burro morbido o margarina

175 g di zucchero

3 uova medie

½ cucchiaino di lievito senza glutine

165 g di farina di mais a grana fine

4 cucchiai di latte

1 cucchiaino di acqua di fiori d'arancio o di estratto di vaniglia

Per la glassa:

175 g di zucchero a velo

Procurati inoltre uno stampo per muffin da 12 e 12 pirottini di carta.

Dosi per 12 cupcakes

Questi soffici cupcakes sono fatti con farina senza glutine. Per un gusto particolarmente delicato, puoi aromatizzarli con acqua di fiori d'arancio. Come guarnizione usa i fiorellini di zucchero in commercio o falli tu seguendo la ricetta nella pagina seguente.

1. Preriscalda il forno a 190 °C. Inserisci i pirottini nello stampo, uno in ogni incavo.

2. In una terrina mescola bene il burro con lo zucchero e poi sbatti velocemente, finché il composto sarà chiaro e soffice.

3. Sbatti un uovo con la forchetta. Versalo nella terrina e mescola bene. Fa' lo stesso con le altre uova, sbattendo bene il composto ogni volta.

4. Metti il lievito e la farina di mais nella terrina. Aggiungi il latte, la vaniglia e l'acqua di fiori d'arancio. Mescola delicatamente con un cucchiaio, dal basso verso l'alto.

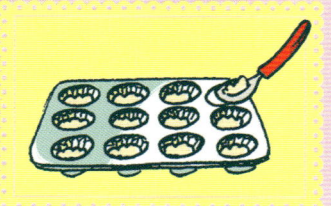

5. Suddividi il composto nei pirottini. Cuoci per 20 minuti o finché i cupcakes sono lievitati e dorati. Lasciali nello stampo per qualche minuto, poi mettili a raffreddare su una gratella.

6. Setaccia lo zucchero a velo in una terrina. Schiaccia eventuali grumi con il dorso di un cucchiaio. Aggiungi l'acqua e mescola finché ottieni una glassa omogenea.

Fiorellini di zucchero caserecci

Ti occorrono un foglio di carta di alluminio, zucchero a velo, un po' di marzapane o di pasta di mandorle già pronti (vedi pag. 382) e un piccolo tagliapasta a forma di fiore. Il marzapane contiene frutta a guscio.

Spolverizza il piano di lavoro e il matterello di zucchero a velo. Spiana un pezzo di marzapane finché avrà lo spessore di un mignolo.

2 Con il tagliapasta ricava tanti fiorellini di marzapane. Se li vuoi piatti, usali subito o lasciali su un piatto ad asciugare.

Se invece li vuoi concavi, appallottola un pezzetto di carta di alluminio e appoggiaci sopra il fiore. Lascialo finché è secco.

Puoi premere minuscole sfere di pasta di mandorle colorata al centro dei fiorellini.

7 Quando i cupcakes sono freddi, spalmaci sopra un po' di glassa. Guarnisci con un fiorellino di zucchero quando la glassa è ancora umida.

201

Cupcakes all'albicocca

Contiene mandorle

Questi morbidi dolcetti contengono albicocche secche e sono ricoperti di panna all'albicocca e palline di zucchero. Alle pagine 388 e 391 c'è la variante senza glutine e senza frumento.

Ingredienti:

- 1 arancia
- 150 g di albicocche secche, pronte da mangiare
- 150 g di zucchero
- 150 g di burro morbido
- 3 uova medie
- 2 cucchiaini di lievito (senza glutine, se necessario)
- 150 g di semolino o farina di mais a grana fine
- 150 g di farina di mandorle

Per la panna all'albicocca:
- 300 ml di panna da montare
- 2 cucchiai di marmellata di albicocche
- colorante alimentare rosso e giallo
- palline di zucchero

Procurati inoltre uno stampo per muffin da 12 e una siringa o sacca da pasticciere con un beccuccio a stella medio.

Dosi per 12 cupcakes

1. Preriscalda il forno a 180 °C e ungi tutti gli incavi dello stampo per muffin (vedi pag. 10).

2. Lava molto bene l'arancia e grattane la scorza usando i fori piccoli della grattugia, poi spremi il succo.

3. Con le forbici da cucina taglia le albicocche a pezzetti e mettile in una ciotola, quindi aggiungi la scorza e il succo d'arancia.

4. Sbatti zucchero e burro con un cucchiaio di legno in una terrina fino a ottenere un composto chiaro e soffice.

5. Rompi un uovo in una tazza, versalo nella terrina con il composto di burro e mescola. Ripeti con le altre uova.

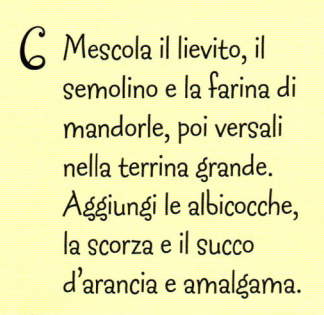

6. Mescola il lievito, il semolino e la farina di mandorle, poi versali nella terrina grande. Aggiungi le albicocche, la scorza e il succo d'arancia e amalgama.

Non importa se ci sono dei grumi.

7. Suddividi l'impasto negli incavi dello stampo e inforna per 20-25 minuti. Lascia riposare 10 minuti, poi capovolgi i cupcakes su una gratella e lascia raffreddare.

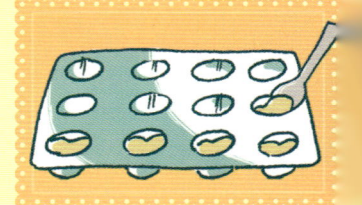

8 Per la panna all'albicocca sbatti la panna in una terrina insieme alla marmellata e qualche goccia di colorante finché la panna diventa soda e forma una punta soffice quando sollevi la frusta.

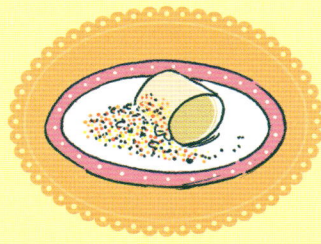

Altre idee
Fai una torta grande rettangolare versando l'impasto in una teglia di 27 x 18 cm. Una volta cotta, falla raffreddare su una gratella, poi spalmaci la panna all'albicocca, cospargila di palline di zucchero e tagliala in 12-15 quadrati.

Se vuoi, puoi aggiungere delle decorazioni di carta. Scopri come farle a pag. 383.

9 Versa un po' di palline di zucchero in un piatto. Spalma un sottile strato di panna intorno ai cupcakes, falli rotolare uno alla volta sulle palline di zucchero e poggiali su un altro piatto.

10 Spalma il resto della panna direttamente sui cupcakes, oppure mettila in una siringa o sacca da pasticciere e segui le istruzioni a pagina 379.

Cupcakes al limone e lime

Ingredienti:

90 g di farina autolievitante
90 g di zucchero
90 g di burro morbido o margarina
1 cucchiaio di latte
2 uova medie

Per lo sciroppo di limone e lime:
1 limone grande
1 lime
25 g di zucchero

Per la glassa al limone e lime:
175 g di zucchero a velo
15 g di burro

Procurati inoltre uno stampo per muffin da 12 e 12 pirottini di carta.

Dosi per 12 cupcakes

Questi deliziosi cupcakes sono ricoperti di una glassa ricca e golosa al gusto di limone e lime.

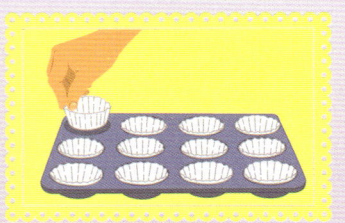

1. Preriscalda il forno a 190 °C. Metti un pirottino in ogni incavo dello stampo. Setaccia la farina in una terrina capiente.

2. Rompi le uova in una tazza, versale nella terrina con lo zucchero, il burro e il latte, mescolando fino a ottenere un composto soffice.

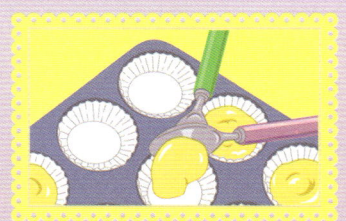

3. Versa l'impasto nei pirottini. Cuoci per 12 minuti, o fino a doratura. Fai riposare qualche minuto, poi trasferisci i cupcakes su una gratella.

4. Per fare lo sciroppo, gratta la scorza del limone e quella del lime sui fori piccoli della grattugia. O puoi usare un rigalimoni, se ce l'hai.

5. Metti due terzi della scorza ottenuta in un piattino, poi coprila con della pellicola trasparente e mettila da parte. Metti il resto della scorza in un pentolino.

6. Spremi il limone e il lime. Metti lo zucchero e 3 cucchiai di succo nel pentolino e fai sciogliere lentamente, a fiamma bassa.

7. Togli il pentolino dal fuoco e fai raffreddare. Con un colino, filtra lo sciroppo in una caraffa. Getta via la scorza rimasta nel colino.

8. Versa un po' di sciroppo sopra ogni cupcake. Lascia i cupcakes sulla gratella fino a quando saranno completamente freddi.

9. Per fare la glassa, setaccia lo zucchero in una terrina. Metti il burro e 3 cucchiai di succo in un pentolino e fai sciogliere a fiamma bassa.

10. Incorpora il composto nello zucchero a velo. Spalma la glassa sui cupcakes, poi decorali con il resto della scorza del limone e del lime.

Per ottenere delle striscioline di scorza come queste usa un rigalimoni.

Cupcakes al cioccolato

Ingredienti:

100 g di farina autolievitante

40 g di cacao

1 cucchiaino e ⅛ di lievito

150 g di burro morbido o margarina

150 g di zucchero di canna

1 cucchiaino di estratto di vaniglia

3 cucchiai di latte o acqua

3 uova grandi

Per la crema di burro:

100 g di burro morbido o margarina

225 g di zucchero a velo

1 cucchiaio di latte o acqua

½ cucchiaino di estratto di vaniglia

colorante alimentare in diversi colori (facoltativo)

Procurati inoltre uno stampo per muffin da 12 e 12 pirottini di carta.

Dosi per 12 cupcakes

Queste tortine al cioccolato sono ricoperte con crema di burro e decorate con palline di zucchero. Alle pagine 382-385 troverai altre idee per decorare i dolcetti.

1. Preriscalda il forno a 180 °C e inserisci i pirottini nello stampo.

2. Setaccia la farina, il cacao e il lievito in una terrina capiente. Metti il burro e lo zucchero in un'altra terrina.

3. Sbatti il burro e lo zucchero fino a ottenere una crema chiara e soffice. Incorpora la vaniglia e il latte o l'acqua.

4. Rompi un uovo in una tazza, versalo nell'impasto di burro e zucchero e aggiungi un cucchiaio della miscela di farina. Sbatti bene. Ripeti con le altre uova.

5. Aggiungi il resto della miscela di farina e mescola delicatamente con il cucchiaio.

Muovi il cucchiaio a forma di 8.

6. Distribuisci l'impasto nei pirottini. Inforna per 12-15 minuti o finché sono pronti. Lascia i cupcakes nello stampo per qualche minuto, poi mettili a raffreddare su una gratella.

7. Per la crema di burro, sbatti col cucchiaio di legno il burro o la margarina fino a ottenere una crema morbida e incorpora 75 g di zucchero a velo setacciato.

Se guarnisci con palline di zucchero fallo quando la crema di burro è ancora umida.

8 Incorpora il resto dello zucchero a velo, aggiungi il latte o l'acqua e la vaniglia. Sbatti velocemente fino a ottenere una crema soffice. Metti da parte un terzo della crema e versa il resto in due terrine.

9 Versa qualche goccia di colorante alimentare in ciascuna delle due terrine e poi spalma le creme sui cupcakes quando si saranno raffreddati.

Crema di burro al cioccolato

Per la crema di burro al cioccolato usa solo 175 g di zucchero a velo e al punto 8 aggiungi 40 g di cacao setacciato. Non usare il colorante.

207

Dolcetti farfalla

Ingredienti:

40 g di zucchero
40 g di margarina
40 g di farina autolievitante
1 uovo medio
1 cucchiaino e ½ di cacao

Per la crema ganache al cioccolato fondente:
40 g di cioccolato fondente
2 cucchiai di panna fresca

Per quella al cioccolato bianco:
60 g di cioccolato bianco
2 cucchiai di panna fresca

Procurati inoltre una placca da forno, 50 mini pirottini di carta, confetti di cioccolato colorati, granella di zucchero e cioccolato in tubetto.

Dosi per 25 dolcetti

Queste tortine a forma di farfalla sono farcite con una deliziosa crema ganache. Volendo puoi farle a forma di coccinella o decorarle semplicemente con palline o granella di zucchero oppure con confetti di cioccolato colorato.

1 Preriscalda il forno a 180 °C e disponi i pirottini su una placca, poi metti un altro pirottino dentro ognuno.

2 Rompi un uovo in una tazza e versalo in una terrina con lo zucchero, la margarina e la farina setacciata. Mescola bene.

3 Versa metà del composto in un'altra terrina, aggiungi il cacao setacciato e mescola bene.

Aiutati con un cucchiaio per spingere il composto nei pirottini.

4 Riempi la metà dei pirottini con il composto al cioccolato e i rimanenti con quello semplice. Inforna per circa 10-12 minuti, o fino a doratura.

Riempi i pirottini per metà.

Per decorare il corpo della farfalla spolverizza con granella di zucchero.

5 Dopo qualche minuto metti a raffreddare su una gratella. Intanto, prepara la ganache al cioccolato fondente e quella al cioccolato bianco (vedi pag. 381).

6 Quando i dolcetti si saranno raffreddati toglili dai pirottini, taglia la calotta in orizzontale e poi dividila a metà, così.

Per fare una coccinella disegna dei puntini con il cioccolato in tubetto.

7 Spalma un po' di crema su ogni dolce. Poi poggiaci le due metà della calotta a forma di ali, premendo leggermente.

8 Per fare la testa della farfalla disegna gli occhi su un confetto con del cioccolato in tubetto.

Spalma un po' di crema ganache e poggiaci una pastiglia di cioccolato.

209

Tortine di cioccolato alle ciliegie

Ingredienti:

50 g di farina autolievitante
20 g di cacao
½ cucchiaino di lievito
75 g di burro morbido o margarina
75 g di zucchero
2 uova medie
½ cucchiaino di estratto di vaniglia
1 cucchiaio e ½ di latte o di acqua

Per la copertura e la farcitura:
150 ml di panna fresca
4 cucchiai di marmellata di ciliegie
una tavoletta di cioccolato fondente
6 ciliegie fresche (facoltativo)

Procurati inoltre uno stampo per muffin da 6.

Dosi per 6 tortine

Puoi farcire queste tortine al cioccolato con marmellata di ciliegie, panna montata e cioccolato grattugiato. Per altre varianti, vedi la pagina accanto.

1. Preriscalda il forno a 180 °C e ungi gli incavi dello stampo con burro o margarina (vedi pag. 10).

2. Setaccia la farina, il cacao e il lievito in una terrina capiente. Metti il burro o la margarina e lo zucchero in un'altra terrina.

3. Sbatti il burro insieme allo zucchero finché otterrai una crema chiara e soffice.

4. Rompi un uovo in una tazza, versalo nell'impasto di burro e zucchero e aggiungi un cucchiaio della miscela di farina. Sbatti bene. Ripeti con l'altro uovo.

Muovi il cucchiaio a forma di 8.

5. Aggiungi il resto della miscela di farina, la vaniglia e il latte o l'acqua e mescola delicatamente con un cucchiaio di metallo.

6. Distribuisci l'impasto nello stampo e inforna per 12-15 minuti. A cottura ultimata, fai raffreddare per qualche minuto.

Passa un coltello intorno ad ogni tortina se fai fatica ad estrarle.

7. Capovolgi lo stampo su una gratella per far uscire le tortine, poi raddrizzale e lasciale raffreddare.

Per fare una tortina così, non tagliarla e spalmaci intorno la crema di nocciole, poi rotolala in un piatto con delle nocciole tritate, copri con altra crema e guarnisci con una nocciola.

Se la sbatti troppo si possono formare grumi.

Tortina alle nocciole

8 Monta la panna seguendo le istruzioni a pagina 377.

Per fare questa tortina al cioccolato e lamponi segui le istruzioni nel riquadro qui sotto.

9 Quando le tortine si saranno raffreddate, tagliale a metà. Spalma uno strato di panna e uno di marmellata sulla metà inferiore e poi copri con l'altra metà.

Tortina di cioccolato alle ciliegie

0 Copri con altra panna, gratta del cioccolato sui fori grandi della grattugia e infine decora ogni tortina con una ciliegia.

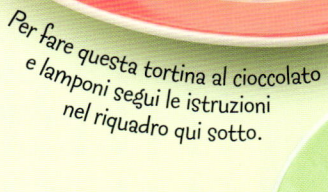

Tortine di cioccolato ai lamponi

Per la copertura e la farcitura di 6 tortine ti occorrono 100 g di burro morbido o margarina, 200 g di zucchero a velo e 100 g di lamponi. Metti il burro in una terrina, aggiungi lo zucchero a velo setacciato e 6 lamponi schiacciati con la forchetta e mescola bene. Taglia ogni tortina in 3 strati e spalmaci la crema di burro. Ricomponi le tortine e guarnisci con il resto dei lamponi.

Mignon agli agrumi

Ingredienti:

1 arancia o 1 limone o 2 lime
100 g di zucchero
100 g di burro morbido o margarina
2 uova medie
100 g di farina autolievitante

Per la glassa:
100 g di zucchero a velo

Procurati inoltre 60 mini pirottini di carta e due placche da forno.

Dosi per 30 mignon

Per questi squisiti dolcetti ricoperti di glassa puoi scegliere il tipo di agrume che preferisci: limone, arancia, lime o pompelmo.

1. Preriscalda il forno a 180 °C e disponi i pirottini su una placca, poi metti un altro pirottino dentro ognuno.

2. Gratta la scorza dell'agrume, usando i fori piccoli della grattugia, e poi spremi il succo.

3. Metti scorza, zucchero, burro o margarina in una terrina e aggiungi la farina setacciata.

4. Rompi in una ciotola un uovo alla volta e versalo nella terrina. Aggiungi 2 cucchiai di succo e mescola bene.

5. Con un cucchiaio, distribuisci l'impasto nei pirottini avendo cura di riempirli per due terzi e inforna per 10-12 minuti, fino a doratura.

6. Dopo aver messo da parte 3 cucchiaini di succo per la glassa, versa un cucchiaino di succo su ciascun dolcetto e lascia raffreddare.

Per fare queste decorazioni, sovrapponi due bottoni di glassa (vedi pag. 382) e poi tagliali a metà. Puoi ricomporre i bottoni con metà diverse.

Per fare dei dolcetti al pompelmo, gratta metà della scorza di un pompelmo rosa, poi taglialo in due e spremine una metà.

Con limone e lime si ottiene una glassa bianca. Per colorarla, aggiungi qualche goccia di colorante giallo o verde.

7 Prepara la glassa. Setaccia lo zucchero a velo in una terrina, aggiungi il succo messo da parte e mescola fino a ottenere un composto spalmabile.

8 Stendi la glassa sui dolcetti. Per livellarla, bagna nell'acqua calda un coltello a lama piatta e passalo sulla glassa. Lascia raffreddare bene prima di aggiungere altre decorazioni.

213

Tortine natalizie

Queste tortine al mandarancio con decorazioni di agrifoglio sono perfette per le feste natalizie, ma si prestano a qualsiasi occasione con altre decorazioni.

Ingredienti:

3 mandaranci
90 g di zucchero
90 g di burro morbido
2 uova medie
90 g di farina autolievitante

Per la glassa:
175 g di zucchero a velo

Procurati inoltre uno stampo per muffin da 12 e 12 pirottini di carta.

Dosi per 12 tortine

Usa i fori piccoli.

1. Preriscalda il forno a 190 °C. Metti un pirottino in ogni incavo dello stampo. Grattugia la scorza dei mandaranci.

2. Sbatti lo zucchero, il burro e la scorza, poi incorpora le uova sbattute e la farina setacciata. Mescola bene.

3. Distribuisci il composto nei pirottini. Cuoci per 15 minuti o fino a quando le tortine non sono lievitate e dorate.

4. Spremi il succo dei mandaranci, poi versalo sulle tortine ancora calde con un cucchiaio.

5. Metti le tortine su una gratella. Mentre apetti che si raffreddino completamente, prepara la glassa.

6. Mescola lo zucchero a velo setacciato con 1 cucchiaio e ½ di acqua tiepida. Spalma la glassa con un coltello a lama piatta.

Usa un tagliapasta a forma di agrifoglio per tagliare la glassa verde preconfezionata o il marzapane (vedi pag. 382). Il marzapane contiene mandorle.

Fai le bacche arrotolando delle palline di glassa preconfezionata o di marzapane.

215

Contiene mandorle

Tortine ai lamponi

Ingredienti:

2 uova medie
75 g di zucchero
110 g di farina di mandorle
½ cucchiaino di lievito senza glutine

Per la glassa ai lamponi:
150 g di zucchero a velo
circa 150 g di lamponi

Procurati inoltre uno stampo per muffins da 12 e 12 pirottini di carta.

Dosi per 12 tortine

Queste leggere e soffici tortine sono fatte con albumi montati a neve e farina di mandorle, poi glassate e guarnite con lamponi freschi. Le tortine sono prive di glutine ma contengono mandorle e non sono adatte a chi è allergico alla frutta a guscio.

1. Accendi il forno a 190 °C e sistema un pirottino in ogni incavo dello stampo.

2. Separa i tuorli dagli albumi (vedi pag. 10) e mettili in due terrine diverse.

3. Con la forchetta, sbatti bene i tuorli insieme allo zucchero nella terrina.

4. Con la frusta o il frullino sbatti gli albumi a neve. Se sollevando la frusta si forma una punta, gli albumi sono montati a sufficienza.

5. Metti gli albumi nella terrina con i tuorli sbattuti e incorporali delicatamente con un cucchiaio di metallo, mescolando con un movimento a 8.

6. Unisci la farina di mandorle e il lievito sempre mescolando delicatamente col cucchiaio. Distribuisci il composto nei pirottini.

7 Inforna per 20-25 minuti, finché le tortine non saranno dorate. Sfornale e lasciale riposare per 10 minuti, poi trasferiscile su una gratella a raffreddare.

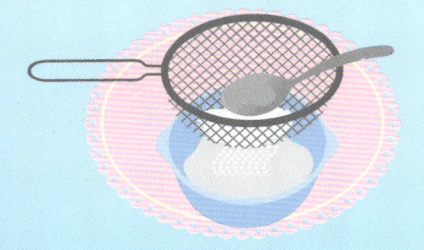

8 Per fare la glassa ai lamponi, setaccia lo zucchero a velo sopra una ciotola. Schiaccia eventuali grumi col dorso di un cucchiaio.

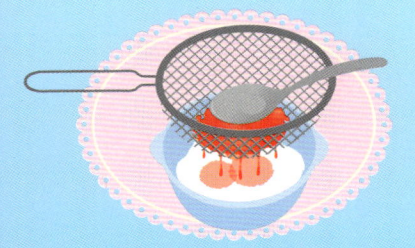

9 Metti 4 lamponi nel colino e schiacciali col dorso del cucchiaio per far passare il succo e filtrare i semini. Raccogli e aggiungi anche il succo e la polpa eventualmente rimasti attaccati sotto al colino.

10 Versa un cucchiaino di acqua tiepida nella ciotola e mescola fino a formare una crema liscia. Se necessario, aggiungi altra acqua tiepida, un cucchiaino alla volta, mescolando bene.

11 Spalma la glassa sulle tortine. Per completare la guarnizione sistema i lamponi sulla glassa.

217

Tortine all'arancia

Ingredienti:

3 arance
175 g di burro morbido o margarina
175 g di zucchero
3 uova medie
1 cucchiaino e ½ di lievito senza glutine
165 g di farina di mais a grana fine

Per la glassa all'arancia:
175 g di zucchero a velo

Procurati inoltre uno stampo per muffin da 12 e 12 pirottini di carta.

Dosi per 12 dolcetti

Queste soffici tortine dal gusto deciso sono irrorate con succo d'arancia e poi glassate. Nella preparazione si usa farina di mais e quindi sono prive di glutine e frumento. Se vuoi puoi farle anche senza lattosio: vedi a pagina 391.

1. Preriscalda il forno a 190 °C e inserisci i pirottini di carta nello stampo.

2. Usando i fori piccoli della grattugia gratta la scorza delle arance dentro una terrina capiente.

3. Spremi le arance e versa 1 cucchiaio e ½ di succo in una ciotola (servirà per la glassa) e il resto in una caraffa.

4. Nella terrina con la scorza grattugiata sbatti il burro e lo zucchero fino a ottenere un composto chiaro e soffice.

5. Rompi le uova in una ciotola, uno alla volta, e sbatti con la forchetta. Versa nella terrina grande e mescola.

6. Aggiungi il lievito, la farina di mais e un cucchiaio di succo d'arancia e mescola delicatamente.

Tortine al limone o al lime

Usa 3 limoni o 6 lime al posto delle arance.

Tortine all'arancia e cioccolato

Al punto 6, usa solo 125 g di farina di mais e aggiungici 40 g di cacao setacciato. Al posto della glassa, sciogli 100 g di cioccolato (vedi pag. 380) e fallo colare a filo sulle tortine.

7 Con un cucchiaio, versa l'impasto nei pirottini e inforna per 20 minuti, fino a doratura.

8 Versa il succo d'arancia sulle tortine ancora calde e lasciale raffreddare nello stampo.

9 Per la glassa, mescola lo zucchero a velo setacciato e il succo d'arancia tenuto da parte fino a ottenere una crema.

10 Per decorare, disegna delle righe facendo colare la glassa a filo su ciascuna tortina dalla punta di un cucchiaino.

Queste tortine sono state cosparse con altra scorza d'arancia grattugiata.

La glassa dev'essere piuttosto liquida.

Tortine al caffè

Ingredienti:

100 g di burro morbido o margarina

100 g di zucchero di canna

2 uova medie

1 cucchiaino e ½ di caffè solubile in granuli

75 g di farina autolievitante

25 g di cacao

Per la crema di burro alla vaniglia:

40 g di burro morbido o margarina

1 cucchiaino di estratto di vaniglia

75 g di zucchero a velo

Procurati inoltre uno stampo per muffin da 12 e 12 pirottini di carta.

Dosi per 12 tortine

Queste golose tortine a forma di farfalla sono al gusto di cioccolato e caffè, con ripieno di crema di burro alla vaniglia e una leggera copertura di zucchero a velo.

1 Preriscalda il forno a 190 °C. Metti il burro e lo zucchero in una terrina capiente e sbatti con un cucchiaio di legno per ottenere un composto soffice.

2 Sbatti le uova in una ciotola. In una tazza, sciogli i granuli di caffè in 1 cucchiaio di acqua tiepida. Aggiungi il caffè alle uova.

3 Versa la miscela di uova, un cucchiaio alla volta, al composto di burro e zucchero nella terrina, mescolando. Setaccia la farina e il cacao e amalgama bene.

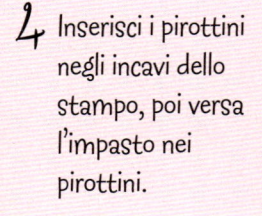

4 Inserisci i pirottini negli incavi dello stampo, poi versa l'impasto nei pirottini.

5 Cuoci per 15 minuti, fino a doratura, poi sforna e fai riposare per 5 minuti. Metti le tortine a raffreddare su una gratella.

Se vuoi, setaccia un po' di zucchero a velo sulle farfalle.

6 Taglia un dischetto dalla parte superiore di ogni tortina, poi taglia ogni dischetto a metà. Prepara la crema di burro alla vaniglia seguendo le istruzioni a pagina 376.

7 Spalma un po' di crema su ogni tortina. Prendi due mezzi dischetti e sistemali delicatamente sulla crema a mo' di ali di farfalla.

221

Tortine lecca-lecca

Queste deliziose palline di torta all'arancia e cioccolato sono state decorate con codette di cioccolato e palline di zucchero e assomigliano proprio a dei lecca-lecca.

Ingredienti:
1 arancia
40 g di burro morbido o margarina
40 g di zucchero di canna
1 uovo medio
25 g di farina autolievitante
15 g di cacao
½ cucchiaino di lievito

Per la glassa:
25 g di burro
50 g di cioccolato al latte

Per la copertura:
200 g di cioccolato al latte o bianco
palline di zucchero e codette di cioccolato (facoltativo)

Procurati inoltre 3 pirottini di carta, uno stampo per muffin da 6 e una quindicina di stecchi per lecca-lecca o spiedini di legno.

Dosi per 15 palline

1 Preriscalda il forno a 180 °C e metti i tre pirottini nello stampo per muffin.

2 Gratta la scorza dell'arancia sui fori piccoli della grattugia e mettila da parte, poi spremi il succo di metà arancia.

3 Sbatti il burro e lo zucchero fino a ottenere un composto chiaro e soffice, poi incorpora 2 cucchiaini di succo d'arancia.

4 Rompi l'uovo e versalo nella terrina. Incorpora la farina, il cacao e il lievito setacciati, mescolando delicatamente.

5 Versa il composto nei tre pirottini. Cuoci le tortine per 12-15 minuti, poi mettile a raffreddare su una gratella.

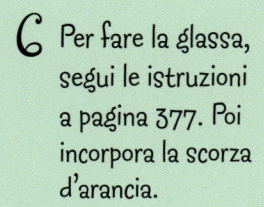

6 Per fare la glassa, segui le istruzioni a pagina 377. Poi incorpora la scorza d'arancia.

7 Una volta fredde, togli le tortine dai pirottini di carta e sbriciolale finemente in una terrina, poi incorpora la glassa.

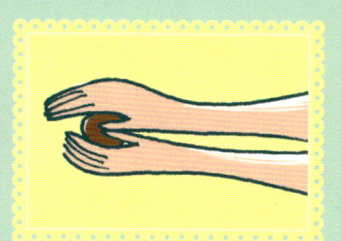

8 Prendi un cucchiaino d'impasto alla volta e forma delle palline grandi come una noce. Mettile su un piatto che lascerai in frigo per mezz'ora.

9 Versa delle palline di zucchero o codette di cioccolato in un altro piatto e procurati dei bicchieri dove sistemerai le tortine lecca-lecca finite.

10 Per la copertura, sciogli il cioccolato (vedi pag. 380). Infila uno stecco nella parte schiacciata della pallina che poggiava sul piatto.

11 Immergi la pallina nel cioccolato, aiutandoti con un cucchiaio per ricoprirla in modo omogeneo, poi scuoti delicatamente per far colare il cioccolato in eccesso.

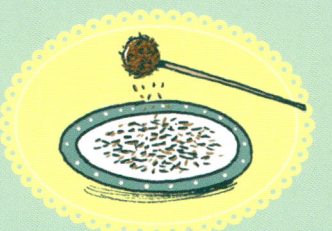

12 Tenendo la pallina su un piatto, cospargila di palline di zucchero, poi poggia il lecca-lecca in un bicchiere. Mettili in frigo per 15 minuti per far rassodare il cioccolato.

Sistema i lecca-lecca in un vasetto o infilzali in un'arancia tagliata a metà.

Mini cheesecakes

Ingredienti:

175 g di biscotti secchi
75 g di burro
450 g di formaggio fresco
125 g di zucchero
2 uova grandi
2 cucchiaini di estratto di vaniglia

Per la copertura:

½ limone
4 cucchiai di marmellata di pesche o di albicocche
2 pesche o pesche noci mature

Procurati inoltre uno stampo per muffin da 12 e 12 pirottini di carta.

Dosi per 12 cheesecakes

Questi piccoli cheesecakes sono stati decorati con fette di pesca o pesca noce, ma in alternativa puoi usare 150 g di lamponi o mirtilli e sostituire la marmellata di albicocche con quella di lamponi. Sono deliziosi anche senza copertura.

1. Preriscalda il forno a 150 °C e inserisci i pirottini nello stampo.

2. Metti i biscotti in un sacchetto da freezer e chiudilo con un elastico.

3. Sbriciola grossolanamente i biscotti passandoci sopra un matterello.

4. Sciogli il burro a fuoco basso, poi versaci i biscotti sbriciolati.

5. Distribuisci l'impasto della base nei pirottini, schiacciando con il dorso di un cucchiaio.

6. Metti lo stampo in frigo a raffreddare mentre prepari il secondo strato.

7 Amalgama il formaggio e lo zucchero in una terrina capiente. Sbatti le uova e l'estratto di vaniglia in una ciotola più piccola.

8 Continuando a sbattere, incorpora le uova nella crema di formaggio un po' alla volta, e infine versa l'impasto nei pirottini.

9 Cuoci in forno per 25 minuti. Lascia lo stampo nel forno spento per altri 30 minuti per far riposare i dolcetti, poi sforna.

10 Poggia i dolcetti su una gratella a raffreddare, poi mettili in frigorifero per almeno due ore. Intanto, prepara l'ultimo strato.

11 Mescola in una ciotola il succo di mezzo limone e la marmellata di pesche (o albicocche) e spalma il composto sui cheesecakes.

12 Taglia le pesche o le pesche noci a metà e asporta il nocciolo con un coltello. Taglia delle fettine sottili e guarnisci i cheesecakes.

Togli i pirottini di carta prima di mangiare i cheesecakes!

Mignon con glassa rosa

Ingredienti:
1 uovo medio
50 g di farina autolievitante
40 g di margarina
40 g di zucchero

Per la glassa:
50 g di zucchero a velo
colorante alimentare rosa o rosso

Procurati inoltre una placca da forno e 48 pirottini di carta piccoli.

Dosi per 24 mignon

Questi mini dolcetti sono ricoperti di glassa rosa, ma puoi preparare una glassa di colore diverso se preferisci. Puoi guarnire i dolcetti con glassa in tubetto, caramelline e palline di zucchero.

1 Preriscalda il forno a 180 °C.

Usa un cucchiaio di legno.

2 Rompi l'uovo in una tazza. Setaccia la farina in una terrina e aggiungi l'uovo, la margarina e lo zucchero.

3 Mescola per ottenere un composto cremoso. Metti i pirottini sulla placca, poi infila un altro pirottino in ognuno.

I dolcetti diventeranno dorati.

4 Con un cucchiaino, metti il composto nei pirottini riempiendoli fino a un po' meno della metà.

5 Cuoci per 12 minuti o fino a quando non sono belli gonfi e dorati, poi mettili a raffreddare su una gratella.

6 Mescola lo zucchero a velo setacciato e 1 cucchiaio d'acqua in una terrina fino a ottenere una miscela omogenea.

Usa qualche goccia in più di colorante se vuoi un rosa più intenso.

7 Aggiungi qualche goccia di colorante, poi mescola bene.

Alcuni di questi mignon hanno due strati diversi di glassa.

8 Con il cucchiaio, versa un po' di glassa su ogni dolcetto. Distribuisci bene la glassa con il dorso del cucchiaio.

9 Fai rassodare per un po' la glassa. Infine, disegna dei motivi sui dolcetti con la glassa in tubetto bianca.

Se vuoi preparare della glassa bianca, non aggiungere il colorante alimentare.

Altre idee

Se al posto della glassa in tubetto vuoi usare quella preparata da te, mettine un po' in una siringa o una sacca da pasticciere e decora i dolcetti, seguendo le istruzioni alle pagine 378-379.

Puoi decorare i dolcetti con delle caramelline o scriverci le lettere che compongono il tuo nome.

Boccioli di rosa

Ingredienti:

1 limone
175 g di zucchero
175 g di burro morbido o margarina
175 g di farina autolievitante
3 uova medie

Per lo sciroppo di rose:
1 cucchiaio di zucchero
1 cucchiaino di acqua di rose

Per la crema di burro all'acqua di rose:
150 g di burro morbido o margarina
350 g di zucchero a velo
1 cucchiaio di succo di limone
2 cucchiaini e ½ di acqua di rose
colorante alimentare rosa

Procurati inoltre uno stampo per muffin da 12, 12 pirottini di carta e una siringa o una sacca da pasticciere con il beccuccio a forma di fiocco di neve.

Dosi per 12 boccioli

Quale modo migliore per decorare dei dolcetti all'acqua di rose se non delle roselline fatte con la crema di burro? Ecco come fare sia i dolcetti che le roselline.

1. Preriscalda il forno a 180 °C. Inserisci i pirottini negli incavi dello stampo. Gratta la scorza del limone usando i fori piccoli della grattugia, poi taglia il limone a metà, spremilo e versa il succo in una caraffa.

2. Sbatti lo zucchero, la scorza di limone e il burro in una terrina fino a ottenere un composto soffice. Aggiungi la farina setacciata.

3. Rompi un uovo in una tazza e versalo nella terrina. Ripeti con le altre uova. Sbatti fino a ottenere un composto cremoso e versalo nei pirottini.

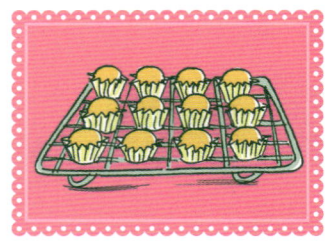

4. Inforna per 20-25 minuti. Nel frattempo mescola lo zucchero e l'acqua di rose con il succo di limone.

5. A fine cottura, versa l'intingolo di zucchero, limone e acqua di rose sui dolcetti e trasferiscili su una gratella a raffreddare.

6. Per la crema, sbatti il burro in una terrina con un cucchiaio di legno fino a ottenere un composto soffice, poi incorpora metà dello zucchero a velo setacciato.

7 Aggiungi il resto della farina setacciata, il succo di limone e l'acqua di rose e sbatti fino a ottenere un composto cremoso.

Questi dolcetti sono stati decorati con crema di burro in diverse tonalità di rosa.

8 Versa qualche goccia di colorante nella crema e mescola fino a ottenere un rosa chiaro. Metti 1 cucchiaio di crema rosa in una ciotolina e scuriscila aggiungendo altro colorante.

9 Versa la crema rosa intenso nella sacca da pasticciere. Poggia la sacca su una superficie piana e appiattiscila con la mano, come in figura. Poi riaprila e versaci la crema rosa chiaro.

10 Disegna una rosellina su ogni dolcetto, partendo dal centro. Segui i consigli a pagina 379.

Cupcakes dell'amicizia

Ingredienti:

125 g di burro o margarina

2 uova medie

150 g di zucchero

200 g di farina autolievitante

100 g di gocce di cioccolato (facoltativo)

75 ml di latte

Per la crema di burro:

100 g di burro morbido o margarina

225 g di zucchero a velo

1 cucchiaio di latte o acqua

1 cucchiaino di estratto di vaniglia

colorante alimentare in diversi colori

Per la salsa al cioccolato:

40 g di cioccolato fondente o al latte

75 ml di panna fresca

Procurati inoltre uno stampo per muffin da 12, 12 pirottini di carta, delle palline di zucchero e delle bandierine (vedi pag. 383).

Dosi per 12 cupcakes

Un'idea originale per una festa può essere quella di preparare in anticipo dei cupcakes come questi e poi farcirli e decorarli in compagnia usando creme, salse, palline di zucchero ecc.

1. Preriscalda il forno a 180 °C e metti i pirottini di carta negli incavi dello stampo.

2. Sciogli il burro in un pentolino a fiamma bassa, poi fallo raffreddare.

3. Rompi un uovo in una tazza e versalo in una ciotola. Fai lo stesso con l'altro uovo e poi sbattili con la forchetta.

4. Versa lo zucchero in una terrina. Aggiungi la farina setacciata, le gocce di cioccolato e mescola. Incorpora latte, uova e burro.

5 Versa l'impasto nei pirottini e inforna per 12-15 minuti. Lascia i cupcakes nello stampo per 10 minuti, poi mettili a raffreddare su una gratella.

6 Per la crema di burro sbatti il burro e un terzo di zucchero a velo setacciato fino a ottenere una crema soffice. Aggiungi il resto dello zucchero a velo.

7 Aggiungi il latte o l'acqua e la vaniglia e sbatti fino a ottenere una crema morbida. Versa in tre o più terrine e aggiungi in ogni terrina poche gocce di colorante.

8 Per la salsa metti la panna in un pentolino e scaldala a fiamma bassa finché non inizia a bollire, poi togli dal fuoco, aggiungi il cioccolato a pezzetti e mescola fino a che non si scioglie.

9 Metti a disposizione degli amici le ciotoline con le creme, le palline di zucchero, le bandierine o altre guarnizioni, e divertitevi a decorare i cupcakes tutti insieme.

Altre idee

Puoi usare salsa al cioccolato, salsa al caramello o salsa di fragole già pronte.

Se preferisci fare dei cupcakes al cioccolato segui la ricetta dei cupcakes al cioccolato che trovi alle pagine 206-207.

Può contenere frutta a guscio

Tortine alla banana

Ingredienti:

125 g di burro morbido o margarina
150 g di zucchero di canna
2 uova grandi
1 cucchiaino di estratto di vaniglia
4 banane mature grandi
250 g di farina autolievitante
½ cucchiaino di lievito
1 cucchiaino di succo di limone

Per la glassa:
50 g di zucchero a velo
200 g di formaggio cremoso a temperatura ambiente
1 cucchiaio di succo di limone

Procurati inoltre uno stampo per muffin da 12 e 12 pirottini di carta, pezzi di noci o un'altra banana per le decorazioni.

Dosi per 12 tortine

Le banane fresche rendono queste tortine morbide e umide. Più mature saranno le banane più gustose saranno le tortine. Usa la margarina se le prepari per qualcuno che è intollerante al lattosio e guarniscile con crema di burro (vedi pag. 376) fatta con la margarina.

1. Preriscalda il forno a 180 °C e metti i pirottini negli incavi dello stampo.

2. Metti il burro e lo zucchero in una terrina capiente e sbatti fino ad ottenere un composto chiaro e soffice.

3. Rompi le uova in una tazza, uno alla volta, e versale in una terrina piccola. Aggiungi l'estratto di vaniglia e mescola bene con la forchetta.

4. Versa il composto di uovo e vaniglia, un cucchiaio alla volta, nella terrina grande, continuando a sbattere bene.

5. Sbuccia le banane e schiacciale in una terrina con la forchetta. Aggiungi il succo di limone, mescola, poi versa il tutto nella terrina più grande e continua a mescolare.

6. Incorpora all'impasto la farina setacciata e il lievito. Mescola per amalgamare bene il tutto.

7 Con un cucchiaio metti l'impasto nei pirottini. Cuoci per 20-25 minuti o fino a doratura.

8 Lascia riposare nello stampo per 5 minuti e poi metti a raffreddare su una gratella.

9 Prepara la glassa al formaggio cremoso (vedi pag. 376) e spalmala sulle tortine, poi guarnisci con fettine di banana o pezzetti di noce, a piacere.

Idee per decorare
Se vuoi usare le fettine di banana come guarnizione, mettile prima in una terrina con del succo di limone, così non diventeranno scure.

Queste tortine sono deliziose anche senza la glassa.

Cupcakes alla vaniglia

Ingredienti:

175 g di farina autolievitante
175 g di margarina
175 g di zucchero
1 cucchiaino di estratto di vaniglia
3 uova medie

Per la crema di burro:
100 g di burro morbido o margarina
225 g di zucchero a velo
1 cucchiaio di latte
1 cucchiaino e ½ di estratto di vaniglia
poche gocce di colorante alimentare

Procurati inoltre uno stampo per muffin da 12 e 12 pirottini di carta.

Dosi per 12 cupcakes

Questi squisiti cupcakes sono stati guarniti con crema di burro colorata a tinte pastello. La stessa crema è stata usata per fare le decorazioni con una sacca da pasticciere.

1 Preriscalda il forno a 180 °C e metti i pirottini negli incavi dello stampo.

2 Setaccia la farina in una terrina capiente. Aggiungi la margarina, lo zucchero e l'estratto di vaniglia.

3 Rompi le uova in una tazza e versale nella terrina. Mescola fino ad ottenere un composto cremoso.

4 Con un cucchiaio distribuisci l'impasto nei pirottini. Inforna per 20-25 minuti o fino a doratura.

5 Lascia i cupcakes nello stampo per 5 minuti, poi mettili a raffreddare sulla gratella. Prepara la crema di burro (vedi pag. 376).

6 Quando i cupcakes sono freddi, ricoprili con la crema di burro o disegna delle spirali con la sacca da pasticciere (vedi pag. 379).

Mini cupcakes con un fiocco di glassa

Per le guarnizioni puoi usare caramelline o granella di zucchero.

La crema di burro si può spalmare con il coltello.

Decorazione fatta con la sacca da pasticciere

Cupcakes mignon

Segui la ricetta dei dolcetti farfalla alle pagine 208-209 fino al punto 2, quindi versa l'impasto nei pirottini e inforna per 10-12 minuti. Lascia raffreddare e guarnisci come indicato qui al punto 6.

Cupcakes cioccolatosi

Ingredienti:

1 cucchiaio e ½ di latte
¼ di cucchiaino di succo di limone
65 g di farina di riso
2 cucchiai di cacao
½ cucchiaino di lievito (senza glutine, se necessario)
1 pizzico di bicarbonato
125 g di zucchero
65 g di cioccolato fondente o al latte
65 g di burro
1 uovo medio

Per la crema al cioccolato bianco:
150 g di cioccolato bianco
25 g di burro
75 ml di panna fresca

Procurati inoltre una placca da forno, circa 60 pirottini di carta e una siringa o sacca da pasticciere con beccuccio a stella.

Dosi per 30 cupcakes

Questi morbidi cupcakes al cioccolato, senza glutine e senza farina di frumento, sono stati guarniti con spirali di crema al cioccolato e decorazioni di cioccolato fatte in casa.

1 Preriscalda il forno a 170 °C. Disponi 30 pirottini sulla teglia e metti all'interno di ciascuno di essi un altro pirottino. Versa il latte in una caraffa e aggiungici il succo di limone.

2 Setaccia la farina di riso, il cacao, il lievito e il bicarbonato in una terrina capiente, aggiungi lo zucchero e mescola.

3 Metti il cioccolato a pezzetti in un pentolino, aggiungi il burro, 1 cucchiaio e ½ di acqua fredda e fai sciogliere a fuoco lento.

4 Rompi l'uovo in una tazza, sbattilo con la forchetta e versalo nella caraffa con il latte. Poi versa il composto nella terrina.

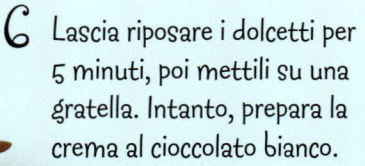

5 Aggiungi il cioccolato fuso, amalgama e versa il composto nei pirottini. Inforna per 15 minuti, poi fai la prova stecchino (vedi pag. 373).

6 Lascia riposare i dolcetti per 5 minuti, poi mettili su una gratella. Intanto, prepara la crema al cioccolato bianco.

7 Spezzetta il cioccolato in una ciotola. Metti il burro e la panna in un pentolino e fai sciogliere a fuoco lento. Versa la crema calda sul cioccolato nella ciotola.

8 Dopo 2 minuti mescola finché il cioccolato si sarà sciolto. Metti in frigo per 30 minuti, poi sbatti il composto con una frusta fino a quando non sarà chiaro e soffice.

9 Metti il composto in una siringa o sacca da pasticciere e fai una spirale (vedi pag. 379). Infine aggiungi decorazioni di cioccolato o palline di zucchero.

Per fare delle stelle o dei cuori di cioccolato segui le istruzioni a pag. 384.

Spirale di crema al cioccolato fondente (vedi riquadro in basso).

Altri gusti

Potresti sostituire il cioccolato bianco con la stessa quantità di cioccolato fondente o al latte, eliminare il burro e seguire le istruzioni ai punti 7-9.

Tortine croccanti

Ingredienti:

100 g di margarina
50 g di burro morbido
50 g di zucchero di canna
1 uovo medio
1 cucchiaino di estratto di vaniglia
125 g di farina autolievitante
50 g di corn flakes
200 g di cioccolato bianco
palline di zucchero per decorare

Procurati inoltre due placche da forno e una terrina resistente al calore da appoggiare su un pentolino.

Dosi per 20 tortine

Queste piccole tortine ricoperte di cioccolato bianco sono preparate con i corn flakes, che le rendono leggermente croccanti.

1 Preriscalda il forno a 180 °C. Ungi le placche con un po' d'olio (vedi pag. 10). Taglia un foglio grande di carta forno e mettilo sul tagliere.

2 Metti la margarina e il burro in una terrina e mescola bene. Aggiungi lo zucchero e sbatti fino a ottenere una crema chiara e soffice.

3 Rompi l'uovo in una tazza e aggiungi la vaniglia. Mescola, poi versa metà della miscela nella terrina.

4 Incorpora bene, poi aggiungi il resto della miscela d'uovo sbattuto mescolando bene. Setaccia la farina e mescola.

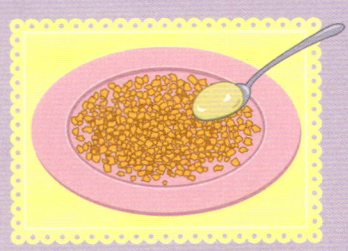

5 Schiaccia leggermente con le dita i corn flakes e mettili in un piatto. Prendi un cucchiaino di impasto dalla terrina e versalo sui corn flakes.

Distanzia le palline tra loro.

6 Rotola l'impasto nei corn flakes per formare una pallina. Metti la pallina su una placca unta e fai tante altre palline con lo stesso procedimento.

7 Inforna per 12-14 minuti. Lascia riposare le tortine per 2 minuti, poi mettile su una gratella a raffreddare completamente.

8 Riempi il pentolino di acqua per un quarto e metti a scaldare. Quando l'acqua bolle, togli dal fuoco.

9 Spezzetta il cioccolato in una terrina poi, con i guanti da forno, metti la terrina nel pentolino.

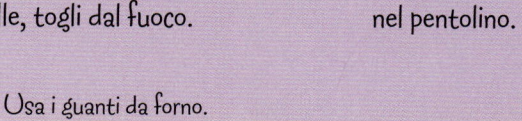

Usa i guanti da forno.

10 Attendi un paio di minuti e poi mescola il cioccolato. Quando si sarà sciolto estrai la terrina.

11 Metti le tortine su un tagliere. Spalma un cucchiaino di cioccolato fuso sopra ogni tortina.

12 Cospargi di palline di zucchero e mettile in frigo per 20 minuti per solidificare oppure mangiale subito.

239

Mignon menta e cioccolato

Questi pasticcini al cioccolato sono ricoperti di una deliziosa glassa alla menta. Se vuoi, puoi decorarli con gocce di cioccolato.

Ingredienti:

40 g di zucchero
40 g di margarina
40 g di farina autolievitante
1 cucchiaio di cacao
1 uovo medio
1 cucchiaio di gocce di cioccolato fondente
1 cucchiaio di gocce di cioccolato bianco

Per la glassa alla menta:
175 g di zucchero a velo
1 cucchiaino di estratto di menta
colorante alimentare verde

Procurati inoltre una placca da forno e circa 50 pirottini di carta piccoli.

Dosi per circa 25 mignon

1. Preriscalda il forno a 180 °C. Sistema 25 pirottini nella placca, poi mettici dentro un secondo pirottino. Metti lo zucchero e la margarina in una terrina capiente.

2. Aggiungi la farina e il cacao setacciati. Rompi l'uovo in una tazza, poi versalo nella terrina. Mescola il tutto fino a ottenere una crema liscia e omogenea.

3. Trasferisci metà del composto in un'altra terrina. Metti le gocce di cioccolato fondente in una delle terrine e quelle di cioccolato bianco nell'altra. Mescola bene.

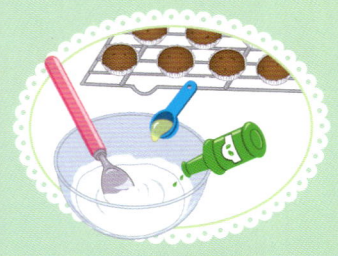

4. Usando due cucchiaini, riempi i pirottini con il composto. Cuoci per 12 minuti, o fino a quando i dolcetti non sono sodi, poi falli raffreddare su una gratella.

5. Per la glassa, metti in una ciotola lo zucchero a velo setacciato, 1 cucchiaio e ½ di acqua tiepida, l'estratto di menta e qualche goccia di colorante verde.

6. Mescola bene per amalgamare. Con un cucchiaino, stendi la glassa sui pasticcini. Se vuoi, guarniscili con altre gocce di cioccolato.

Puoi decorare i pasticcini con diversi tipi di cioccolato. Per fare dei riccioli di cioccolato, vedi a pag. 380.

Tortine fantasia

Ingredienti:

90 g di farina autolievitante
90 g di zucchero
90 g di margarina
2 uova medie
½ cucchiaino di estratto di vaniglia

Per la glassa:
175 g di zucchero a velo
colorante alimentare giallo

Procurati inoltre uno stampo per muffin da 12 e 12 pirottini di carta.

Dosi per 12 tortine

Questi graziosi dolcetti sono facili da preparare, dato che si tratta semplicemente di mescolare insieme gli ingredienti nella stessa terrina. Decorali come vuoi: con fiorellini di zucchero, frutta fresca, glassa ecc.

1. Preriscalda il forno a 180 °C e metti i pirottini di carta nello stampo. Setaccia la farina in una terrina e aggiungi margarina, zucchero e vaniglia.

2. Rompi le uova in una tazza e versale nella terrina. Mescola con un cucchiaio di legno fino a ottenere un composto soffice.

3. Con un cucchiaino, metti il composto nei pirottini. Inforna per 15 minuti o fino a doratura.

4. Lascia le tortine nello stampo per qualche minuto, poi trasferiscile a raffreddare su una gratella.

5. Per la glassa bianca, metti in una terrina lo zucchero a velo setacciato e 1 cucchiaio e ½ di acqua tiepida. Mescola bene e stendi su 4 delle tortine.

6 Per la glassa giallo pallido, aggiungi poche gocce di colorante alla glassa bianca. Mescola e stendi la glassa su 4 delle tortine.

7 Per la glassa giallo più intenso aggiungi qualche goccia di colorante in più. Stendi sul resto delle tortine e poi guarniscile tutte.

243

Tortine margherita alle fragole

Ingredienti:

75 g di zucchero

75 g di burro morbido o margarina

½ cucchiaino di estratto di vaniglia

2 uova medie

75 g di farina autolievitante

Per la farcitura:

25 g di burro morbido o margarina

50 g di zucchero a velo

½ cucchiaino di estratto di vaniglia

4 cucchiai di marmellata di fragole

Per decorare:

2 cucchiai di zucchero a velo

Procurati inoltre uno stampo per muffin da 6.

Dosi per 6 tortine

Per queste tortine farcite con crema di burro alla vaniglia e marmellata di fragole si usa come base l'impasto della torta margherita, un dolce tradizionale molto conosciuto.

1 Preriscalda il forno a 180 °C e ungi gli incavi dello stampo per muffin con il burro o la margarina (vedi pag. 10).

2 Metti il burro o la margarina e lo zucchero in una terrina capiente, sbatti fino ad ottenere un composto soffice e aggiungi la vaniglia.

3 Rompi un uovo alla volta in una tazza e versalo nella terrina. Incorpora la farina setacciata, mescolando delicatamente.

Passa un coltello intorno alle tortine se fai fatica ad estrarle.

4. Versa il composto negli incavi dello stampo. Cuoci per 20-25 minuti o fino a doratura e lascia raffreddare per 10 minuti.

5. Capovolgi lo stampo su una gratella per far uscire le tortine, poi raddrizzale e lasciale raffreddare completamente.

6. Mentre le tortine raffreddano, prepara la crema con il burro, lo zucchero a velo e la vaniglia, seguendo le istruzioni che trovi a pagina 376.

7. Quando sono fredde, taglia le tortine a metà.

8. Spalma uno strato di crema e uno di marmellata sulla metà inferiore di ogni tortina e copri con l'altra metà.

9. Per decorare la tortina, versa lo zucchero a velo in un colino con un cucchiaino e picchietta leggermente sui bordi.

Queste tortine sono state farcite con marmellata di fragole, ma puoi usare anche altri gusti.

Una fettina di fragola è l'ideale come tocco finale.

245

Torte e cheesecakes

248	Torta sandwich	266	Torta ricoperta al cioccolato
250	Torta di base	268	Torta all'ananas
252	Torta al limone farcita	270	Torta alla zucca
254	Torta al caffè	272	Torta ai lamponi
256	Torta fragolosa	274	Ciambella caramella
258	Torta golosa al limone	276	Cheesecake ai mirtilli
260	Torta di cioccolato all'arancia	278	Torta farcita alle fragole
262	Torta bianca e rosa	280	Ciambella zebrata
264	Cheesecake alla vaniglia	282	Torta di mandorle ai lamponi

284	Castello dolce	296	Torta inglese al limone
286	Torta farfallina	298	Torta al cacao farcita
288	Torta golosa al cioccolato	300	Torta alla mousse di cioccolato
290	Torta ricoperta di marshmallow	302	Torta supercioccolatosa
292	Torta al cioccolato bianco	304	Torta di cioccolato e noci
294	Torta al lime e cioccolato	306	Cheesecake al cioccolato bianco

Torta sandwich

Ingredienti:

225 g di burro morbido
225 g di zucchero
4 uova medie
225 g di farina autolievitante

Per la farcitura:
150 ml di panna da montare
4 cucchiai di marmellata (del gusto che preferisci)

Procurati inoltre due tortiere poco profonde di 20 cm di diametro.

Dosi per 12 fette

Questa torta soffice e vaporosa, fatta sbattendo burro e zucchero finché si ottiene un composto chiaro e spumoso, si cuoce suddividendo l'impasto in due stampi. La torta viene poi farcita, come un sandwich, con uno strato di marmellata e uno di panna montata.

1. Preriscalda il forno a 180 °C. Fodera le tortiere con carta forno (vedi pag. 10).

2. Amalgama il burro e lo zucchero in una terrina e sbattili rapidamente fino a ottenere una crema chiara e soffice.

3. Rompi un uovo in una tazza e sbattilo con la forchetta. Versalo nella terrina e sbatti rapidamente per amalgamarlo. Fai lo stesso con le altre uova.

Muovi il cucchiaio a forma di 8.

4. Setaccia la farina nella terrina e incorporala molto delicatamente, usando un cucchiaio di metallo.

5. Distribuisci equamente il composto nelle due tortiere e livellane bene la superficie con il dorso del cucchiaio.

6. Inforna e fai cuocere le torte per 20 minuti. Controlla se sono cotte premendo leggermente col dito.

7 Quando le torte sono cotte lasciale riposare per 5 minuti e poi trasferiscile a raffreddare su una gratella.

8 Per farcire la torta, metti la panna in una ciotola pulita e asciutta, e montala finché non diventa bella ferma e spumosa.

9 Spalma di marmellata il lato piatto di uno dei dischi di torta e copri con uno strato di panna montata.

10 Appoggia il secondo disco sul primo (dal lato piatto) e premi delicatamente.

11 Se vuoi, spolverizza la torta di zucchero a velo, oppure usa uno stencil per disegnare un motivo (vedi pag. 305).

Per fare una decorazione con lo stencil, metti la seconda torta con la parte piatta verso l'alto.

Torta di base

Ingredienti:

225 g di farina autolievitante

225 g di zucchero

225 g di margarina

4 uova medie

Per la crema di burro alla vaniglia:

100 g di burro morbido o margarina

225 g di zucchero a velo

1 cucchiaio di latte

½ cucchiaino di estratto di vaniglia

Procurati inoltre due tortiere poco profonde di 20 cm di diametro.

Dosi per 12 fette

Questa è una torta facile e versatile, molto rapida da fare. Qui trovi la ricetta base per una torta a due strati farcita con crema di burro, ma anche idee e suggerimenti per altri tipi di gusti e di farciture.

1. Preriscalda il forno a 180 °C. Ungi e fodera le tortiere (vedi pag. 10).

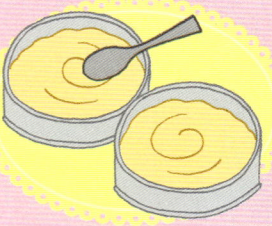

2. Setaccia la farina in una terrina capiente. Aggiungi lo zucchero e il burro o la margarina. Rompi le uova in una tazza, uno alla volta, e versale nella terrina.

3. Mescola fino ad ottenere un composto omogeneo, poi versalo nelle teglie e livella con il dorso di un cucchiaio.

4. Inforna per 25 minuti. Controlla che le torte siano cotte e lascia raffreddare nella tortiera per 5 minuti.

5. Passa un coltello lungo le pareti delle teglie e capovolgi le torte su una gratella (vedi pag. 373).

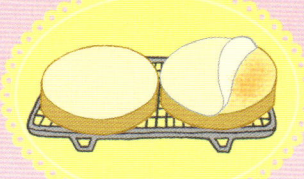

6. Stacca la carta forno. Capovolgi nuovamente, quindi prepara la crema di burro (vedi pag. 376).

7. Quando le torte sono fredde, mettine una su un vassoio con il lato piatto in su. Spalmala di crema e poi coprila con l'altra torta con il lato piatto in giù.

Spolverizza di zucchero, se vuoi.

Torta di base...

... al cioccolato
Sostituisci 40 g di farina con altrettanti di cacao.

... al caffè
Sciogli un cucchiaio colmo di caffè solubile in un cucchiaio di acqua calda. Lascia raffreddare e aggiungi dopo il punto 2.

... agli agrumi
Gratta la scorza di due limoni, lime o arance e aggiungila dopo il punto 2.

... alle spezie
Al punto 2 aggiungi due cucchiaini di cannella e un cucchiaino di zenzero in polvere. Abbinaci una crema di burro alla vaniglia.

Altre farciture

Marmellata e crema di burro
Al punto 7, spalma 4 cucchiai di marmellata sulla crema di burro.

Farcitura alla frutta
Vedi la farcitura ai lamponi del rotolo svizzero a pagina 104.

Farciture cremose
Puoi usare una delle varie creme di burro a pagina 376 oppure 150 ml di panna montata (vedi pag. 377). Puoi spalmare prima 4 cucchiai di marmellata e sopra la panna.

Panna alla frutta
Puoi farcire la torta con panna ai lamponi o con mascarpone al lime (vedi pag. 376).

Torta di base al limone con crema di burro al limone

Torta di base farcita con marmellata e crema di burro

Torta di base al cioccolato con panna ai lamponi

Torta al limone farcita

Ingredienti:

1 limone
225 g di farina autolievitante
1 cucchiaino di lievito
4 uova medie
225 g di margarina morbida
225 g di zucchero

Per la crema di limone:
2 uova medie
75 g di zucchero
1 limone
50 g di burro

Per la glassa al limone:
1 limone
125 g di zucchero a velo

Procurati inoltre tre tortiere poco profonde di 20 cm di diametro e una terrina resistente al calore da appoggiare su un pentolino.

Dosi per 10 fette

Questa squisita torta al limone è farcita con crema di limone (l'inglese "lemon curd") e ricoperta di glassa al limone.

Usa i fori piccoli.

1 Preriscalda il forno a 180 °C. Ungi e fodera le tortiere (vedi pag. 10). Gratta la scorza del limone e poi tagliato a metà e spremilo.

2 Setaccia la farina e il lievito in una terrina. Rompi le uova in una tazza e versale nella terrina. Aggiungi la margarina e lo zucchero e mescola bene.

3 Incorpora il succo e la scorza di limone. Versa l'impasto nelle tre tortiere e inforna per 20 minuti. Capovolgi le torte su una gratella e fai raffreddare.

4 Per fare la crema di limone, rompi le uova in una terrina resistente al calore e sbattile bene. Aggiungi lo zucchero. Gratta la scorza del limone, poi spremilo e aggiungi succo e scorza nella terrina.

5 Aggiungi il burro tagliato a pezzetti. Riempi il pentolino d'acqua per un quarto e fai scaldare. Con i guanti da forno, metti la terrina nel pentolino.

6 Continua a mescolare. Dopo circa 20 minuti la crema dovrebbe essersi addensata abbastanza da fare un velo sul dorso del cucchiaio. Togli il pentolino dal fuoco e lascia raffreddare.

Non importa se la crema fuoriesce.

7 Metti una torta sul piatto e spalmaci metà della crema di limone. Copri con la seconda torta e spalmaci il resto della crema. Poggia l'ultima torta.

8 Per la glassa, gratta la scorza del limone, usando una grattugia o un rigalimoni, se ce l'hai. Metti da parte. Taglia il limone e spremine metà.

9 Mescola succo di limone e zucchero a velo setacciato. Spalma sulla torta lasciandola gocciolare lungo i lati (vedi pag. 378). Guarnisci con scorzette di limone.

Torta al caffè

Può contenere noci

Ingredienti:

2 cucchiai da dessert di caffè solubile in granuli

175 g di burro morbido o margarina

175 g di zucchero

3 uova grandi

175 g di farina autolievitante

1 cucchiaino e ½ di lievito

200 g di noci o noci pecan (facoltative)

Per la crema di burro:

175 g di burro morbido o margarina

200 g di zucchero a velo

Procurati inoltre una tortiera profonda a fondo estraibile di 20 cm di diametro.

Dosi per 12 fette

Se vuoi, puoi tagliare la torta a metà e usare la crema di burro sia per farcire che per ricoprire. Se preferisci lasciare la torta intera, dimezza la quantità di crema di burro che ti servirà solo per la copertura. Le noci sono facoltative.

1. Preriscalda il forno a 180 °C. Ungi e fodera la tortiera (vedi pag. 10).

2. In una tazza, sciogli i granuli di caffè in due cucchiai da dessert di acqua bollente.

3. In una terrina sbatti il burro e lo zucchero fino a ottenere un composto chiaro e cremoso. Rompi le uova in una ciotola e sbattile con la forchetta.

4. Incorpora le uova sbattute, un cucchiaio alla volta, al composto di burro e zucchero nella terrina, mescolando bene.

5. Ora aggiungi la farina e il lievito setacciati e mescola bene. Versa metà del caffè e le noci, se le usi. Mescola bene l'impasto.

Crema di burro al caffè

Sbatti il burro o la margarina in una terrina fino ad ottenere una crema chiara e soffice. Incorpora prima un terzo dello zucchero a velo setacciato, poi tutto il resto. Aggiungi il caffè rimasto dal punto 5, quindi sbatti energicamente fino ad ottenere un composto soffice e chiaro.

6 Versa l'impasto nella tortiera e inforna per 30-35 minuti. Lascia raffreddare per 10 minuti.

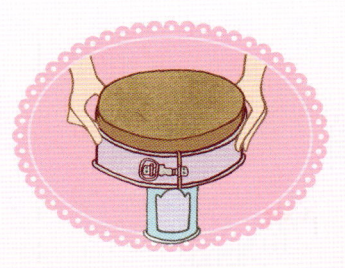

7 Togli la torta dalla tortiera, seguendo le istruzioni a pagina 373, se necessario.

8 Facendo molta attenzione, fai scivolare la torta su una gratella e lasciala raffreddare.

9 Tieni la torta ferma con una mano e tagliala a metà in senso orizzontale con un coltello a lama seghettata.

10 Prepara la crema di burro al caffè, seguendo le istruzioni che trovi nel riquadro a sinistra.

11 Spalma metà della crema di burro sul primo disco, poggiaci il secondo disco e ricoprilo con il resto della crema.

Puoi decorare la torta con altri pezzetti di noce.

Torta fragolosa

Ingredienti:

1 limone
175 g di marmellata di fragole
2 cucchiai di colorante alimentare rosso
225 g di burro morbido o margarina
175 g di zucchero
275 g di farina autolievitante
4 uova medie
1 cucchiaino di lievito

Per la crema di burro:
150 g di burro morbido o margarina
75 g di marmellata di fragole
1 cucchiaio di succo di limone
250 g di zucchero a velo

Per decorare:
2 cucchiai di marmellata di fragole
qualche goccia di colorante alimentare rosso

Procurati inoltre una tortiera profonda di 20 cm di diametro e uno stecchino.

Dosi per 14-16 fette

Questa morbida torta è davvero fragolosa: marmellata di fragole nell'impasto, crema di burro alla marmellata di fragole per la copertura e cuoricini di marmellata di fragole come decorazione.

1. Preriscalda il forno a 180 °C. Ungi e fodera la tortiera (vedi pag. 10).

2. Gratta la scorza del limone sui fori piccoli della grattugia. Mescola scorza, marmellata e colorante in una terrina. Spremi il limone e metti da parte il succo (servirà più tardi).

3. Metti il burro e lo zucchero in una terrina capiente e sbatti fino a ottenere un impasto cremoso. Aggiungi l'impasto di marmellata, 1 cucchiaio di farina e sbatti bene.

4. Sbatti le uova in una tazza e versale nella terrina grande. Incorpora il resto della farina setacciata e il lievito, mescola fino a ottenere un impasto soffice e versalo nella tortiera.

5. Cuoci per circa 45 minuti, poi copri la torta con un foglio di carta d'alluminio e lascia cuocere per altri 10-15 minuti. Fai la prova stecchino: se la torta non è cotta lasciala altri 10 minuti, poi ricontrolla.

Quando la torta è fredda stacca la carta forno.

6 Lascia la torta nella tortiera per 15 minuti, poi estraila (vedi pag. 373) e falla raffreddare su una gratella.

7 Per la crema, metti il burro in una terrina, aggiungi la marmellata e il succo di limone e sbatti. Incorpora lo zucchero a velo setacciato.

8 Quando la torta è fredda poggiala su un piatto e ricoprila tutta con la crema di burro, livellandola con un coltello a lama piatta.

9 Per decorare la torta poggia un colino su una ciotola e setaccia la marmellata premendola con un cucchiaio. Aggiungi il colorante e un cucchiaino di succo di limone.

10 Con uno stecchino disegna tre cerchi, uno dentro l'altro, sulla torta. Versa ¼ di cucchiaino dell'impasto di marmellata su uno dei cerchi.

11 Continua a versare gocce di marmellata lungo i cerchi a circa 2 cm l'una dall'altra. Trascina lo stecchino sulle gocce, cerchio dopo cerchio: si formeranno dei cuoricini.

Se usi marmellate di gusti diversi, ad esempio di albicocche o di ciliegie, scegli un colorante in tinta con la marmellata.

Torta golosa al limone

Ingredienti:

2 limoni

3 uova medie

50 g di burro morbido o margarina

300 g di zucchero

250 g di ricotta

175 g di farina autolievitante

Per la crema di burro al limone:

1 limone

200 g di burro morbido o margarina

350 g di zucchero a velo

Procurati inoltre due tortiere poco profonde, di 15 cm di diametro, e uno stecchino.

Dosi per 12 fette

Questa morbida torta è ricoperta da una deliziosa crema di burro al limone. A pagina 383 scopri come fare la ghirlanda di bandierine per decorarla.

1. Preriscalda il forno a 180°C. Ungi e fodera le tortiere (vedi pag. 10). Gratta la scorza dei limoni sui fori piccoli della grattugia, poi taglia un limone a metà e spremilo.

2. Separa le uova (vedi pag. 11). Metti gli albumi in una terrina capiente ben pulita e i tuorli in un'altra terrina.

3. Aggiungi la scorza di limone, il burro e lo zucchero ai tuorli e mescola bene. Aggiungi un cucchiaio di ricotta alla volta e amalgama con la forchetta.

Muovi il cucchiaio a forma di 8.

4. Con una spatola o un cucchiaio incorpora la farina setacciata all'impasto di ricotta.

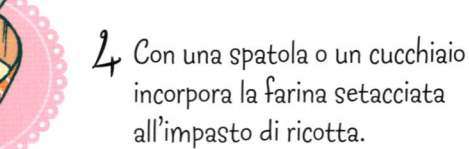

5. Sbatti con la frusta gli albumi fino a ottenere un composto compatto e spumoso. Incorpora delicatamente gli albumi montati a neve all'impasto di ricotta.

6. Versa l'impasto in quantità uguali nelle tortiere. Livella e inforna per 40-45 minuti, fino a doratura. Controlla se sono cotte premendo leggermente col dito.

7. Poggia le tortiere su una gratella. Fai tanti forellini sulle torte con lo stecchino, versaci sopra il succo di limone e lascia raffreddare.

Usa i fori piccoli della grattugia.

Se non hai due tortiere del diametro di 15 cm, puoi usarne una più profonda del diametro di 20 cm e cuocere per 45-55 minuti.

8 Per la crema di burro, gratta la scorza e poi spremi il limone. Metti la scorza in una terrina capiente e aggiungici il burro o la margarina.

Puoi fare questi riccioli di limone con un rigalimoni.

9 Incorpora metà dello zucchero a velo setacciato. Aggiungi il resto dello zucchero a velo setacciato, 1 cucchiaio e ⅓ di succo di limone e sbatti fino a ottenere un composto cremoso.

Dopo aver spalmato la crema puoi fare delle strisce come queste con un coltello a lama piatta.

10 Metti una torta sul piatto e spalmaci sopra un quarto della crema di burro. Ora metti l'altra torta, capovolta. Spalma il resto della crema sopra la torta e sui lati fino a coprirla tutta.

Torta di cioccolato all'arancia

Il gusto del cioccolato si sposa benissimo con quello dell'arancia in questa torta morbida e friabile grazie alla presenza di yogurt e farina integrale.

Ingredienti:

1 arancia media
175 g di margarina morbida
175 g di zucchero
3 uova medie
2 cucchiai di cacao
1 cucchiaino di lievito
200 g di farina integrale autolievitante
5 cucchiai di yogurt al naturale

Per la glassa:
100 g di cioccolato al latte
175 g di cioccolato fondente
150 ml di panna acida

Procurati inoltre una tortiera profonda di 20 cm di diametro e una terrina resistente al calore da appoggiare su un pentolino.

Dosi per 8-10 fette

1. Preriscalda il forno a 170 °C. Ungi e fodera la tortiera (vedi pag. 10).

2. Gratta la scorza dell'arancia sui fori piccoli della grattugia. Poi, taglia l'arancia a metà e spremine il succo.

3. Sbatti la margarina finché diventa cremosa. Aggiungi zucchero e scorza d'arancia a sbatti fino ad ottenere un composto chiaro e soffice.

4. Rompi le uova in una ciotola e sbattile con la forchetta. Versa le uova un po' alla volta nella terrina grande e mescola bene a ogni aggiunta.

5. Metti il cacao nella ciotola. Aggiungi 2 cucchiai d'acqua tiepida e mescola per ottenere una crema spalmabile. Versa nella terrina grande e mescola.

Muovi il cucchiaio a forma di 8.

Livella la superficie del composto con il dorso di un cucchiaio.

6 Setaccia il lievito e circa metà della farina nella terrina con il compsto. Aggiungi metà dello yogurt. Incorpora il tutto mescolando bene.

7 Aggiungi il resto della farina setacciata e il resto dello yogurt e amalgama bene. Aggiungi il succo d'arancia e mescola delicatamente.

8 Versa l'impasto nella tortiera e inforna per un'ora. Controlla se è cotta premendo leggermente con il dito (vedi pag. 373).

Stacca la carta forno.

9 Lascia riposare la torta per 10 minuti. Poi passa un coltello lungo le pareti della tortiera per fare uscire la torta e capovolgila su una gratella.

10 Per la glassa sciogli il cioccolato seguendo le istruzioni a pagina 380. Con i guanti da forno, estrai la terrina dal pentolino e versaci la panna acida.

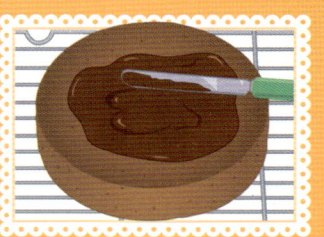

11 Con una frusta incorpora la panna. Fai raffreddare per qualche minuto, poi spalma sulla torta lasciandola gocciolare lungo i lati (vedi pag. 378).

Se vuoi, decora la torta con dei riccioli di cioccolato. Per realizzarli vedi a pag. 380.

Torta bianca e rosa

Ingredienti:

200 g circa di farina
2 cucchiaini e ¼ di lievito
150 g di zucchero
6 cucchiai di olio di semi di girasole
6 cucchiaini di estratto di vaniglia
un po' di latte
colorante alimentare liquido rosa
6 uova medie
un pizzico di cremor tartaro

Per la panna alla vaniglia:
300 ml di panna da montare
2 cucchiai di zucchero a velo
1 cucchiaino di estratto di vaniglia

Procurati inoltre una tortiera poco profonda di 20 cm di diametro.

Dosi per 14-18 fette

Questa spettacolare torta a strati in varie tonalità di rosa è farcita e ricoperta di panna alla vaniglia. Gli strati vanno preparati e cotti separatamente, uno dopo l'altro.

1 Preriscalda il forno a 170 °C. Ritaglia in tutto tre cerchi di carta forno (vedi pag. 10) del diametro della base della tortiera. Ungi e fodera la tortiera.

2 In una terrina capiente setaccia 65 g di farina e un cucchiaino di lievito colmo per ¾. Incorpora 75 g di zucchero.

3 Versa in una caraffa 2 cucchiai di olio, 2 cucchiaini di vaniglia, 5 cucchiaini e ⅓ di latte e ½ cucchiaino di colorante.

4 Separa due uova. Metti gli albumi in una terrina. Versa i tuorli nella caraffa e sbatti con la forchetta.

Muovi il cucchiaio a forma di 8.

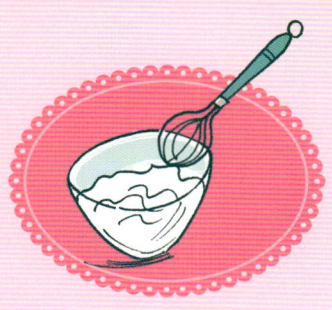

5 Cospargi gli albumi con il cremor tartaro e sbatti fino a ottenere un composto compatto e spumoso: alzando la frusta, la spuma che si solleva dovrà restare ben ferma.

6 Versa il contenuto della caraffa nella terrina con la miscela di farina, mescola e aggiungi un terzo degli albumi montati a neve.

7 Incorpora gli albumi delicatamente, un po' alla volta, con un cucchiaio di metallo ma senza mescolare troppo. Versa nella tortiera.

Usa la stessa caraffa e la stessa terrina, senza lavarle.

8 Inforna per 20 minuti, poi fai la prova stecchino (vedi pag. 373). Lascia riposare per 5 minuti, poi capovolgi la torta su una gratella. Lava e asciuga bene la tortiera.

9 Ungi e fodera nuovamente la tortiera. Segui le indicazioni al punto 2. Versa 2 cucchiai di olio, 2 cucchiaini di vaniglia, 4 di latte e 2 di colorante nella caraffa e poi segui le indicazioni ai punti 4-8.

10 Ungi e fodera nuovamente la tortiera. Segui le indicazioni al punto 2. Versa 2 cucchiai di olio, 2 cucchiaini di vaniglia, 3 di latte e 3 di colorante nella caraffa e poi segui le indicazioni ai punti 4-8.

Se sbatti troppo la panna si indurisce.

Puoi decorare la superficie della torta con codette colorate.

11 Versa la panna in una terrina, aggiungi lo zucchero a velo setacciato e la vaniglia. Sbatti fino a che sollevando la frusta il composto non forma una punta soffice.

12 Lascia raffreddare completamente le torte, quindi poggiale su un tagliere, una alla volta, e rifila i bordi più scuri con un coltello affilato.

13 Poggia la prima torta su un piatto e spalmaci un terzo di panna. Coprila con la seconda torta e spalmaci metà della panna rimasta. Poggiaci la terza torta e ricopri con il resto della panna.

Cheesecake alla vaniglia

Ingredienti:

175 g di biscotti secchi (anche del tipo senza glutine)

75 g di burro

400 g di formaggio cremoso

125 g di zucchero

2 uova medie

2 cucchiaini di estratto di vaniglia

Procurati inoltre una tortiera a fondo estraibile di 20 cm di diametro.

Dosi per 6-8 fette

Questo cheesecake è una morbida torta di formaggio cremoso cotta in forno finché il formaggio non si rassoda. Puoi gustarla così com'è oppure guarnirla con frutti di bosco (vedi pagina accanto). Troverai anche la ricetta per un cheesecake al limone, più facile da preparare perché si rassoda in frigo e non ha bisogno di cottura in forno.

1. Accendi il forno a 150 °C e ungi la tortiera con della carta da cucina imbevuta d'olio.

2. Metti i biscotti in un sacchetto di plastica per alimenti e chiudilo con un elastico. Poi schiacciali con il matterello fino a ottenere delle grosse briciole.

3. In un pentolino, fai fondere il burro a fuoco basso. Quando è sciolto completamente, spegni la fiamma.

4. Amalgama al burro i biscotti sbriciolati. Stendi il composto nello stampo e premilo con il dorso di un cucchiaio per livellarlo bene. Metti in frigo.

5. Mescola il formaggio cremoso e lo zucchero in una terrina. Poi rompi le uova in una ciotola più piccola, aggiungi l'estratto di vaniglia e sbatti bene con la forchetta.

6. Aggiungi l'uovo sbattuto al composto di formaggio un poco alla volta, mescolando molto bene, fino ad amalgamarlo tutto.

Guarnizione di frutti di bosco

Ti servono 150 g di frutti di bosco, 4 cucchiai di marmellata di lamponi e 1 cucchiaio di succo di limone. Lava e asciuga i frutti di bosco. Se usi le fragole, togli i piccioli, poi disponi la frutta sul dolce. Mescola la marmellata con il succo di limone e spennellala sulla frutta.

Cheesecake veloce al limone

Sostituisci le uova e l'estratto di vaniglia con 150 ml di panna fresca e 2 limoni grandi. Al punto 5, metti solo 350 g di formaggio cremoso in una terrina con la panna e lo zucchero e mescola. Gratta la scorza dei limoni e spremi il succo. Aggiungi scorza e succo nella terrina e amalgama. Stendi il composto sulla base di biscotti, livellandolo bene, e metti in frigo per almeno 2 ore.

7 Versa il composto sulla base di biscotti e livellalo col dorso del cucchiaio. Inforna per 30 minuti, poi spegni e lascia il cheesecake nel forno per altri 30 minuti.

8 Sforna il dolce e lascialo raffreddare su una gratella. Una volta freddo, mettilo in frigo per almeno 2 ore.

9 Togli il bordo della tortiera (vedi pag. 373) e fai scivolare il cheesecake su un piatto.

Torta ricoperta al cioccolato

Ingredienti:

Per la glassa al cioccolato:
150 g di cioccolato fondente
150 ml di panna fresca

Per la torta di base:
200 g di farina autolievitante
½ cucchiaino di lievito
4 cucchiai di cacao
4 uova medie
225 g di margarina
225 g di zucchero di canna
1 cucchiaio di latte

Procurati inoltre una terrina resistente al calore da appoggiare su un pentolino e due tortiere poco profonde, di 20 cm di diametro.

Dosi per 8-10 fette

Facilissima da realizzare, questa golosa torta al cacao è farcita e ricoperta da una glassa al cioccolato. Le due torte di base necessarie si preparano semplicemente mescolando gli ingredienti in un'unica terrina.

1 Per la glassa, spezzetta il cioccolato nella terrina resistente al calore e aggiungi la panna. Riempi il pentolino d'acqua per un quarto e fai scaldare.

2 Quando l'acqua bolle togli dal fuoco e metti la terrina nel pentolino. Mescola fino a quando il cioccolato non si sarà sciolto, poi estrai la terrina dal pentolino con i guanti da forno.

3 Fai raffreddare la glassa per qualche minuto, poi metti in frigo per un'ora, mescolando di tanto in tanto, fino a che non si sarà rassodata. Comincia a preparare le torte.

4 Preriscalda il forno a 180 °C. Ungi le tortiere con un po' d'olio, spargendolo bene con della carta da cucina. Poggia le tortiere su un grande foglio di carta forno.

5 Disegna il contorno delle tortiere, ritaglia le sagome e usale per rivestire le tortiere. Metti la farina, il lievito e il cacao setacciati in una terrina capiente.

6 Rompi le uova in una tazza, poi mettile nella terrina. Aggiungi margarina, zucchero e latte e mescola bene. Metti il composto nelle teglie.

7 Cuoci per circa 25 minuti. Estrai le tortiere dal forno, poi controlla se sono cotte premendo leggermente con il dito (vedi pag. 373).

8 Fai riposare le torte per 5 minuti. Passa un coltello lungo le pareti delle tortiere, poi capovolgile sulla gratella. Togli la carta forno.

9 Una volta fredde, spalma un po' di glassa su una torta, poi mettici sopra l'altra torta. Spalma il resto della glassa sulla torta, compresi i lati.

Tieni la torta in frigo fino al momento di mangiarla.

Altri gusti

Se ti piace il cioccolato al latte, puoi sostituirlo a quello fondente per fare la glassa. La torta avrà un gusto più delicato.

Torta all'ananas

Ingredienti:

250 g di farina

2 cucchiaini di lievito

125 g di zucchero di canna

2 cucchiaini di cannella in polvere

150 ml di olio di semi di girasole o altro olio di semi

3 uova grandi

1 cucchiaino di estratto di vaniglia

400 g di succo e polpa d'ananas in scatola

Per la glassa al formaggio cremoso:

400 g di formaggio cremoso a temperatura ambiente

150 g di zucchero a velo

Procurati inoltre due tortiere poco profonde di 20 cm di diametro.

Dosi per 12 fette

Puoi usare succo e polpa d'ananas in scatola sia per la torta, particolarmente umida e leggera, che per la glassa al formaggio cremoso.

1. Preriscalda il forno a 180 °C. Ungi e fodera le tortiere (vedi pag. 10).

2. Mescola farina, lievito, zucchero e cannella in una terrina capiente. Rompi le uova in una tazza e versale, uno alla volta, in una terrina con l'olio e l'estratto di vaniglia.

3. Metti due cucchiai di succo e polpa d'ananas in una ciotola. Versa il resto della scatola nella terrina con l'olio, le uova e l'estratto di vaniglia.

4. Mescola il composto di olio e uova con la miscela di farina. Versa l'impasto nelle tortiere e inforna per 25 minuti fino a doratura.

5. Lascia le torte nelle tortiere per 10 minuti, poi capovolgile su una gratella e fai raffreddare.

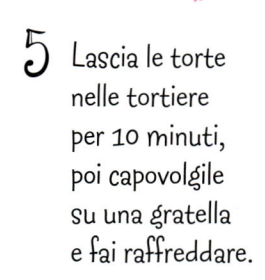

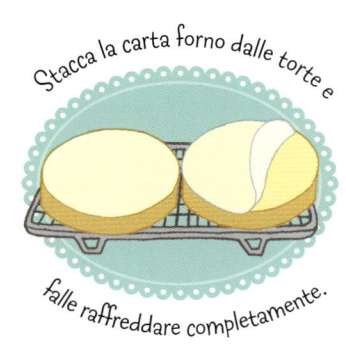

Stacca la carta forno dalle torte e falle raffreddare completamente.

6. Prepara la glassa al formaggio (vedi pag. 376) e aggiungici gli ananas che avevi messo nella ciotola.

Mescola piano.

7 Poggia una torta su un piatto, con il lato piatto verso il basso. Spalmaci metà glassa e copri con la seconda torta, con il lato bombato verso l'alto. Ricopri con il resto della glassa.

Altri gusti

La ricetta è la stessa, ma dopo il punto 3 aggiungi 50 g di noci o noci pecan al composto di olio e uova. Guarnisci la torta con pezzetti di noci pecan o dei gherigli tagliati a metà.

Contiene noci

Decora la torta con le fette d'ananas disidratato.

Mentre spalmi la glassa disegna delle volute.

Se la superficie della torta è irregolare non importa perché verrà ricoperta dalla glassa.

Torta alla zucca

Ingredienti:

un pezzo di zucca di 350 g circa

1 arancia

175 ml (12 cucchiai) di olio di semi di girasole

200 g di zucchero di canna

4 uova medie

225 g di farina autolievitante

1 cucchiaino di lievito

1 cucchiaino di bicarbonato

3 cucchiaini di cannella in polvere

2 cucchiaini di zenzero in polvere

¼ di cucchiaino di noce moscata (facoltativo)

1 pizzico di chiodi di garofano in polvere (facoltativo)

100 g di gocce di cioccolato fondente o al latte

Per la glassa:

1 arancia

50 g di burro morbido o margarina

100 g di zucchero a velo

colorante alimentare rosso e giallo

100 g di cioccolato fondente o al latte

¼ di cucchiaino di cannella in polvere

¼ di cucchiaino di zenzero in polvere

Procurati inoltre una tortiera profonda, di 20 cm di diametro.

Dosi per 12-16 fette

In questa torta speziata, con gocce di cioccolato, il sapore della zucca, in verità, non si sente molto. La zucca serve solo a rendere il dolce particolarmente morbido e leggero.

1 Preriscalda il forno a 180 °C. Ungi e fodera la tortiera (vedi pag. 10).

2 Sbuccia la zucca con un pelapatate, poi asporta tutti i semi con un cucchiaio. Gratta la zucca sbucciata sui fori grandi della grattugia fino a ottenere 250 g di polpa.

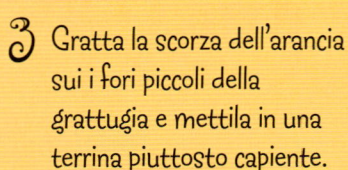

3 Gratta la scorza dell'arancia sui i fori piccoli della grattugia e mettila in una terrina piuttosto capiente.

4 Aggiungi lo zucchero e il burro e sbatti il tutto con un cucchiaio di legno per un minuto.

5 Rompi un uovo in una tazza, versalo nella terrina con la scorza, il burro e lo zucchero e sbatti bene. Ripeti con le altre uova.

6 Incorpora la polpa di zucca, mescolando bene. Aggiungi la farina, il lievito, il bicarbonato e le spezie setacciati e le gocce di cioccolato.

Muovi il cucchiaio a forma di 8.

Quando la torta è fredda, stacca la carta forno.

7 Amalgama il tutto con la spatola o il cucchiaio di metallo. Versa il composto nella tortiera. Cuoci per 50 minuti, fino a doratura, e fai la prova stecchino (vedi pag. 373).

8 Lascia la torta nella tortiera per circa 10 minuti, poi capovolgila sulla gratella e lasciala raffreddare completamente.

9 Per la glassa, gratta la scorza dell'altra arancia sui fori piccoli della grattugia, poi spremine metà. Metti metà della scorza grattugiata in una terrina capiente e aggiungici il burro.

10 Sbatti bene. Aggiungi lo zucchero a velo setacciato, 1 cucchiaino e ½ di succo d'arancia, un po' di colorante rosso e giallo e sbatti fino a ottenere un colore omogeneo.

11 Poggia la torta su un piatto, con il lato bombato verso il basso. Spalma la glassa all'arancia sui lati e metti in frigo.

La zucca può essere dura da tagliare. Fatti aiutare, oppure sostituisci la zucca con la stessa quantità di carote o patate americane.

Per fare decorazioni come queste segui le istruzioni a pag. 385.

12 Sciogli il cioccolato (vedi pag. 380), incorpora la cannella e il resto della scorza e versa sulla torta in modo che coli lungo i lati (vedi pag. 378).

271

Torta ai lamponi

Ingredienti:

100 g di burro morbido
100 g di zucchero
2 uova medie
1 cucchiaino di estratto di vaniglia
100 g di farina autolievitante
3 cucchiai di latte

Per la copertura:
150 g di lamponi
300 ml di panna da montare
50 g di meringhe confezionate

Procurati inoltre una tortiera di 20 cm di diametro.

Dosi per 12 fette

Questa deliziosa torta aromatizzata alla vaniglia è ricoperta da una nuvola di panna montata con briciole di meringa e lamponi. Puoi usare questa stessa copertura al posto della glassa per i cupcakes fioriti (senza glutine) nella ricetta alle pagine 200-201.

1. Preriscalda il forno a 180 °C. Ungi e fodera la tortiera (vedi pag. 10).

2. Sbatti burro e zucchero in una terrina capiente fino a ottenere un composto omogeneo.

3. Rompi le uova in una scodella e sbattile insieme alla vaniglia. Amalgama l'uovo sbattuto al composto di burro e zucchero, un cucchiaio per volta.

4. Setaccia la farina nella terrina. Mescola delicatamente, con un movimento dal basso verso l'alto. Aggiungi il latte e mescola delicatamente.

5. Versa il composto nella tortiera livellando la superficie con il dorso di un cucchiaio. Cuoci per 20 minuti o finché la torta lievita ed è dorata.

Quando la torta è fredda, stacca la carta forno.

6 Toglila dal forno. Premila delicatamente al centro. Se è soda ed elastica è cotta, altrimenti cuocila ancora 5 minuti e controlla di nuovo.

7 Quando la torta è cotta, lasciala nella tortiera per 10 minuti. Poi capovolgi la tortiera sopra una gratella e dai un colpetto. Lascia raffreddare la torta.

8 Nel frattempo prepara la guarnizione. Metti i lamponi in una scodella. Schiacciane alcuni con una forchetta per ottenere un po' di succo.

9 Sbatti la panna velocemente con una frusta, finché si addensa e resta spumosa quando sollevi la frusta.

10 Sbriciola le meringhe nella panna. Aggiungi i lamponi. Mescola delicatamente per breve tempo.

11 Metti la torta su un piatto e ricoprila di panna mista a lamponi e meringhe, creando riccioli e vortici col cucchiaio.

Se leghi un nastro intorno alla torta, come nella figura, ricordati di toglierlo prima di tagliare le fette.

Ciambella caramella

Ingredienti:

15 g di burro
1 limone
225 g di burro morbido o margarina
300 g di zucchero
6 uova medie
350 g di farina
1 cucchiaino di lievito
½ cucchiaino di bicarbonato
300 ml di yogurt al limone

Per decorare:
225 g di zucchero a velo
colorante alimentare (facoltativo)
caramelline gommose alla frutta (anche di tipi diversi)

Procurati inoltre uno stampo per ciambella della capacità di 2,5 litri e un pennello da pasticciere. Per misurare la capacità dello stampo riempilo d'acqua e poi versa l'acqua in una caraffa graduata.

Dosi per circa 20 fette

Segui la ricetta per fare una ciambella al limone. Quando la ciambella è pronta, coprila con la glassa e riempi il buco di caramelline gommose alla frutta.

1. Sciogli il burro in un pentolino a fuoco basso e usalo per ungere lo stampo con un pennello da pasticciere. Pesa tutti gli ingredienti e preriscalda il forno a 180 °C.

2. Gratta la scorza del limone sui fori piccoli della grattugia, poi spremi il succo e mettilo da parte (servirà per la glassa).

3. Sbatti burro, zucchero e scorzetta fino a ottenere un composto soffice. Versa un uovo nella terrina, aggiungi un cucchiaino di farina e mescola.

4. Aggiungi le altre uova, uno alla volta. Incorpora il resto della farina, il lievito e il bicarbonato setacciati.

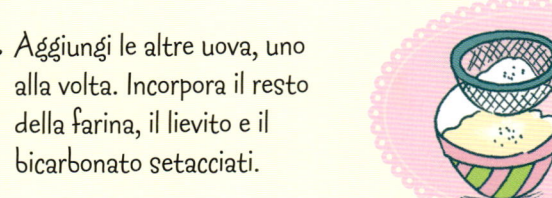

5. Quando la farina risulta quasi tutta incorporata aggiungi lo yogurt. Continua a mescolare per amalgamare il tutto.

6. Versa l'impasto nello stampo, inforna per 45-50 minuti o fino a doratura e fai la prova stecchino per vedere se è cotto (vedi pag. 373).

Non importa se la ciambella si screpola in superficie.

7 Metti lo stampo su una gratella. Dopo 15 minuti capovolgilo per far uscire la ciambella e lasciala raffreddare completamente.

8 Per la glassa mescola lo zucchero a velo, 2 cucchiaini e ½ di succo di limone e poche gocce di colorante alimentare.

Altre forme

Usa una tortiera profonda, di 20 cm di diametro e dimezza le dosi. Inforna per 30-40 minuti, poi lascia raffreddare. Glassa la torta e guarnisci mettendo le caramelline in cima.

9 Versa la glassa sulla ciambella con un cucchiaio in modo che coli lungo i lati, poi riempi di caramelline il foro centrale.

Se usi uno stampo piccolo della capacità di 1,5 litri, dimezza le dosi e cuoci per 30-40 minuti.

275

Cheesecake ai mirtilli

Questa torta è realizzata con formaggio cremoso, uova e panna. Ha una consistenza ricca e vellutata che si sposa perfettamente con i mirtilli o altri frutti di bosco. Va servita fredda.

Ingredienti:

175 g di biscotti secchi

75 g di burro

1 cucchiaio di zucchero di canna

1 limone

350 g di formaggio cremoso

100 g di zucchero

3 uova medie

1 cucchiaio di maizena

150 ml di panna fresca

150 g di mirtilli

Per la copertura:

4 cucchiai di marmellata di mirtilli o di lamponi

150 g di frutti di bosco

Procurati inoltre una tortiera profonda a fondo estraibile, di 20 cm di diametro.

Dosi per 10 fette

1 Preriscalda il forno a 150 °C. Ungi la tortiera (vedi pag. 10). Metti i biscotti in un sacchetto di plastica per alimenti.

2 Sigilla il sacchetto con un elastico. Rotola un matterello sopra i biscotti per ridurli a grandi briciole.

3 Metti burro e zucchero in un pentolino e fai scaldare a fiamma bassa. Quando il burro è sciolto, togli dal fuoco e versaci i biscotti.

4 Versa il composto nella tortiera, premendolo bene per ottenere una base piatta e compatta. Cuoci per 15 minuti.

5 Nel frattempo, gratta la scorza di un limone sui fori piccoli della grattugia. Taglia il limone a metà e spremilo.

6 Metti il formaggio, lo zucchero, la scorza e il succo di limone in una terrina capiente. Mescola bene.

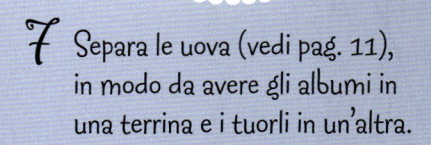

Se vuoi, puoi decorare la torta con foglioline di menta fresca.

7 Separa le uova (vedi pag. 11), in modo da avere gli albumi in una terrina e i tuorli in un'altra.

8 Aggiungi i tuorli al composto di formaggio, poi incorpora la maizena e la panna. Mescola bene, poi aggiungi i mirtilli.

9 Monta gli albumi a neve. Alzando la frusta, la spuma che si solleva deve restare ben ferma.

10 Incorpora gli albumi al composto, mescolando delicatamente. Versa il composto sulla base di biscotti e cuoci per 50 minuti.

11 Lascia riposare nel forno spento per un'ora, poi estrai la torta dalla teglia e fai raffreddare. Intanto prepara la copertura.

12 Fai sciogliere la marmellata a fiamma bassa con 2 cucchiaini d'acqua. Stendila sulla torta e guarnisci con i frutti di bosco.

Torta farcita alle fragole

Ingredienti:

225 g di farina autolievitante
1 cucchiaino di lievito
50 g di burro o di margarina
25 g di zucchero
1 uovo medio
5 cucchiai di latte
½ cucchiaino di estratto di vaniglia
un po' di latte per spennellare

Per la farcitura:
225 g di fragole
150 ml di panna da montare
3 cucchiai di yogurt greco
un po' di zucchero a velo per spolverizzare

Procurati inoltre una placca da forno.

Dosi per 8 fette

Questo squisito dolce è realizzato con due dischi di torta sovrapposti e farciti di panna e fragole. Una volta farcita, la torta va consumata subito.

1. Preriscalda il forno a 220 °C. Ungi la placca (vedi pag. 10). Metti la farina e il lievito setacciati in una terrina capiente.

2. Aggiungi il burro a pezzetti e amalgama con le dita (vedi pag. 375). Continua fino a quando il composto non ha l'aspetto di bricioline.

3. Incorpora lo zucchero. Rompi l'uovo in una tazza, poi aggiungi il latte e la vaniglia e sbatti bene il tutto con la forchetta.

4. Versa la miscela d'uovo nella terrina. Lavora l'impasto con un coltello a lama piatta fino a quando non sarà compatto. Forma una palla con le mani.

5. Spolverizza di farina il piano di lavoro e il matterello. Poggia la palla di pasta sul piano e appiattiscila un po' con le mani.

6. Stendi l'impasto col matterello per formare un disco di circa 20 cm di diametro, poi trasferiscilo nella placca e spennellalo con un po' di latte.

7 Cuoci per 12-15 minuti, o fino a quando non è gonfio e dorato. Lava e asciuga le fragole, elimina i piccioli e tagliale a fette spesse.

8 Sforna la torta e mettila su una gratella. Quando è fredda, tagliala con cura in 2 strati con un coltello a lama seghettata.

9 Poggia lo strato superiore sul tagliere e taglia 8 fette. Monta la panna (vedi pag. 377) e poi incorporaci lo yogurt.

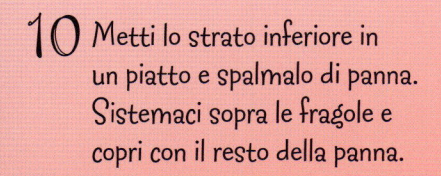

10 Metti lo strato inferiore in un piatto e spalmalo di panna. Sistemaci sopra le fragole e copri con il resto della panna.

11 Poggiaci sopra le 8 fette e spolverizza di zucchero a velo setacciato. Per fare le porzioni, taglia seguendo la linea delle 8 fette.

Puoi decorare il dolce con fragole tagliate a metà.

Ciambella zebrata

Ingredienti:

15 g di burro
4 cucchiai di cacao
1 cucchiaio e ½ di zucchero di canna
300 ml di yogurt naturale
225 g di burro morbido o margarina
300 g di zucchero
6 uova medie
350 g di farina
1 cucchiaino di lievito
½ cucchiaino di bicarbonato
2 cucchiaini di estratto di vaniglia

Per decorare:
25 g di cioccolato bianco
25 g di cioccolato fondente

Procurati inoltre uno stampo per ciambella della capacità di 2,5 litri, un pennello da pasticciere e una siringa o sacca da pasticciere con un beccuccio rotondo e una sacca di riserva. Per misurare la capacità dello stampo riempilo d'acqua e poi versa l'acqua in una caraffa graduata.

Dosi per circa 20 fette

Questa è la ricetta per un soffice ciambellone al cacao e vaniglia. Per ottenere le strisce dovrai versare l'impasto nello stampo con una tecnica particolare.

1 Sciogli il burro in un pentolino a fuoco basso e usalo per ungere lo stampo con un pennello da pasticciere. Pesa tutti gli ingredienti e preriscalda il forno a 180 °C.

2 Setaccia cacao e zucchero di canna in una terrina. Aggiungi 5 cucchiai di yogurt e mescola bene.

3 Sbatti burro e zucchero. Rompi un uovo in una tazza, versalo nella terrina, aggiungi 1 cucchiaino di farina e mescola.

4 Aggiungi le altre uova, uno alla volta, e il resto della farina, il lievito e il bicarbonato setacciati.

5 Inizia a mescolare, poi incorpora delicatamente il resto dello yogurt e la vaniglia. Versa un terzo dell'impasto alla vaniglia nell'impasto al cacao.

6 Versa nello stampo, alla stessa distanza l'uno dall'altro, 5 cucchiaini di impasto alla vaniglia e livellali col dorso del cucchiaio in modo che si congiungano formando una specie di anello.

Non importa se gli anelli non toccano il bordo dello stampo.

7 Ora versa 4 cucchiaini di impasto al cacao e stendili in modo che si formi un altro anello, ma evita di mescolarli all'impasto alla vaniglia.

Non preoccuparti se gli strati sono un po' irregolari.

8 Continua alternando anelli di impasto alla vaniglia con anelli di impasto al cacao.

9 Quando i due impasti sono finiti, cuoci per 55-60 minuti, o fino a doratura, e fai la prova stecchino (vedi pag. 373).

10 Poggia lo stampo su una gratella. Dopo un quarto d'ora circa capovolgilo per far uscire la ciambella e lasciala raffreddare completamente.

11 Sciogli il cioccolato bianco, versalo nella siringa o nella sacca da pasticciere e fai degli zig-zag. Lava la siringa o cambia la sacca e fai altre strisce con il cioccolato fondente.

Altre forme

Al posto dello stampo puoi usare una tortiera del diametro di 20 cm con il fondo apribile. Ungi e fodera la tortiera, dimezza le dosi e al punto 7 versa delle cucchiaiate di impasto al centro della teglia, senza stenderle, alternando la vaniglia e il cacao. Cuoci per 30-40 minuti.

Torta di mandorle ai lamponi

Contiene mandorle

Questa torta soffice e leggera è farcita con lamponi freschi e marmellata di lamponi. Poiché è fatta con farina di mandorle, non contiene frumento e se vuoi puoi usare il lievito senza glutine.

Ingredienti:

4 uova medie
165 g di zucchero
225 g di farina di mandorle
1 cucchiaino di lievito (anche senza glutine)

Per la farcitura:
150 g di marmellata di lamponi
150 g di lamponi freschi

Per la glassa:
200 g di zucchero a velo
una manciata di lamponi per decorare

Procurati inoltre una tortiera profonda di 20 cm di diametro.

Dosi per 10 fette

1. Preriscalda il forno a 170 °C. Ungi e fodera la tortiera (vedi pag. 10).

2. Separa le uova (vedi pag. 11), in modo da avere gli albumi in una terrina e i tuorli in un'altra.

3. Aggiungi lo zucchero ai tuorli, poi sbattili con la forchetta finché non diventano chiari. Monta gli albumi a neve. Sollevando la frusta la spuma deve restare ben ferma.

Muovi il cucchiaio a forma di 8.

4. Con un cucchiaio di metallo, incorpora delicatamente gli albumi ai tuorli. Aggiungi la farina di mandorle e il lievito e amalgama il tutto.

5. Versa il composto nella tortiera. Livella la superficie con il dorso di un cucchiaio. Cuoci per 35-40 minuti, o fino a quando la torta non è soda e dorata.

Rimuovi la carta forno.

6 Lascia riposare la torta nella tortiera per 20 minuti. Passa un coltello lungo i bordi della tortiera, poi capovolgila su una gratella e scuotila per far uscire la torta.

7 Appoggia la mano sulla torta per tenerla ferma, poi tagliala con cura in 2 strati con un coltello a lama seghettata.

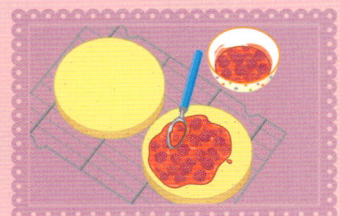

8 Per la farcitura, metti la marmellata in una terrina, poi aggiungi i lamponi. Spalma il composto sul disco inferiore della torta e copri con l'altro disco.

9 In una terrina, setaccia lo zucchero a velo, poi aggiungi 2 cucchiai di acqua e mescola. Stendi la glassa sulla torta e guarnisci con lamponi.

Castello dolce

Ingredienti:

175 g di margarina
175 g di zucchero
3 cucchiai di latte
1 cucchiaino di estratto di vaniglia
200 g di farina autolievitante
3 uova medie

Per decorare:
225 g di zucchero a velo
colorante alimentare
glassa in tubetto
caramelline

Procurati inoltre una teglia rettangolare di 27 x 18 cm.

Dosi per 8-10 fette

Questa originale torta a forma di castello è stata decorata con della glassa rosa, ma puoi usare altri colori, come il grigio o il nero.

1. Preriscalda il forno a 180 °C. Disegna il contorno della teglia su carta forno.

2. Ungi la teglia (vedi pag. 10) Ritaglia la sagoma di carta forno e mettila nella teglia.

3. Metti la margarina e lo zucchero in una terrina. Aggiungi il latte e la vaniglia mescolati a parte, poi incorpora la farina setacciata.

4. Sbatti le uova in una tazza, poi incorporale al composto, mescolando fino a quando non diventa cremoso e omogeneo.

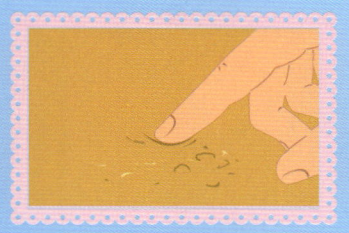

5. Versa il composto nella teglia e livellalo. Cuoci per 30-35 minuti, o fino a quando al centro non risulta elastico premendo con il dito.

6. Dopo 5 minuti, passa un coltello a lama piatta lungo le pareti della teglia e capovolgila sulla gratella. Togli la carta forno.

I tetti sono stati spolverizzati con della polvere alimentare brillante per renderli luccicanti.

7 Poggia la torta su un tagliere. Tagliala in 3 strisce, poi taglia a metà una delle strisce. Metti una striscia lunga e le due corte su un altro tagliere.

8 Taglia l'ultima striscia in 3 parti uguali. Taglia i pezzi così ottenuti a triangolo per fare i tetti e mettili sulle torri del castello.

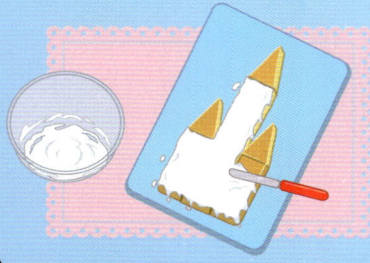

9 Setaccia lo zucchero a velo in una terrina e aggiungi 3 cucchiai di acqua per ottenere una miscela omogenea. Ricopri le torri con parte della glassa.

10 Aggiungi qualche goccia di colorante alimentare al resto della glassa, poi spargilo sui tetti delle torri del castello.

11 Con la glassa in tubetto disegna le porte e le finestre del castello, poi aggiungi linee e puntini decorativi. Completa con le caramelline.

285

Torta farfallina

Ingredienti:

300 g di farina

2 cucchiaini e ½ di lievito

2 cucchiaini e ½ di cannella in polvere

½ cucchiaino di noce moscata (facoltativo)

un pizzico di pepe della Giamaica in polvere (facoltativo)

150 g di zucchero di canna

175 ml di olio di semi di girasole

5 uova medie

2 banane medie, mature

1 cucchiaio di succo di limone

400 g di succo e polpa d'ananas in scatola

Per la glassa:

300 g di formaggio cremoso

125 g di zucchero a velo

Per decorare:

farfalle colorate (vedi pag. 385)

Procurati inoltre una tortiera profonda, di 20 cm di diametro.

Dosi per 12-14 fette

Questa torta soffice e succulenta, farcita di ananas e banane, è stata decorata con farfalle colorate. Scopri come farle a pagina 385.

1. Preriscalda il forno a 180 °C. Ungi e fodera la tortiera (vedi pag. 10). Togli il formaggio dal frigorifero.

2. Setaccia farina, lievito, cannella, noce moscata e pepe della Giamaica in una terrina. Aggiungi lo zucchero e mescola.

3. Rompi un uovo in una tazza, versalo in una terrina con l'olio e sbatti con la forchetta. Ripeti con le altre uova.

4. Sbuccia le banane, mettile in un piatto e schiacciale bene con la forchetta. Aggiungi il succo di limone e versa il composto nella terrina con l'olio e le uova.

5. Metti da parte 1 cucchiaio e ½ di ananas e versa il resto nell'impasto. Mescola bene e poi versa nella miscela di farina e spezie. Amalgama bene il tutto e versa nella tortiera.

Quando la torta è fredda, stacca la carta forno.

6. Inforna per 55-60 minuti, poi fai la prova stecchino. Lascia la torta nella tortiera per 10 minuti, poi capovolgila su una gratella e falla raffreddare.

7 Per fare la glassa, sbatti il formaggio fino a ottenere una crema morbida. Incorpora lo zucchero a velo setacciato e l'ananas messo da parte.

Se sbatti troppo la glassa perde consistenza.

8 Poggia la torta su un piatto e coprila tutta con la glassa al formaggio, formando delle onde e dei ghirigori mentre la spalmi.

9 Premi le due mezze farfalle nella glassa, leggermente inclinata, in modo che sembri che la farfalla stia spiegando le ali.

287

Torta golosa al cioccolato

Ingredienti:

150 g di cioccolato fondente
75 g di burro morbido
4 uova medie
100 g di zucchero
30 g di farina autolievitante

Per la glassa al cioccolato:
175 g di cioccolato fondente
150 ml di panna fresca
1 cucchiaio e ½ di golden syrup

Per decorare:
225 g di frutti di bosco

Procurati inoltre una tortiera profonda di 20 cm di diametro e una terrina resistente al calore da appoggiare su un pentolino.

Dosi per 12 fette

Questa è una torta molto ricca, per cui servila a fette sottili. Ricoprila di glassa al cioccolato e guarniscila con frutti di bosco.

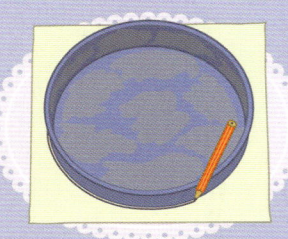

1. Preriscalda il forno a 180 °C. Ungi e fodera la tortiera (vedi pag. 10).

2. Riempi il pentolino di acqua per un quarto e fai scaldare a fiamma bassa. Quando l'acqua bolle, togli dal fuoco.

3. Metti il cioccolato a pezzi e il burro nella terrina. Metti la terrina nel pentolino. Fai sciogliere mescolando, poi togli dal fuoco.

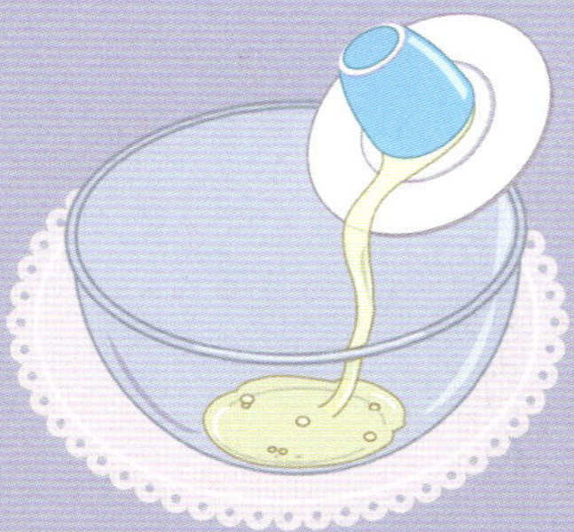

Usa i guanti da forno per maneggiare la terrina.

4. Separa le uova seguendo le istruzioni a pagina 11, in modo da avere gli albumi in una ciotola e i tuorli in un'altra.

5. Monta gli albumi a neve (vedi pag. 11). Alzando la frusta, la spuma che si solleva deve restare ben ferma.

6. Incorpora i tuorli e lo zucchero al cioccolato, poi incorpora anche la farina setacciata. Infine, aggiungi gli albumi montati a neve.

Rimuovi la carta forno.

7 Incorpora gli albumi delicatamente, mescolando con un cucchiaio di metallo a forma di 8. Versa il composto nella tortiera e cuoci per 20 minuti.

8 Sforna e copri la tortiera con carta d'alluminio per evitare che la parte superiore bruci. Cuoci per 15-20 minuti, o fino a quando la torta non è soda.

9 Lascia riposare la torta per 20 minuti. Passa un coltello lungo le pareti della tortiera, capovolgila su una gratella e scuotila per far uscire la torta.

10 Per la glassa, metti il cioccolato a pezzi, la panna e il golden syrup in un pentolino. Fai sciogliere a fiamma bassa, mescolando continuamente.

11 Versa la glassa sulla torta facendola colare sui lati (vedi pag. 378). Guarnisci con frutti di bosco.

Torta ricoperta di marshmallow

Ingredienti:

150 g di farina autolievitante
40 g di cacao
2 cucchiaini di lievito
200 g di burro morbido
200 g di zucchero di canna
5 uova medie
2 cucchiaini di estratto di vaniglia
4 cucchiai di latte

Per la farcitura e la copertura:
240 ml di panna da montare
1 cucchiaio e ½ di zucchero a velo
1 cucchiaino di estratto di vaniglia
350 g circa di mini marshmallow

Procurati inoltre una tortiera profonda, di 20 cm di diametro.

Dosi per 12-16 fette

Questa deliziosa torta al cioccolato è farcita e ricoperta con panna montata e tantissimi mini marshmallow.

1 Preriscalda il forno a 180 °C. Ungi e fodera la tortiera (vedi pag. 10). Setaccia la farina, il cacao e il lievito in una terrina.

2 In una ciotola sbatti il burro e lo zucchero fino a ottenere un composto spumoso.

3 Versa un uovo nel composto di burro e zucchero, aggiungi 1 cucchiaio della miscela di farina e sbatti bene. Ripeti con le altre uova.

Muovi il cucchiaio a forma di 8.

4 Aggiungi la vaniglia e il latte, poi il resto della miscela di farina. Amalgama con un cucchiaio di metallo.

5 Versa l'impasto nella tortiera e livella la superficie con il dorso di un cucchiaio. Inforna per 40-45 minuti e fai la prova stecchino.

Quando la torta è fredda, stacca la carta forno.

6 Lascia la torta nella tortiera per 10 minuti, poi capovolgila su una gratella e lasciala raffreddare.

Questi sono marshmallow colorati, ma se vuoi puoi usare quelli bianchi e rosa.

Altre idee

Al posto dei mini marshmallow puoi usare quelli normali.

Puoi sostituire la panna montata con crema di burro al cioccolato (vedi pag. 376) e sostituire i marshmallow con praline di cioccolato.

7 Quando la torta è fredda poggiala su un tagliere e tagliala a metà in senso orizzontale con un coltello affilato. Poggia la metà inferiore su un piatto.

Se sbatti troppo la panna si indurisce.

8 Versa la panna in una terrina. Aggiungi vaniglia e zucchero a velo e sbatti fino a che, sollevando la frusta, non si forma una punta soffice.

9 Spalma metà della panna sul primo disco, cospargilo di marshmallow, poggiaci l'altro disco e ricopri tutta la torta con il resto della panna.

10 Partendo dalla base premi i marshmallow sulla panna, uno accanto all'altro, e forma tante file, fino a rivestire tutta la torta.

291

Torta al cioccolato bianco

Ingredienti:

150 g di farina autolievitante

40 g di cacao

1 cucchiaino e ½ di lievito

150 g di burro morbido o margarina

150 g di zucchero di canna

1 cucchiaino di estratto di vaniglia

3 cucchiai di latte o di acqua

3 uova grandi

Per la mousse al cioccolato bianco:

200 g di cioccolato bianco

300 ml di panna da montare

Procurati inoltre un numero sufficiente di biscotti a forma di bastoncino, ricoperti di cioccolato, e una tortiera profonda a fondo estraibile, di 18-20 cm di diametro.

Dosi per 8 fette

Questa torta al cioccolato, decorata con mousse al cioccolato bianco e biscotti a forma di bastoncino, ricoperti di cioccolato bianco, è ideale come torta di compleanno.

1. Preriscalda il forno a 180 °C. Ungi e fodera la tortiera (vedi pag. 10).

Quando si è raffreddata, stacca la carta forno.

2. Per fare la torta segui i punti 2-5 di pagina 206. Versa l'impasto nella tortiera, livella la superficie e inforna per 30-35 minuti, fino a doratura.

3. Sforna il dolce e lascialo riposare qualche minuto, poi capovolgi la tortiera su una gratella e scuoti leggermente per fare uscire la torta. Lasciala raffreddare.

4. Per fare la mousse segui le istruzioni ai punti 9-11 a pagina 301.

5. Spalma un po' di mousse sui lati della torta con un coltello a lama piatta.

6. Premi i biscotti tutt'intorno alla torta. Spalma il resto della mousse al cioccolato sulla torta e metti in frigo per almeno un'ora.

Puoi decorare la torta con frutti di bosco e riccioli di cioccolato (vedi pag. 380).

Altre decorazioni

Puoi guarnire la torta con fettine di pesca al posto dei frutti di bosco. Oppure puoi usare tartufi di cioccolato fatti in casa (vedi pag. 384), oppure decorazioni in cioccolato plastico (vedi pag. 385).

Cioccolato al latte o fondente

Per fare la mousse puoi usare il cioccolato al latte o fondente al posto di quello bianco. Per decorare, puoi usare biscotti ricoperti di cioccolato al latte o fondente, invece che bianco.

Torta al lime e cioccolato

Ingredienti:

2 lime
175 g di burro morbido o margarina
175 g di zucchero
3 uova medie
2 cucchiai di cacao
1 cucchiaino di lievito
200 g di farina autolievitante
5 cucchiai di yogurt naturale
un pizzico di peperoncino tritato (facoltativo)

Per la crema ganache:
100 g di cioccolato fondente
100 g di cioccolato al latte
150 ml di panna acida

Procurati inoltre una tortiera profonda di 20 cm di diametro.

Dosi per 8-10 fette

In questa torta al lime c'è un ingrediente a sorpresa: il peperoncino, che le dona un gusto leggermente piccante e fruttato, ma puoi anche non usarlo.

1 Preriscalda il forno a 170 °C. Ungi e fodera la tortiera (vedi pag. 10).

2 Gratta la scorza dei lime sui fori piccoli della grattugia, poi taglia i lime a metà e spremili, raccogliendo il succo in una terrina.

3 Metti burro, zucchero e scorza in una terrina capiente e sbatti fino ad ottenere un composto soffice e leggero.

4 Rompi le uova in una ciotola e mescola con una forchetta. Incorpora l'uovo sbattuto, un cucchiaio alla volta, nella terrina grande sbattendo continuamente.

5 Versa il cacao in una tazza e aggiungi due cucchiai di acqua tiepida per formare una cremina che andrai ad amalgamare nella terrina.

6 Setaccia il lievito e metà della farina e mescola delicatamente con un cucchiaio di metallo, poi incorpora lo yogurt.

7 Aggiungi il resto della farina, il succo di lime e il peperoncino e mescola delicatamente.

Muovi il cucchiaio a forma di 8.

8 Versa l'impasto nella tortiera e livella con il dorso di un cucchiaio. Inforna per un'ora e fai la prova stecchino.

Puoi decorare la torta con scorza di lime.

Per fare questi riccioli con la scorza del lime puoi usare un rigalimoni.

9 Prepara la crema ganache seguendo le istruzioni a pagina 381.

10 A cottura ultimata, lascia riposare per qualche minuto e poi passa un coltello lungo le pareti della tortiera.

11 Capovolgi la tortiera su una gratella e fai uscire la torta. Fai raffreddare, stacca la carta forno, metti la torta su un piatto e ricoprila con la crema ganache.

Torta inglese al limone

Ingredienti:

3 limoni

175 g di burro morbido o margarina

200 g di zucchero

3 uova medie

1 cucchiaino e ½ di lievito (anche del tipo senza glutine)

165 g di farina di mais a grana fine

Procurati inoltre una tortiera a fondo estraibile, di 20 cm di diametro.

Dosi per 8-10 fette

Questa torta deliziosa è bagnata con sciroppo di limone che la rende piacevolmente appiccicosa. La ricetta contiene farina di mais, che dà alla torta una gradevole consistenza friabile.

Puoi anche adattare questa ricetta per fare una torta al cioccolato, ricoperta di glassa al cioccolato. Segui le istruzioni nella pagina accanto. Entrambe le torte sono senza frumento e senza glutine e puoi anche farle senza lattosio. Vai alle pagine 388 e 392.

1 Preriscalda il forno a 190 °C e fodera la tortiera con carta forno (vedi pag. 10).

2 Lava i limoni e grattane la scorza sui fori piccoli della grattugia, poi mettila in una terrina capiente.

3 Taglia a metà i limoni, spremi bene il succo da tutti e tre e versalo in un misurino.

4 Sbatti rapidamente il burro e 175 g dello zucchero nella ciotola con la scorza per ottenere una crema chiara e vaporosa.

5 Rompi un uovo in una ciotola piccola e sbattilo con la forchetta. Versalo nella terrina, un poco alla volta, sbattendo bene. Ripeti con le altre uova.

6. Metti nella terrina il lievito e la farina di mais. Aggiungi un cucchiaio di succo di limone. Amalgama tutti gli ingredienti con un cucchiaio.

7. Versa il composto nella tortiera e livellalo bene col dorso del cucchiaio. Inforna per 40 minuti.

8. Metti 3 cucchiai di zucchero nel misurino con il resto del succo di limone per ottenere uno sciroppo granuloso.

9. Se la torta è soda e dorata, è pronta. Se no, lascia cuocere per altri 5 minuti.

10. Versa lo sciroppo sulla torta calda. Lascia raffreddare la torta nella tortiera e poi tirala fuori (vedi pag. 373).

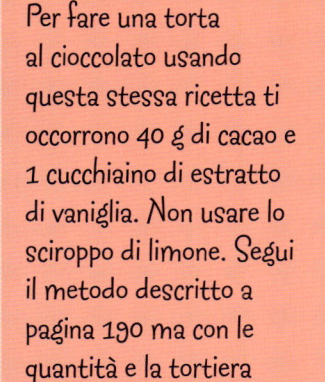

Lo sciroppo di limone rende la crosta dolce e croccante.

Torta al cioccolato

Per fare una torta al cioccolato usando questa stessa ricetta ti occorrono 40 g di cacao e 1 cucchiaino di estratto di vaniglia. Non usare lo sciroppo di limone. Segui il metodo descritto a pagina 190 ma con le quantità e la tortiera indicate qui.

Glassa al cioccolato

Per glassare la torta al cioccolato ti servono 150 g di cioccolato fondente, 75 g di burro o margarina e 75 g di zucchero a velo. Segui le istruzioni ai punti 5-7 della ricetta a pagina 191.

Contiene mandorle

Torta al cacao farcita

Ingredienti:

4 uova grandi
125 g di zucchero
60 g di farina di mandorle
1 cucchiaio e ½ di cacao
1 cucchiaino e ¼ di lievito

Per la farcitura:
300 ml di panna da montare
3 cucchiai di marmellata

Per decorare:
150 g circa di frutti di bosco, tipo lamponi, more e fragole
1 cucchiaio di zucchero a velo

Procurati inoltre 3 tortiere poco profonde di 18 cm di diametro.

Dosi per 8-10 fette

Torta a due strati

Usa 2 tortiere poco profonde di 20 cm di diametro invece di 3 tortiere da 18 cm. Inforna per 20-25 minuti. Distribuisci la marmellata e la panna su due strati.

Questa è una torta al cacao a più strati molto leggera, farcita con panna e marmellata e decorata con frutti di bosco.

1. Preriscalda il forno a 180 °C. Ungi e fodera la tortiera (vedi pag. 10).

2. Separa gli albumi dai tuorli (vedi pag. 11) e mettili in due ciotole diverse. Aggiungi lo zucchero ai tuorli.

3. Mescola i tuorli e lo zucchero con una forchetta, e incorpora il cacao, la farina di mandorle e il lievito.

Muovi il cucchiaio a forma di 8.

4. Monta gli albumi a neve con la frusta seguendo le istruzioni a pagina 11.

5. Unisci gli albumi montati a neve ai tuorli. Amalgama delicatamente col cucchiaio. Versa l'impasto nelle teglie.

Per guarnire la torta con foglie di cioccolato vedi pag. 380.

Puoi sostituire i frutti di bosco con ciliegie, fettine di pesca, kiwi o ananas.

Scegli una marmellata il cui gusto si abbini alla frutta.

6 Inforna per 15-20 minuti, fino a doratura. Lascia le torte nelle tortiere per 10 minuti, poi capovolgile su una gratella. Quando sono fredde, monta la panna (vedi pag. 377).

7 Stacca la carta forno, metti una torta sul piatto e spalmaci metà marmellata e un terzo di panna.

8 Copri con la seconda torta e spalmaci il resto della marmellata e metà della panna rimasta.

9 Poggia l'ultima torta e copri con il resto della panna. Disponi la frutta e cospargi di zucchero a velo.

299

Torta alla mousse di cioccolato

Ingredienti:

125 g di zucchero
125 g di burro morbido o margarina
3 uova medie
2 cucchiaini di latte
125 g di farina autolievitante
1 cucchiaino di lievito

Per le fragole decorate (facoltativo):
150 g di fragole
50 g di cioccolato bianco

Per la mousse al cioccolato bianco:
150 g di cioccolato bianco
300 ml di panna da montare

Per la farcitura:
4 cucchiai di marmellata di fragole
1 cucchiaio di succo di limone

Procurati inoltre due tortiere poco profonde di 20 cm di diametro e una siringa o sacca da pasticciere con il beccuccio rotondo.

Dosi per 12 fette

Questa soffice torta farcita e ricoperta con mousse al cioccolato bianco e può essere guarnita con delle fragole decorate con cioccolato bianco fuso.

1. Preriscalda il forno a 180 °C. Ungi e fodera le tortiere (vedi pag. 10).

2. Metti zucchero e burro in una terrina. Rompi un uovo in una tazza e versalo nella terrina. Ripeti con le altre uova.

3. Aggiungi il latte e mescola bene. Incorpora delicatamente la farina e il lievito setacciati.

Quando le torte sono fredde, stacca la carta forno.

4. Versa l'impasto nelle due tortiere e livella con il dorso di un cucchiaio. Fai cuocere per 20-25 minuti o fino a doratura.

5. Lascia riposare per qualche minuto poi capovolgi le torte su una gratella e falle raffreddare.

6. Per decorare le fragole con il cioccolato fuso ricopri un piatto con un pezzo di carta forno e poggiaci le fragole a una certa distanza l'una dall'altra.

7. Versa il cioccolato fuso (vedi pag. 380) in una siringa o una sacca da pasticciere.

Se vuoi un effetto variegato anche per la copertura, usa una quantità doppia di marmellata al posto delle fragole fresche e incorporala a tutta la mousse.

8 Seguendo le istruzioni a pagina 379 disegna delle linee a zig-zag sulle fragole e poi metti il piatto in frigorifero.

9 Per fare la mousse sciogli il cioccolato (vedi pag. 380). Con i guanti da forno estrai la ciotola dal pentolino e falla raffreddare.

10 Versa la panna in una terrina e sbatti finché non forma una punta soffice quando sollevi la frusta.

Se sbatti troppo, la panna si indurisce.

Muovi il cucchiaio a forma di 8.

11 Incorpora delicatamente un cucchiaio di panna montata alla volta al cioccolato fuso, mescolando con un cucchiaio di metallo.

12 Per la farcitura mescola marmellata e succo di limone. Incorpora metà della mousse e mescola per ottenere una crema variegata.

13 Spalma una torta con la crema variegata. Poggiaci sopra l'altra torta e ricoprila col resto della mousse. Guarnisci con fragole e metti in frigo per un'ora.

Torta supercioccolatosa

Ingredienti:

150 g di farina autolievitante

50 g di cacao

2 cucchiaini di lievito

200 g di burro morbido

200 g di zucchero di canna

1 cucchiaino e ½ di estratto di vaniglia

4 uova grandi

Per la crema ganache:

150 g di cioccolato fondente

150 ml di panna fresca

Procurati inoltre una tortiera profonda di 20 cm di diametro e una terrina resistente al calore da appoggiare su un pentolino.

Dosi per 12 fette

Questa ricca torta al cioccolato è ricoperta da uno spesso strato di crema ganache. La crema ganache e il cacao danno alla torta un intenso gusto di cioccolato, per cui tagliane delle fette sottili.

1. Preriscalda il forno a 180 °C. Metti la tortiera su un foglio di carta forno e disegnane il contorno, poi ritaglia lungo il bordo interno.

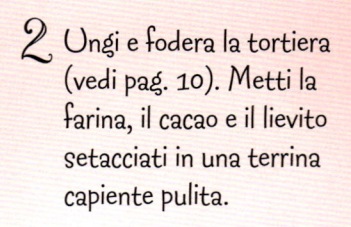

2. Ungi e fodera la tortiera (vedi pag. 10). Metti la farina, il cacao e il lievito setacciati in una terrina capiente pulita.

3. In un'altra terrina, sbatti il burro e lo zucchero fino a ottenere un composto chiaro e soffice. Incorpora la vaniglia.

4. Rompi un uovo in una tazza, poi aggiungilo al burro insieme a un cucchiaio del composto di farina e mescola bene. Ripeti con le altre uova.

5. Aggiungi il resto alla farina, mescolando delicatamente con il cucchiaio a forma di 8. Versa il composto nella tortiera.

Rimuovi la carta forno.

6 Livella bene la superficie. Cuoci per 40-45 minuti, poi fai la prova stecchino per vedere se la torta è cotta (vedi pag. 373).

7 Lascia riposare per 5 minuti, poi capovolgi la torta su una gratella a raffreddare (vedi pag. 373).

8 Per la ganache, spezzetta il cioccolato nella terrina e aggiungici la panna. Riempi il pentolino d'acqua per un quarto e fai scaldare a fiamma bassa.

9 Quando l'acqua bolle, togli dal fuoco. Metti la terrina nel pentolino. Fai sciogliere il cioccolato mescolando. Poi, con i guanti, estrai la terrina.

Se vuoi, decora la torta con dei riccioli di cioccolato. Per realizzarli vedi pag. 380.

10 Fai raffreddare per 20 minuti, poi metti in frigorifero per 30 minuti, o fino a quando non ha la consistenza del burro morbido. Spalma la ganache su tutta la torta.

Torta di cioccolato e noci

Contiene frutta a guscio

Ingredienti:

1 arancia grande
225 g di cioccolato fondente
350 g di mandorle, nocciole e noci, preferibilmente già a pezzetti
200 g di zucchero
25 g di burro
5 uova grandi

Procurati inoltre una tortiera profonda a fondo estraibile di 20 cm di diametro.

Dosi per 12 fette

Questa torta ricca e deliziosa è fatta di noci miste e cioccolato, legati dagli albumi montati a neve. Non contiene farina, quindi è priva di frumento e di glutine (vedi i consigli su allergie e intolleranze a pag. 388).

1 Se usi noci intere, mettile in un sacchetto di plastica per alimenti e sigillalo, poi trita bene con un matterello.

2 Preriscalda il forno a 180 °C. Ungi e fodera la tortiera (vedi pag. 10). Gratta la scorza e spremi mezza arancia.

3 Metti il cioccolato a pezzi, la scorza d'arancia, le noci tritate e lo zucchero in una terrina capiente.

4 Fai scaldare il burro in un pentolino. Quando è sciolto togli dal fuoco e aggiungi il succo d'arancia, poi versa il tutto nella terrina e mescola bene.

5 Separa le uova (vedi pag. 11). Metti gli albumi in una terrina grande. Incorpora i tuorli all'impasto di cioccolato.

6 Monta gli albumi a neve. Alzando la frusta, la spuma che si solleva deve restare ben ferma.

Puoi setacciare dello zucchero a velo sulla torta usando un centrino di carta pizzo. Per farlo, segui le istruzioni nel riquadro in basso.

Muovi il cucchiaio a forma di 8.

7 Con un cucchiaio di metallo incorpora delicatamente al cioccolato 2 cucchiai degli albumi montati a neve, poi incorpora un po' alla volta anche il resto.

8 Versa il composto nella tortiera e livella la superficie con il dorso del cucchiaio. Cuoci per un'ora.

Rimuovi la carta forno.

9 Fai la prova stecchino per vedere se è cotta (vedi pag. 373). Lascia la torta nella tortiera per 10 minuti, poi capovolgila su una gratella e fai raffreddare.

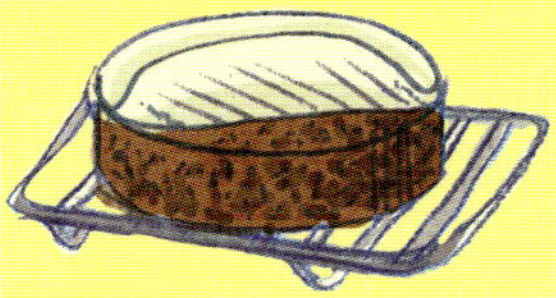

Decorazione tipo pizzo

Per realizzare un motivo a pizzo sulla torta procurati un centrino di carta, 4 stecchini e dello zucchero a velo. Metti la torta su un piatto con la parte piatta in alto, poi poggiaci sopra il centrino. Infila gli stecchini in 4 buchi sul bordo del centrino, affondandoli un po' nella torta. Setaccia uno strato sottile di zucchero a velo sul centrino. Rimuovi con cura gli stecchini e poi il centrino.

Cheesecake al cioccolato bianco

Ingredienti:

175 g di biscotti secchi
(anche del tipo senza glutine)

75 g di burro

200 g di cioccolato bianco

400 g di formaggio cremoso

50 g di zucchero

2 uova medie

2 cucchiaini di estratto di vaniglia

10 fragole, per decorare

Per la salsa ai lamponi:

150 g di lamponi

50 g di zucchero a velo

Procurati inoltre una tortiera a fondo estraibile di 20 cm di diametro e una terrina resistente al calore da appoggiare su un pentolino.

Dosi per 6-8 fette

Questo delicato cheesecake al cioccolato bianco va decorato con fettine di fragola e riccioli di cioccolato bianco. Puoi servirlo con la salsa di lamponi indicata nella pagina accanto.

1 Lascia il formaggio a temperatura ambiente per mezz'ora. Preriscalda il forno a 150 °C e ungi la tortiera (vedi pag. 10).

2 Metti i biscotti in un sacchetto da freezer, chiudilo con un elastico e sbriciola i biscotti con un matterello.

3 Sciogli il burro in un pentolino a fuoco basso, poi versaci i biscotti sbriciolati.

4 Versa l'impasto nella tortiera, livella con il dorso di un cucchiaio e metti a raffreddare in frigorifero.

5 Sciogli il cioccolato seguendo le istruzioni a pagina 380.

6 Amalgama il formaggio e lo zucchero in una terrina capiente. Sbatti le uova e l'estratto di vaniglia in un'altra ciotola.

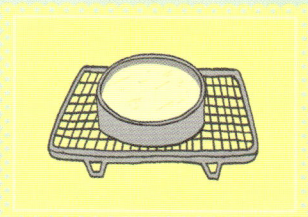

7 Continuando a sbattere, incorpora le uova nella crema di formaggio un po' alla volta e poi aggiungi il cioccolato fuso.

8 Versa l'impasto sulla base di biscotti, livellandolo bene. Cuoci per 30 minuti, poi spegni il forno e lascia raffreddare per altri 30 minuti.

9 Togli il cheesecake dal forno e fallo raffreddare su una gratella, poi mettilo in frigo per almeno due ore.

10 Per fare la salsa metti i lamponi in una terrina, aggiungi lo zucchero a velo setacciato e schiaccia il tutto con la forchetta.

Puoi guarnire il cheesecake con riccioli di cioccolato bianco (vedi pag. 380).

11 Per estrarre la torta dalla tortiera segui le istruzioni a pagina 373.

12 Taglia a fettine sottili le fragole a cui avrai tolto il picciolo e disponile tutto intorno al cheesecake.

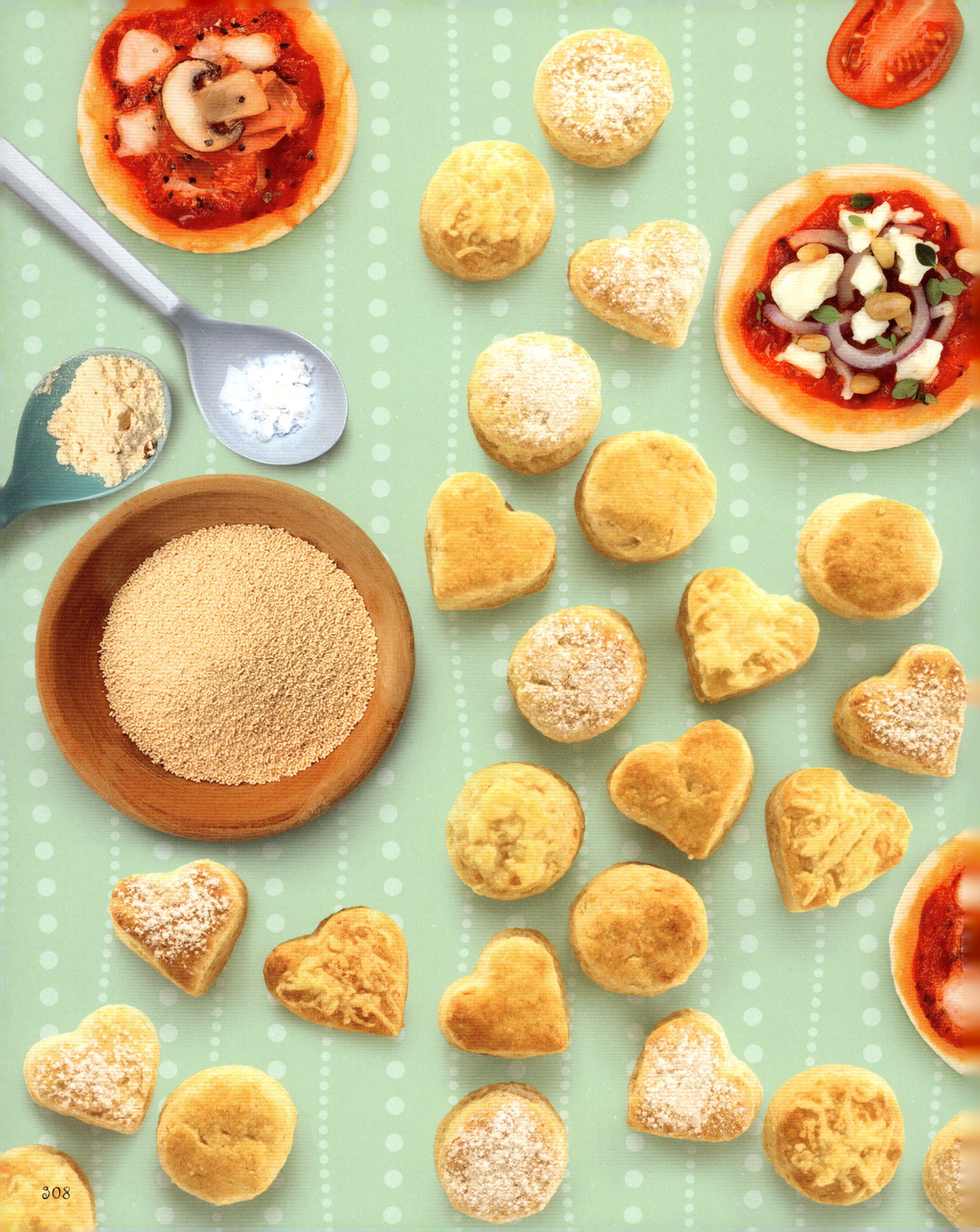

Golosità dolci e salate

- 310 Pane fatto in casa
- 312 Pane fruttato
- 314 Panini uvetta e cannella
- 316 Stollen
- 318 Kringle
- 320 Girelle alla cannella
- 322 Pizzette
- 324 Pizza
- 326 Scones all'uvetta
- 328 Scones al formaggio

Pane fatto in casa

Non c'è niente di più buono del pane fresco fatto in casa. Non è difficile da fare, devi solo dare il tempo alla pasta di lievitare.

Ingredienti:

450 g di farina per pane (tipo "0")
1 cucchiaino di sale
2 cucchiaini di lievito di birra secco
300 ml di acqua tiepida
2 cucchiai di olio d'oliva o di semi
un po' di latte per spennellare

Procurati inoltre una placca da forno piuttosto grande.

Dosi per 1 pagnotta o 12 panini

1. Setaccia la farina e il sale in una terrina capiente. Aggiungi il lievito e mescola. Metti l'acqua e l'olio in un misurino e poi versali nella terrina.

2. Mescola per amalgamare, poi trasferisci l'impasto su un piano spolverizzato di farina e lavoralo per 10 minuti (vedi pag. 374), o finché non è liscio ed elastico.

3. Se hai fretta, vai direttamente al punto 5. Altrimenti metti l'impasto in una terrina pulita e capiente, coprilo con un panno e lascialo a lievitare in un luogo al caldo.

4. Dopo un paio d'ore la pasta dovrebbe essere raddoppiata di volume. Rimettila sul piano infarinato e impastala delicatamente per eliminare le bolle d'aria.

5. Fai una grossa palla di pasta (per la pagnotta) oppure 12 palline e sistemale su una placca da forno grande, unta. Copri con un panno pulito e lascia lievitare in un luogo al caldo.

6. Se hai seguito i punti 3-4 la pasta dovrebbe lievitare e raddoppiare di volume in circa 40 minuti; se li hai saltati, ci metterà un paio d'ore. Accendi il forno a 220 °C.

Prova a guarnire i panini con fiocchi d'avena o semini (vedi sotto).

7 Spennella la pasta con un po' di latte, poi inforna il pane. Cuoci la pagnotta per 30 minuti; i panini per 12-15.

8 Il pane è cotto quando fa un suono cavo se lo picchietti sul fondo e la crosta è dorata. Quando è cotto, mettilo a raffreddare su una gratella.

Pane integrale

Questa ricetta riesce bene anche se usi farina integrale, o metà farina bianca e metà integrale.

Pane ai semi

Al punto 1 mescola alla farina 50 g di semi di papavero, di sesamo o di girasole. Spargi un altro cucchiaio di semi sul pane al punto 5. I semi possono non essere indicati a chi è allergico alla frutta a guscio.

Come mangiarlo

Il pane fatto in casa è ottimo spalmato di burro, marmellata o crema di limone, che puoi preparare seguendo la ricetta alle pagine 252-253. Il pane fatto in casa di solito si conserva abbastanza bene per due o tre giorni.

Pane fruttato

Ingredienti:

225 g di farina tipo "0"
½ cucchiaino di spezie miste macinate
½ cucchiaino di sale
25 g di burro
1 cucchiaio di zucchero
2 cucchiaini di lievito di birra secco
1 uovo medio
5 cucchiai di latte
100 g di frutta disidratata mista
un po' di latte per spennellare

Per la glassa:
50 g di zucchero a velo
1 cucchiaio di succo di limone
50 g di ciliegie candite

Procurati inoltre uno stampo per plumcake di 20 x 12 x 8 cm.

Dosi per 12 fette

Questo pane dolce combina il gusto delle spezie e quello della frutta disidratata. È ricoperto di glassa, poi guarnito di ciliegie candite. Taglialo a fette e mangialo ancora tiepido.

1. Ungi e fodera lo stampo (vedi pag. 10).

2. Setaccia la farina, le spezie e il sale in una terrina capiente. Aggiungi il burro tagliato a cubetti.

3. Lavora il burro e la farina (vedi pag. 375) fino a quando non ha l'aspetto di briciole. Aggiungi l'uovo sbattuto col latte, lo zucchero e il lievito. Mescola bene per amalgamare.

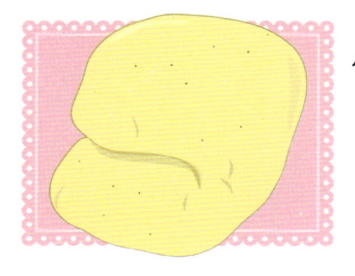

4. Poggia l'impasto sul piano di lavoro infarinato e lavoralo (vedi pag. 374) per 5 minuti, poi mettilo in una terrina.

5. Copri con pellicola trasparente. Metti in un luogo caldo per un'ora, o fino a quando l'impasto non è raddoppiato.

Infarina il piano di lavoro.

6 Togli l'impasto dalla terrina e spargici sopra la frutta disidratata, poi lavoralo per amalgamare bene il tutto.

7 Trasferisci l'impasto nello stampo e coprilo con la pellicola trasparente. Metti in un luogo caldo a lievitare per 45 minuti.

Rimuovi la carta forno.

8 Preriscalda il forno a 200 °C. Spennella la superficie dell'impasto con il latte. Cuoci per 30-35 minuti.

9 Fai la prova stecchino per vedere se è cotto (vedi pag. 373). Togli il dolce dallo stampo e mettilo su una gratella a raffreddare.

10 Setaccia lo zucchero a velo in una ciotola, poi aggiungi il succo di limone. Glassa il pane, poi guarniscilo con le ciliegie.

Panini uvetta e cannella

Ingredienti:

450 g di farina tipo "o"

2 cucchiaini di zucchero

1 cucchiaino e ½ di sale

2 cucchiaini di cannella

1 cucchiaino e ½ di lievito di birra secco

75 g di uvetta

275 ml di latte

25 g di burro

1 uovo medio

Procurati inoltre una placca da forno.

Dosi per 16 panini

Questi panini sono aromatizzati alla cannella e arricchiti con uvetta. Non essendo molto dolci, sono deliziosi spalmati con la marmellata o il cioccolato e mangiati ancora tiepidi.

La miscela deve essere tiepida, non calda.

1 Mescola farina setacciata, zucchero, sale, cannella, lievito e uvetta. Fai la fontana al centro.

2 Metti il latte e il burro in un pentolino e fai scaldare a fiamma bassa. Appena il burro è sciolto, togli dal fuoco.

3 Versa la miscela di latte nella terrina con la farina. Mescola fino a quando non si attacca più alle pareti del recipiente.

4 Cospargi il piano di lavoro di farina. Lavora l'impasto (vedi pag. 374) fino a quando non è liscio ed elastico.

5 Ungi le pareti di una terrina. Adagia la pasta nella terrina e coprila con un pezzo di pellicola trasparente.

6 Metti in un luogo al caldo per circa 45 minuti, o fino a quando il volume della pasta non è raddoppiato.

7 Lavora delicatamente la pasta per un minuto o due per eliminare eventuali bolle d'aria, poi tagliala in 16 pezzi.

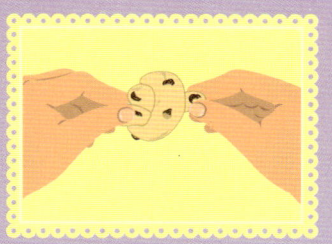

8 Rotola ogni pezzo a mo' di salsicciotto lungo circa 20 cm, poi fai un nodo in ciascun salsicciotto.

9 Ungi la placca da forno (vedi pag. 10) e sistemaci i 16 panini. Preriscalda il forno a 220 °C.

10 Spennella d'olio un pezzo di pellicola trasparente e copri i panini. Mettili in un luogo al caldo a lievitare per 20 minuti.

11 Sbatti l'uovo in una ciotola. Togli la pellicola trasparente, poi spennella i panini con l'uovo sbattuto.

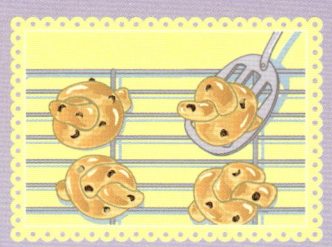

12 Cuoci per 10-12 minuti fino a doratura. Lascia nella teglia per 5 minuti, poi metti su una gratella a raffreddare.

Stollen

Contiene mandorle

Ingredienti:

- 1 limone
- 60 g di ciliegie candite
- 50 g di mandorle
- 350 g di farina tipo "o"
- 1 cucchiaino di sale
- 1 cucchiaino di spezie miste macinate
- 40 g di zucchero
- 2 cucchiaini di lievito di birra secco
- 100 g di uvetta e ribes disidratato
- 25 g di scorzette di agrumi candite a pezzetti
- 50 g di burro
- 200 ml di latte

Per il ripieno:
- 1 uovo medio
- 65 g di zucchero
- 65 g di farina di mandorle

Procurati inoltre una placca da forno.

Dosi per 8 fette

Questo pane fruttato è un dolce della tradizione natalizia tedesca. Al suo interno si nasconde un delizioso ripieno cremoso al sapore di mandorle.

1. Gratta la scorza del limone sui fori piccoli della grattugia. Metti ciliegie e mandorle a pezzetti in una terrina e aggiungi la scorza grattugiata.

2. Metti la farina, il sale, le spezie, lo zucchero, il lievito, la frutta disidratata, l'uvetta e i canditi nella terrina e mescola bene.

3. Metti il burro e metà del latte in un pentolino e fai scaldare a fiamma bassa. Quando il burro è sciolto, togli dal fuoco e aggiungi il resto del latte.

4. Metti la miscela di latte nella terrina. Mescola per ottenere una pasta.

5. Lavora la pasta (vedi pag. 374), poi dalle una forma rettangolare di circa 25 x 20 cm.

6. Per il ripieno, sbatti l'uovo in una terrina poi incorpora farina di mandorle e zucchero. Spalma il composto al centro della pasta.

7 Piega i due lati corti sul ripieno, poi piega uno dei lati lunghi e infine l'altro.

8 Trasferisci il pane nella placca unta, con i bordi piegati a faccia in giù.

9 Copri con uno strofinaccio e lascia al caldo per 1-2 ore, fino a quando non è raddoppiato di volume.

10 Preriscalda il forno a 180 °C. Togli lo strofinaccio, copri con carta forno e cuoci per 35-40 minuti, fino a quando il pane non è leggermente dorato.

11 Fai raffreddare su una gratella, infine spolverizza con zucchero a velo setacciato.

Kringle

Ingredienti:

8 semi di cardamomo
2 limoni
350 g di farina tipo "0"
½ cucchiaino di sale
25 g di zucchero
2 cucchiaini di lievito di birra secco
50 g di burro
150 ml di latte
1 uovo medio

Per il ripieno di cannella:
50 g di burro morbido
50 g di zucchero
2 cucchiaini di cannella in polvere

Procurati inoltre una placca da forno.

Dosi per 12 fette

Questo è un pane dolce danese delle feste, aromatizzato al limone e cardamomo e ripieno di burro alla cannella. Puoi guarnirlo con fili di glassa e pezzetti di frutta candita o pistacchi.

1. Apri le bacche di cardamomo e pesta i semini. Gratta la scorza dei limoni. Mescola cardamomo, scorza, farina, sale, zucchero e lievito in una terrina capiente.

2. Fai scaldare il burro e metà del latte in un pentolino. Quando il burro è sciolto, spegni la fiamma.

3. Sbatti l'uovo con il resto del latte in una caraffa. Metti da parte 1 cucchiaio della miscela in una tazza.

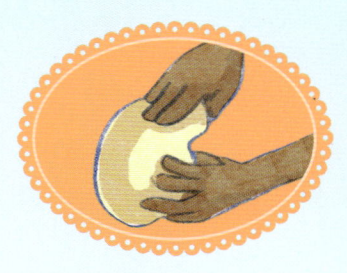

4. Aggiungi la miscela di uovo e quella di burro alla farina e amalgama bene il tutto. Forma una palla di pasta.

5. Spolverizza di farina il piano di lavoro. Per lavorare la pasta, premila in avanti con i palmi delle mani, poi piegala a metà e girala.

6. Continua a spingere, piegare e girare la pasta per circa 10 minuti, fino a quando non diventa liscia ed elastica.

Se vuoi guarnire con la glassa all'acqua, vedi la ricetta a pag. 377.

Questo kringle è guarnito di ciliegie candite e pistacchi.

Non importa se i bordi non sono dritti.

7 Con il matterello, stendi la pasta in modo da darle la forma di un salame lungo circa 40 cm e largo 15.

8 Per il ripieno, mescola il burro, lo zucchero e la cannella. Spalma il composto al centro, lasciando un bordo di 2 cm lungo i lati.

9 Spennella d'acqua uno dei lati lunghi. Arrotola la pasta partendo dall'altro lato lungo. Premi bene sulla giuntura.

10 Trasferisci nella placca con la giuntura a faccia in giù. Fai un nodo grande, infilando sotto le due estremità. Copri con uno strofinaccio pulito.

11 Fai lievitare in un luogo al caldo per 1-2 ore, finché la pasta non è raddoppiata di volume. Preriscalda il forno a 200 °C.

12 Togli lo strofinaccio. Spennella l'impasto con l'uovo messo da parte. Cuoci per 25-30 minuti fino a doratura. Metti su una gratella a raffreddare.

319

Girelle alla cannella

Ingredienti:

250 g di farina per pane
7 g di lievito di birra secco
1 cucchiaino di zucchero
½ cucchiaino di sale
100 ml di latte
50 g di burro
1 uovo medio
50 g di zucchero di canna
1 cucchiaino e ½ di cannella in polvere
1 cucchiaio di miele liquido

Procurati inoltre una teglia quadrata profonda, di 23 cm di lato.

Dosi per 9 girelle

Queste soffici girelle sono ideali per la colazione. Si preparano con pasta di pane che viene spalmata con una mistura di zucchero e cannella, arrotolata e poi tagliata a fette.

1 Fodera la teglia con carta forno (vedi pag. 10).

2 In una terrina capiente metti farina, lievito, zucchero e sale. Mescola bene.

3 Scalda latte e burro in un pentolino a fuoco medio. Quando il burro è ben sciolto, spegni.

4 Rompi l'uovo in una tazza e sbattilo. Aggiungi l'uovo e la miscela di latte al miscuglio di farina e mescola fino a formare una palla.

5 Metti la pasta su un piano pulito e infarinato e lavorala per 10 minuti (vedi pag. 374), finché non diventa liscia ed elastica.

6 Se hai fretta, vai al punto 8. Altrimenti metti la pasta in una terrina capiente, coprila con un panno e lasciala lievitare in un luogo al caldo.

7 Dopo un paio d'ore la pasta dovrebbe essere raddoppiata di volume. Rimettila sul piano infarinato e impastala delicatamente per eliminare le bolle d'aria.

8 In un pentolino fai scaldare a fuoco lento gli altri 25 g di burro. Quando il burro è sciolto, togli dal fuoco e amalgama zucchero di canna e cannella.

9 Stendi la pasta a rettangolo (circa 20 x 40 cm) e spalmaci sopra la mistura di burro ma lascia i bordi liberi. Arrotola nel senso della lunghezza.

10 Taglia il salsicciotto in 9 pezzi grandi uguali. Sistemali sulla teglia in 3 file di 3, poi copri con un panno e lascia riposare in un luogo al caldo.

11 Le girelle devono raddoppiare di volume: se hai seguito i punti 6-7 ci vorranno circa 40 minuti; altrimenti ci vorranno circa 1.30-2 ore.

12 Accedi il forno a 220 °C. Togli il panno e inforna la teglia per 20-25 minuti o finché le girelle non avranno preso un bel colore dorato.

13 Lascia raffreddare per 15 minuti. Poi capovolgi la teglia su una gratella e scuoti per far cadere le girelle. Voltale e spennellale di miele.

Puoi decorare le girelle con un filo di glassa. Vedi la ricetta a pag. 377.

Pizzette

Ingredienti:

Per la salsa di pomodoro:
2 spicchi d'aglio
1 cucchiaio d'olio d'oliva
400 g di pomodori pelati
2 cucchiai di concentrato di pomodoro
1 pizzico di zucchero
½ cucchiaino di origano
sale, pepe e qualche foglia di basilico (facoltativo)

Per la pasta di pane:
225 g di farina autolievitante
½ bustina di lievito per pizza
150 ml latte
1 cucchiaio d'olio d'oliva

Per le guarnizioni:
75 g di formaggio, tipo fontina o mozzarella (facoltativo)
altre guarnizioni a piacere

Procurati inoltre una placca da forno e un tagliapasta rotondo (8 cm di diametro).

Dosi per 10-12 pizzette

Queste pizzette sono perfette per una festa, ma se ne mangi due o tre, con un'insalata, possono costituire un pranzo o una cena leggeri.

1. Per la salsa di pomodoro, metti in una casseruola i pelati, l'aglio pressato, il concentrato di pomodoro, lo zucchero, l'origano e un pizzico di sale e pepe.

2. Cuoci 15 minuti a fuoco medio, mescolando spesso, finché la salsa si addensa. Aggiungi del basilico se ti va. Lascia raffreddare.

3. Riscalda il forno a 200 °C. Setaccia farina e lievito in una terrina capiente. Aggiungi il latte e l'olio d'oliva, mescola bene, poi fai una palla di pasta.

4. Infarina il piano di lavoro e il matterello. Appoggia la pasta sul piano di lavoro e spianala fino a raggiungere uno spessore di ½ cm.

5. Ungi leggermente la placca da forno. Con il tagliapasta ritaglia tanti dischetti e appoggiali sulla placca in modo che i bordi non si tocchino.

6. Appallottola insieme i ritagli, spianali nuovamente e ricava altri dischetti. Continua così finché la pasta è finita.

7 Spalma ogni dischetto di salsa di pomodoro (se avanza, conservala per un'altra volta). Poi grattugia o affetta il formaggio e disponilo sopra la salsa.

8 Aggiungi altre guarnizioni. Inforna per 10 minuti o finché la pasta è lievitata e dorata e il formaggio fuso. Cospargi le pizzette di erbe aromatiche o rucola.

Idee per guarnire

Puoi combinare a piacere questi o altri ingredienti per le pizzette.
- pomodori a fettine
- olive nere
- prosciutto
- fettine sottili di cipolla
- falde di peperoni gialli o rossi
- caprino o altro formaggio
- carciofini sott'olio
- salamino piccante
- foglioline di rucola
- funghi a fettine
- acciughe sott'olio
- capperi

Falde di peperoni rossi e gialli con rucola

Mozzarella, pomodori a fette e basilico fresco

Prosciutto e funghi a fettine

Il caprino si accompagna bene a cipolla rossa e timo.

Questa pizzetta è guarnita con salamino piccante e olive nere.

Pizza

Ingredienti:

225 g di farina tipo "0"
½ cucchiaino di sale
1 cucchiaino di lievito di birra secco
1 cucchiaio d'olio d'oliva

Per la salsa di pomodoro:
2 spicchi d'aglio
1 cucchiaio d'olio d'oliva
400 g di pomodori pelati
2 cucchiai di concentrato di pomodoro
1 pizzico di zucchero
½ cucchiaino di origano
sale, pepe e qualche foglia di basilico (facoltativo)

Per le guarnizioni:
150 g di formaggio, tipo mozzarella
50 g di prosciutto o salamino piccante
12 olive nere

Procurati inoltre una placca da forno.

Dosi per 6 fette

Divertiti a fare la pizza in casa. Rotonda o rettangolare, non ha importanza: il procedimento non è difficile e il risultato sarà delizioso. Sbizzarrisciti a guarnire la pizza come preferisci (vedi suggerimenti alla pagina precedente).

1. Per la pasta della pizza segui i punti 1-3 a pagina 310 ma usa solo 150 ml di acqua. Copri con la pellicola trasparente e lascia riposare al caldo. Fai la salsa di pomodoro (punti 1-2 a pag. 322.)

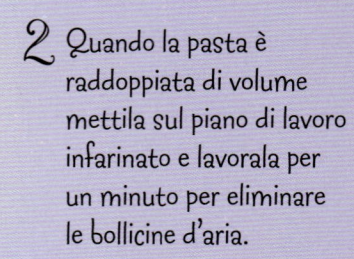

2. Quando la pasta è raddoppiata di volume mettila sul piano di lavoro infarinato e lavorala per un minuto per eliminare le bollicine d'aria.

3. Fai una palla di pasta e rimettila nella terrina. Coprila con la pellicola e lasciala in un luogo al caldo a lievitare per 40 minuti. Preriscalda il forno a 200 °C.

4. Con della carta da cucina intinta nell'olio ungi la placca da forno. Poi, infarina il piano di lavoro e il matterello. Poggia la pasta sul piano di lavoro.

Puoi aggiungere altre
guarnizioni - vedi pag. 323
per qualche idea.

Spalma la salsa

col dorso del cucchiaio.

5. Se fai la pizza tradizionale, rotonda, stendi la pasta fino a ottenere una sfoglia di 30 cm di diametro. Spalma la salsa lasciando il bordo libero.

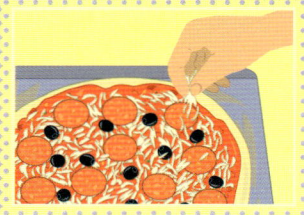

6. Spargi due terzi della mozzarella sopra la salsa. Poi aggiungi il prosciutto e le olive e spargici sopra il resto della mozzarella.

7. Inforna per 20 minuti o finché la crosta non è bella dorata e il formaggio fa le bollicine. Poi taglia a fette con un coltello affilato.

Scones all'uvetta

Ingredienti:
250 g di farina
1 cucchiaino di bicarbonato
40 g di burro
200 ml di yogurt al naturale
100 g di uva sultanina
un po' di latte per spennellare
marmellata di fragola
panna montata

Procurati inoltre una placca da forno e un tagliapasta rotondo (6-7 cm di diametro).

Dosi per 9 scones

Questi soffici paninetti dal sapore neutro sono ottimi farciti di marmellata e panna montata. Se preferisci puoi omettere l'uvetta.

1 Preriscalda il forno a 180 °C. Ungi e fodera la placca (vedi pag. 10).

2 Setaccia la farina e il bicarbonato in una terrina capiente. Aggiungi il burro tagliato a pezzetti e mescola per infarinarli bene.

3 Lavora il burro e la farina con le dita (vedi pag. 375), fino a quando non ha la consistenza di briciole. Incorpora l'uva sultanina.

4 Versa lo yogurt nella terrina. Lavora l'impasto con un coltello a lama piatta fino a quando non sarà compatto. Forma una palla con le mani.

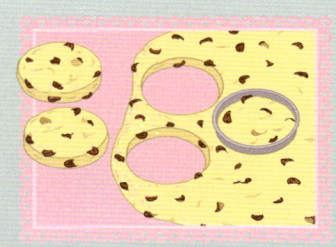

5 Infarina il piano di lavoro e il matterello. Stendi la pasta fino allo spessore di 1 cm. Con il tagliapasta ricava dei dischetti.

6 Reimpasta i ritagli avanzati e stendi nuovamente per ottenere altri dischi. Disponi i dischetti nella placca e spennella con il latte.

7 Cuoci per 10 minuti, fino a doratura. Fai raffreddare, poi taglia gli scones a metà e farciscili con marmellata e panna montata.

Scones al formaggio

Ingredienti:

40 g di formaggio a pasta dura
175 g di farina autolievitante
½ bustina di lievito per pizza
un pizzico di sale
25 g di burro
100 ml di latte
un po' di latte per spennellare

Procurati inoltre due placche da forno e dei tagliapasta piccoli.

Dosi per 16 scones

Questi piccoli scones salati sono ideali per una festicciola o un picnic. Puoi usare il formaggio a pasta dura che preferisci.

Usa i fori grandi.

1. Preriscalda il forno a 180 °C. Grattugia il formaggio. Setaccia la farina, il lievito e il sale in una terrina capiente.

2. Aggiungi il burro a pezzetti. Lavora i pezzetti di burro infarinati (vedi pag. 375) finché prenderanno la consistenza di briciole.

3. Incorpora il formaggio grattugiato e versa il latte. Usa un coltello a lama piatta per mescolare bene il tutto.

4. Lavora l'impasto con le mani e forma una palla. Cospargi di farina il piano di lavoro pulito e il matterello.

5. Stendi la pasta fino a uno spessore di circa 1 cm. Taglia tante formine con i tagliapasta.

6. Reimpasta gli avanzi, forma una palla e stendila di nuovo. Taglia altre formine fino a esaurire la pasta.

7 Metti gli scones sulla placca, lasciando un po' di spazio tra uno e l'altro. Poi spennella con il latte.

8 Cuoci per 7-8 minuti fino a doratura. Fai raffreddare gli scones su una gratella.

Su alcuni scones abbiamo cosparso della farina e su altri del formaggio, prima di infornarli.

Gli scones sono buoni così, tagliati a metà e spalmati di burro.

Crostate, sfoglie e bignè

332 Crostatine di pere e mirtilli
334 Rollini al formaggio
336 Fagottini di feta
338 Sfogliatine con susine
340 Crostatine al cioccolato
342 Girelline ai lamponi
344 Bignè ripieni
346 Tartellette alle mele
348 Profiteroles ai lamponi
350 Crostatine guarnite

352	Sfogliatine salate	362	Mince pies
354	Profiteroles al cioccolato	364	Éclairs alla panna
356	Crostata di pere e mandorle	366	Crostata al cioccolato e lamponi
358	Crostatine limone e fragole	368	Sfogliatine al pomodoro
360	Profiteroles con salsa mou	370	Quiche

Crostatine di pere e mirtilli

Ingredienti:

375 g di pasta frolla pronta
(in panetto o in sfoglia)

1 arancia piccola

15 g di burro

25 g di zucchero di canna

25 g di mirtilli disidratati

½ cucchiaino di cannella in polvere

2 pere mature o 4 metà
di pere sciroppate

1 cucchiaio di latte

Procurati inoltre uno stampo per crostatine da 12, un tagliapasta rotondo (circa 7 cm di diametro) e uno a forma di stella.

Dosi per 12 crostatine

Queste crostatine sono fatte utilizzando pasta frolla già pronta, ma se vuoi puoi preparale con la pasta brisée seguendo la ricetta alle pagine 340-341.

1 Togli la pasta frolla dal frigo 20 minuti prima della lavorazione. Ungi gli incavi dello stampo con il burro (vedi pag. 10).

L'altra mezza arancia non ti serve.

2 Gratta la scorza di metà arancia sui fori piccoli di una grattugia. Taglia l'arancia a metà e spremine il succo.

3 Metti la scorza e 1 cucchiaio di succo d'arancia in un pentolino. Aggiungi burro, zucchero, mirtilli e cannella.

Se usi le pere sciroppate tagliale a pezzetti.

Continua a mescolare.

4 Sbuccia con cura le pere con un pelaverdure. Tagliale in quattro parti e asporta i torsoli, poi taglia i quarti a pezzetti.

5 Metti i pezzetti di pera nel pentolino e fai cuocere a fiamma bassa per 10 minuti. Togli dal fuoco e fai raffreddare. Preriscalda il forno a 190 °C.

6 Cospargi di farina il piano di lavoro e il matterello e stendi la pasta (vedi pag. 375), fino a uno spessore di circa mezzo centimetro.

Taglia i dischetti il più vicino possibile uno all'altro.

7 Taglia 12 dischetti di pasta frolla, poi reimpasta gli avanzi, forma una palla e mettila da parte.

8 Infila i dischi negli incavi dello stampo, premendo bene. Metti un cucchiaio colmo del composto di pere in ciascuno.

9 Stendi la palla di pasta e ritaglia 12 stelle. Poggia le stelle sulle tortine, poi spennella con il latte.

10 Cuoci per 20 minuti fino a doratura. Fai raffreddare le crostatine nello stampo per 10 minuti, poi tirale fuori.

Se vuoi, spolverizza le crostatine con un po' di zucchero a velo. Puoi mangiarle calde o fredde.

Rollini al formaggio

Ingredienti:

50 g di formaggio tipo parmigiano
100 g di farina
50 g di burro
1 uovo medio
2 cucchiaini di semi di papavero
(facoltativo – i semi possono essere inadatti a chi è intollerante alla frutta a guscio)

Procurati inoltre una placca da forno.

Dosi per 12-15 rollini

Questi rollini friabili e croccanti vanno mangiati subito, appena sfornati.

1 Ungi e fodera la placca da forno (vedi pag. 10).

2 Grattugia il formaggio sui fori medi della grattugia. Setaccia la farina in una terrina capiente e aggiungi il burro a pezzettini.

3 Amalgama il burro alla farina (vedi pag. 375), finché il composto avrà l'aspetto di piccole briciole.

4 Aggiungi metà del formaggio e mescola. Rompi l'uovo in una tazza e sbattilo con una forchetta. Tieni da parte 2 cucchiaini di uovo sbattuto.

5 Versa il restante uovo sbattuto nel composto di farina e burro. Impasta con le mani fino a ottenere una palla di pasta.

6 Avvolgi la palla di pasta in un pezzo di pellicola trasparente e lasciala riposare in frigo per almeno mezz'ora. Nel frattempo fai scaldare il forno a 190 °C.

7 Cospargi di farina il piano di lavoro e il matterello. Togli la pasta dalla pellicola. Spiana la pasta col matterello, poi mettila di traverso sul piano di lavoro.

8 Continua a girare e a spianare la pasta fino a ottenere un riquadro di circa 20 cm di lato. Elimina i bordi irregolari e poi tagliala in 12 strisce.

9 Con i ritagli fai di nuovo una palla di pasta, spianala con il matterello e ricava altre strisce. Spennella tutte le strisce con l'uovo messo da parte.

10 Distribuisci il resto del formaggio sulle strisce e poi i semi di papavero. Passa delicatamente il matterello sopra le strisce.

11 Torci le estremità di ogni striscia, come nella figura. Metti le strisce nella placca da forno e premi bene le estremità.

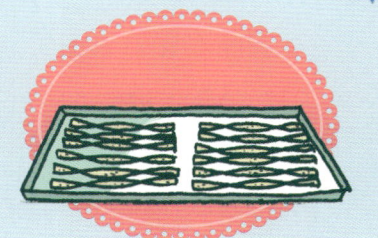

12 Inforna per 12 minuti finché le strisce avranno preso un bel colore dorato. Lasciale sulla placca per 5 minuti, poi mettile a raffreddare su una gratella.

Fagottini di feta

Ingredienti:

275 g di pasta fillo pronta
50 g di burro
1 uovo medio
250 g di ricotta
200 g di feta
6 rametti di aneto fresco
1 pizzico di noce moscata (facoltativo)

Procurati inoltre due placche da forno.

Dosi per 20 fagottini

Il feta è un formaggio bianco friabile, molto diffuso in Grecia e in Turchia. Un piatto tipico di quei Paesi sono i fagottini di pasta fillo (un tipo di sfoglia) con ripieno a base di feta, uova ed erbe aromatiche. Ecco una versione semplificata.

1 Togli la pasta fillo dal frigo e lasciala nella sua confezione per 20 minuti, finché non è a temperatura ambiente.

2 Fai sciogliere il burro a fuoco basso. Togli dal fuoco. Sbatti l'uovo in una ciotola. Aggiungi la ricotta e mescola.

I fagottini sono buoni sia caldi che freddi.

3. Togli il formaggio dal pacchetto e lavalo sotto l'acqua fredda. Tamponalo con carta da cucina e sbriciolalo nella ciotola con le uova e la ricotta.

4. Togli i gambi duri dell'aneto e tagliuzza le foglie dentro una tazza. Aggiungile nella ciotola insieme a noce moscata e un po' di pepe. Mescola bene.

5. Accendi il forno a 190 °C. Apri e srotola la pasta fillo. Tagliala a strisce larghe circa 10 cm e lunghe 25. Copri le strisce con un panno bagnato, così non si seccano.

6. Stendi un po' di burro fuso su due placche da forno. Prendi una striscia di pasta e metti un cucchiaino colmo di ripieno nell'angolo in alto a destra.

7. Piega l'angolo per formare un triangolo. Continua a piegare il triangolo per tutta la lunghezza della striscia per fare un fagottino. Poi mettilo sulla placca. Fanne molti altri.

8. Spennella di burro fuso la superficie dei fagottini. Inforna per 20 minuti finché non sono dorati e croccanti. Lasciali nelle placche per qualche minuto e poi falli raffreddare su una gratella.

Fagottini di spinaci e feta

Per questi fagottini ti servono anche 75 g di spinaci surgelati. Scongela gli spinaci, poi mettili in un colino sopra una ciotola e schiacciali con il dorso di un cucchiaio per eliminare l'acqua. Segui i punti 1-2. Al punto 3, usa solo 175 g di feta. Al punto 4 aggiungi gli spinaci insieme all'aneto.

Torta salata di feta

Segui i punti 1-4. Accendi il forno a 190 °C. Ungi di burro una pirofila da forno. Foderala con 1 foglio di pasta fillo e spennella con il burro. Aggiungi altri 5 fogli, spennellandoli uno per uno con il burro. Stendi metà della miscela di formaggio. Aggiungi altri 6 fogli, tutti spennellati di burro. Stendi il resto del formaggio. Ricopri con la pasta fillo rimasta, spennellando ogni foglio di burro. Cuoci la torta in forno per 20-30 minuti, finché non diventa dorata. Tagliala a fette.

Sfogliatine con susine

Ingredienti:

375 g di pasta sfoglia pronta

300 g di susine rosse

1 fetta spessa di pane bianco, meglio se raffermo

50 g di burro

50 g di zucchero di canna

½ cucchiaino di spezie miste macinate

4 cucchiai di marmellata di albicocche

Procurati inoltre 2 placche da forno e un tagliapasta rotondo (circa 7 cm di diametro).

Dosi per 14 sfogliatine

Questi golosi cestinetti, realizzati con pasta sfoglia già pronta, contengono susine aromatizzate con un misto di spezie e briciole di pane croccanti. Se vuoi, spolverizzali di zucchero a velo prima di servirli.

1 Togli la sfoglia dal frigorifero 15-20 minuti prima dell'uso. Preriscalda il forno a 220 °C. Taglia le susine a metà con un coltello affilato.

2 Dopo aver snocciolato le susine, poggiale su un tagliere e falle a pezzetti piuttosto piccoli, poi mettile in una terrina capiente.

3 Con le dita, riduci il pane a bricioline. Fai scaldare il burro a fiamma bassa. Quando è sciolto, versane metà in una ciotola.

4 Alza un po' la fiamma. Soffriggi le briciole per circa 5 minuti, mescolando spesso, fino a quando non sono dorate e croccanti.

5 Togli dal fuoco e fai raffreddare. Aggiungi le briciole alle susine, con lo zucchero e le spezie. Mescola con le mani.

6 Srotola la sfoglia e taglia 14 dischi con il tagliapasta. Metti i dischi sulle teglie, lasciando un po' di spazio tra uno e l'altro, e punzecchiali al centro con una forchetta.

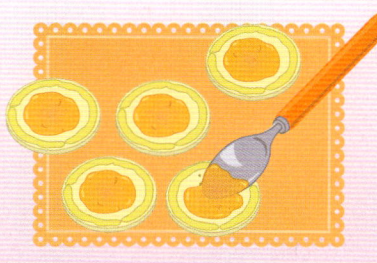

7 Spennella con un po' di burro il contorno di ogni dischetto, in modo da formare un bordo di circa 1 cm. Metti metà cucchiaino di marmellata al centro di ogni disco.

8 Metti il composto di susine sulla marmellata. Cuoci per 12-15 minuti. Quando i cestinetti saranno gonfi e dorati trasferiscili su una gratella a raffreddare.

Crostatine al cioccolato

Ingredienti:

175 g di farina
75 g di burro

Per la crema ganache:
200 g di cioccolato fondente
100 ml di panna fresca

Procurati inoltre uno stampo per crostatine da 12 e un tagliapasta rotondo del diametro di 7 cm, liscio o smerlato.

Dosi per 12 crostatine

Queste crostatine di pasta brisée sono farcite con la crema ganache, una crema al cioccolato che puoi fare con cioccolato fondente, al latte oppure bianco (vedi pag. 381).

1. Setaccia la farina in una terrina capiente. Aggiungi il burro a pezzetti e mescola.

2. Lavora i pezzetti di burro infarinati (vedi pag. 375) finché l'impasto man mano prenderà la consistenza di briciole.

Se l'impasto è troppo asciutto, aggiungi un cucchiaino d'acqua.

3 Aggiungi 2 cucchiai di acqua fredda all'impasto, mescolando ripetutamente con un coltello a lama piatta. Lavoralo fino a quando non sarà liscio.

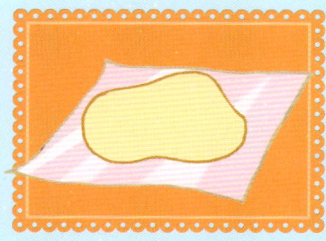

4 Forma una palla, schiacciala delicatamente, coprila con della pellicola trasparente e mettila in frigo per 20 minuti, così poi sarà più facile stenderla.

5 Preriscalda il forno a 180 °C. Prepara la crema ganache seguendo le istruzioni date a pagina 381, poi ungi lo stampo (vedi pag. 10).

6 Togli la pellicola, poggia la palla di pasta sul piano di lavoro infarinato e comincia stenderla con il matterello.

7 Quando avrai ottenuto una sfoglia del diametro di circa 30 cm, usa il tagliapasta per fare tanti dischetti.

8 Poggia i dischetti sulle cavità dello stampo e premi delicatamente per farli entrare.

9 Forma un'altra palla coi ritagli di pasta e stendila per fare altri dischetti. Quando avrai riempito tutto lo stampo, bucherella i dischi con la forchetta.

10 Cuoci per 10-12 minuti, fino a doratura. Togli dal forno e lascia raffreddare dentro lo stampo.

11 Versa la crema ganache nelle crostatine e mettile in frigo a rassodare per 30 minuti.

Girelline ai lamponi

Ingredienti:

225 g di pasta sfoglia pronta
un po' di zucchero a velo
3 cucchiai di marmellata di lamponi o altro gusto
1 cucchiaio di zucchero

Procurati inoltre due placche da forno.

Dosi per 40 girelle

Queste deliziose e croccanti girelle sono realizzate con pasta sfoglia e marmellata di lamponi.

1 Togli la sfoglia dal frigorifero e lasciala a temperatura ambiente per 20 minuti prima di lavorarla. Fodera le placche (vedi pag. 10).

2 Cospargi di zucchero a velo il piano di lavoro e il matterello. Stendi la sfoglia in un quadrato largo quanto il matterello.

3 Con un coltello affilato rifila i bordi, poi taglia la sfoglia lungo la metà in modo ottenere due rettangoli, così.

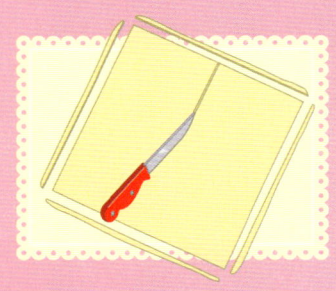

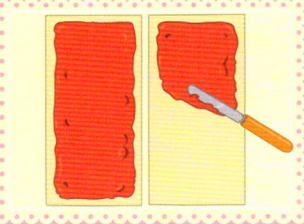

Usa un coltello a lama piatta.

4 Spalma metà marmellata su un rettangolo, lasciando un bordo sottile lungo tutti i lati. Spalma il resto della marmellata sull'altro rettangolo.

5 Spennella con un po' d'acqua uno dei bordi lunghi di un rettangolo, poi arrotola la sfoglia partendo dal lato opposto. Ripeti con l'altro rettangolo.

6 Avvolgi i rotoli con della pellicola trasparente e mettili in frigorifero per 30 minuti. Nel frattempo, preriscalda il forno a 200 °C.

7 Togli la pellicola trasparente e poggia i rotoli su un tagliere. Con un coltello affilato tagliali a fettine larghe quanto un dito.

8 Metti le girelle sulle placche, lasciando un po' di spazio tra una e l'altra. Spolverizzale con metà dello zucchero.

9 Cuoci per 10-12 minuti, fino a quando le girelle non sono dorate, poi spolverizzale con il resto dello zucchero.

10 Lascia riposare le girelle sulle placche per 5 minuti, poi trasferiscile su una gratella a raffreddare.

Puoi usare la marmellata che preferisci oppure una crema al cioccolato.

343

Bignè ripieni

Ingredienti:

65 g di farina
2 uova medie
50 g di burro

Per la panna alla vaniglia:
200 ml di panna da montare
½ cucchiaino di estratto di vaniglia
1 cucchiaio di zucchero a velo

Per la copertura di cioccolato:
100 g di cioccolato fondente
25 g di burro

Procurati inoltre due placche da forno e una terrina resistente al calore da appoggiare su un pentolino.

Dosi per circa 15 bignè

Questi squisiti bignè, realizzati con pasta choux, sono ripieni di panna alla vaniglia e hanno una deliziosa copertura di cioccolato.

1. Preriscalda il forno a 220 °C. Ungi le placche con il burro (pag. 10). Metti le placche sotto l'acqua fredda, poi scuoti l'acqua in eccesso.

2. Setaccia la farina su un pezzo di carta forno e mettila da parte. Rompi le uova in una ciotola e sbattile con una forchetta.

3. Metti il burro a pezzetti in un pentolino. Aggiungi 150 ml di acqua fredda. Fai scaldare a fiamma bassa. Appena bolle togli dal fuoco.

4. Aggiungi tutta la farina. Mescola per circa un minuto, fino a quando il composto comincia a formare una palla al centro del pentolino. Fai raffreddare per 5 minuti.

5. Aggiungi un po' di uovo sbattuto e mescola. Continua fino a esaurire l'uovo. Metti delle cucchiaiate di composto sulle placche, lasciando un po' di spazio tra una e l'altra.

6. Cuoci per 10 minuti, poi abbassa la temperatura a 190 °C. Cuoci per altri 25 minuti, fino a quando i bignè non sono gonfi e ben dorati.

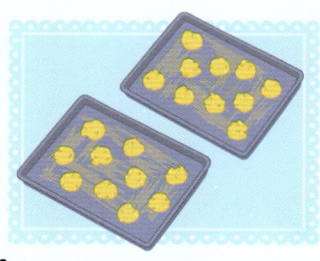

7 Metti i bignè su una gratella a raffreddare. Con la punta di un coltello affilato, fai un foro sul lato di ciascun bignè per far uscire il vapore.

8 Mentre i bignè raffreddano, prepara la panna alla vaniglia seguendo le istruzioni a pagina 377. Quando i bignè sono freddi, tagliali a metà.

9 Riempi i bignè con la panna alla vaniglia. Per la copertura di cioccolato, riempi un pentolino con ¼ di acqua e fai scaldare. Quando bolle, togli dal fuoco.

Usa i guanti da forno.

10 Metti il cioccolato, il burro e 2 cucchiai d'acqua nella terrina resistente al calore. Metti la terrina nel pentolino e fai sciogliere, mescolando.

11 Con i guanti da forno, estrai la terrina dal pentolino. Poi, col cucchiaio, metti un po' di cioccolato sui bignè.

345

Tartellette alle mele

Ingredienti:

100 g di pasta fillo pronta
1 arancia media
4 mele
50 g di mirtilli disidratati
50 g di zucchero
½ cucchiaino di cannella in polvere
50 g di burro
2 cucchiaini di zucchero a velo

Procurati anche uno stampo per muffin da 12.

Dosi per 12 tartellette

Queste tartellette croccanti sono realizzate usando della pasta fillo già pronta. I cestinetti contengono un ripieno di mele e mirtilli aromatizzati all'arancia e alla cannella.

1 Preriscalda il forno a 190 °C. Togli la pasta dal frigo ma lasciala nella confezione. Gratta la scorza dell'arancia.

Usa i fori piccoli.

2 Taglia l'arancia a metà e spremila. Taglia le mele in quattro parti, poi sbucciale e asportane i torsoli. Taglia i quarti a pezzetti.

Copri il pentolino con un coperchio quando non mescoli.

3 Metti mele, scorza d'arancia e 3 cucchiai di succo in un pentolino. Fai scaldare a fiamma bassa per 20 minuti, mescolando. Aggiungi i mirtilli, lo zucchero e la cannella.

4 Fai cuocere per altri 5 minuti, poi togli il pentolino dal fuoco. Scarta la pasta e taglia ogni foglio in 6 quadrati, quindi coprili con un pezzo di pellicola trasparente.

5 Metti il burro in un pentolino e fai sciogliere a fuoco lento. Con un pennello da pasticciere, spennella un po' di burro sciolto su uno dei quadrati di pasta.

Premi delicatamente la pasta nell'incavo.

6 Metti il quadrato nello stampo con il lato imburrato in alto. Spennella di burro altri due quadrati e poggiali entrambi sul primo, in modo che gli angoli siano sfalsati.

7 Ripeti per tutti gli incavi, poi cuoci per 10 minuti. Fai raffreddare nello stampo per 5 minuti, quindi estrai con cura i cestini dallo stampo.

8 Riscalda il composto di mele fino a farlo bollire, poi distribuiscilo nei cestini con un cucchiaio. Spolverizza di zucchero a velo.

Profiteroles ai lamponi

Ingredienti:

2 uova medie
65 g di farina
50 g di burro
150 ml di acqua

Per la panna ai lamponi:
125 g di lamponi
1 cucchiaio di zucchero
150 ml di panna da montare

Per la salsa al cioccolato:
100 g di cioccolato fondente
2 cucchiai di golden syrup
15 g di burro

Procurati inoltre due placche da forno.

Dosi per circa 15 profiteroles

Questi profiteroles sono dei piccoli bignè croccanti ripieni di panna ai lamponi e ricoperti di salsa al cioccolato calda.

1. Preriscalda il forno a 200 °C. Ungi le placche (vedi pag. 10). Mettile sotto l'acqua fredda, poi scuoti l'acqua in eccesso.

2. Setaccia la farina su un pezzo di carta oleata. Rompi le uova in una ciotola e sbattile con una forchetta.

3. Metti il burro a pezzetti in un pentolino. Aggiungi 150 ml di acqua fredda. Fai scaldare a fiamma bassa. Appena bolle togli dal fuoco.

4. Aggiungi tutta la farina. Mescola per circa un minuto, fino a quando il composto comincia a formare una palla al centro del pentolino. Fai raffreddare per 5 minuti.

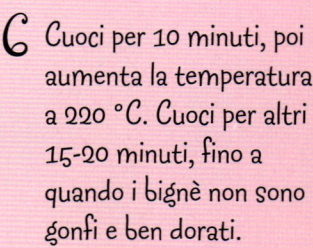

5. Aggiungi un po' di uovo sbattuto e mescola. Continua fino a esaurire l'uovo. Metti delle cucchiaiate di composto sulle teglie, lasciando un po' di spazio tra una e l'altra.

6. Cuoci per 10 minuti, poi aumenta la temperatura a 220 °C. Cuoci per altri 15-20 minuti, fino a quando i bignè non sono gonfi e ben dorati.

7. Trasferisci i bignè su una gratella a raffreddare. Con la punta di un coltello affilato fai un foro sul lato di ciascun bignè per far uscire il vapore.

8. Lava i lamponi e asciugali con della carta da cucina. Mettili in un terrina con lo zucchero, poi schiacciali con una forchetta.

9. Monta la panna, seguendo le istruzioni a pagina 377. Aggiungi i lamponi e incorporali mescolando delicatamente.

10. Quando i bignè sono freddi, incidili su un lato e riempili di panna ai lamponi. Mettili in un recipiente in frigo.

11. Metti il cioccolato a pezzi, il golden syrup, il burro e 2 cucchiai d'acqua in un pentolino. Scalda a fiamma bassa, mescolando continuamente. Versa la salsa sui profiteroles.

Disponi i profiteroles a piramide, poi versaci sopra la salsa al cioccolato.

Crostatine guarnite

Ingredienti:

175 g di farina

75 g di burro

Per il ripieno:

4 cucchiai di marmellata di lamponi o di albicocche, oppure di crema di limone (vedi pagg. 252-253)

Per la copertura (facoltativa):

circa 300 g di frutti di bosco, tipo lamponi, mirtilli e fragole

Per la glassa (facoltativa):

4 cucchiai di marmellata di lamponi o di albicocche

1 cucchiaio di succo di limone

Procurati inoltre uno stampo per crostatine da 12 e un tagliapasta rotondo, liscio o smerlato.

Dosi per 12 crostatine

Questa ricetta ti mostra come fare delle deliziose crostatine di pasta brisée alla marmellata coperte di frutti di bosco e glassate.

1. Segui i punti 1-4 alle pagine 340-341 per fare la pasta brisée. Preriscalda il forno a 200 °C. Ungi con burro ammorbidito gli incavi dello stampo.

2. Stendi la pasta seguendo le istruzioni a pagina 375. Ricava tanti dischi con il tagliapasta.

3. Metti un disco di pasta su ogni incavo, infarinati un dito e premi delicatamente i dischi negli incavi.

4. Fai una palla con gli avanzi di pasta, stendila di nuovo e taglia altri dischi, fino a riempire lo stampo.

5. Metti un cucchiaio di marmellata (o di crema di limone) in ciascuna tortina. Inforna per 10-12 minuti, finché la pasta non è dorata.

6. Sforna e lascia raffreddare per qualche minuto. Poi tira fuori le crostatine e lasciale raffreddare bene su una gratella.

7 Per la copertura, lava i frutti sotto l'acqua fredda e tamponali con un panno pulito.

8 Togli il picciolo e le foglie alle fragole e taglia a pezzetti i frutti più grossi. Separa le bacche di ribes.

Crostata di frutta

Prova a fare una crostata grande, usando uno stampo di 20 cm di diametro. Segui i punti a pagina 375 per foderare lo stampo. Versa 4 cucchiai di marmellata sul fondo della pasta e stendila col dorso di un cucchiaio. Cuoci in forno per 20 minuti, finché la pasta non è dorata. Segui i punti 7-10 della ricetta principale per aggiungere la frutta e la glassa.

9 Per preparare la glassa metti la marmellata in una ciotolina insieme al succo di limone e mescola bene.

10 Ammucchia i frutti di bosco sulle crostatine e poi spennellali con la glassa per renderli lucidi.

Sfogliatine salate

Ingredienti:

375 g di pasta sfoglia pronta
1 cipolla rossa media
1 cucchiaio d'olio di oliva
½ cucchiaio di erbe aromatiche secche
un pizzico di sale
un pizzico di pepe nero macinato
150 g di mozzarella
12 pomodorini ciliegini
1 cucchiaio di latte

Procurati inoltre due placche da forno.

Dosi per 24 sfogliatine

Queste sfogliatine sono fatte con pasta sfoglia già pronta tagliata poi in quadratini, insaporiti con mozzarella e pomodorini freschi. Sono uno snack ideale per una festa.

1 Preriscalda il forno a 220 °C.

2 Togli la sfoglia dal frigo e lasciala a temperatura ambiente per 20 minuti prima di usarla. Taglia le estremità della cipolla.

3 Pela la cipolla e tagliala a metà. Taglia in due ogni metà, poi affettale sottilmente facendo attenzione a non tagliarti.

4 Metti a scaldare l'olio in una padella a fiamma bassa. Aggiungi la cipolla e cuoci per 5 minuti, mescolando ogni tanto.

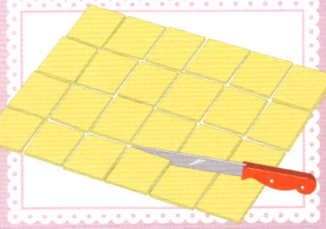

5 Togli la padella dal fuoco e aggiungi le erbe, il sale e il pepe. Srotola la sfoglia e tagliala in 24 quadratini.

6 Sistema i quadratini sulle placche, distanziati tra loro, poi punzecchiali al centro un paio di volte con una forchetta.

7 Taglia la mozzarella a cubetti piuttosto piccoli, poi taglia i pomodorini a metà.

8 Spennella del latte lungo i lati di ogni quadratino, facendo un bordo largo circa 1 cm.

9 Metti un po' del misto di cipolla su ogni quadratino, ma senza coprire il bordo spennellato di latte.

10 Aggiungi metà pomodoro su ogni quadratino, poi completa con dei cubetti di mozzarella.

11 Cuoci per 12-15 minuti, o fino a quando i lati non sono dorati e si sono sollevati. Aspetta 5 minuti prima di servire.

Profiteroles al cioccolato

Ingredienti:

50 g di farina

15 g di cacao

2 uova medie

1 cucchiaino di zucchero

50 g di burro

Per la panna ai lamponi:

150 g di lamponi freschi o surgelati

1 cucchiaino di zucchero

150 ml di panna da montare

Per decorare:

75 g di cioccolato bianco

Procurati inoltre due placche da forno e una terrina resistente al calore da appoggiare su un pentolino.

Dosi per 15 profiteroles

Questi profiteroles al cioccolato sono dei piccoli bignè croccanti ripieni di panna ai lamponi e guarniti con fili di cioccolato bianco fuso.

1. Preriscalda il forno a 220 °C. Ungi le placche (vedi pag. 10), poi passale velocemente sotto il rubinetto e fai scolare l'acqua.

2. Piega a metà un rettangolo di carta forno, poi riaprilo e cospargilo con la farina e il cacao setacciati e con lo zucchero. Sbatti le uova in una ciotola.

3. Taglia a pezzetti il burro e mettilo in un pentolino con 150 ml d'acqua. Riscalda a fuoco dolce. Togli dal fuoco non appena inizia a bollire.

4. Piega la carta forno e versa la miscela di farina nel pentolino. Sbatti velocemente per un minuto, fino a che non vedrai formarsi una palla al centro del pentolino.

5. Lascia raffreddare per 5 minuti, poi aggiungi l'uovo un po' alla volta, sempre mescolando. Continua fino a terminare l'uovo sbattuto.

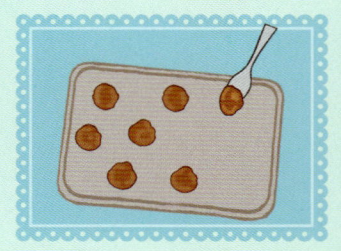

6. Versa l'impasto sulle due placche con un cucchiaio, avendo l'accortezza di lasciare un po' di spazio fra una pallina e l'altra.

7 Inforna per 10 minuti, poi abbassa la temperatura a 190 °C e cuoci per altri 10-12 minuti fino a che i bignè non si saranno gonfiati.

8 Rimuovi i bignè con una spatola e mettili a raffreddare su una gratella. Fai un taglietto da un lato con un coltello per far uscire il vapore.

9 Per fare la panna ai lamponi, schiaccia i lamponi e lo zucchero con la forchetta in una terrina.

Se sbatti troppo la panna s'indurisce.

10 Versa la panna in una terrina capiente. Sbatti energicamente con le fruste finché la panna diventa compatta formando delle punte soffici.

11 Adesso incorpora delicatamente i lamponi con un cucchiaio di metallo, poi sciogli il cioccolato (vedi pag. 380).

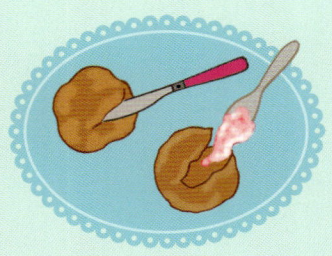

12 Fai una piccola incisione nei bignè ben freddi e col cucchiaino riempili di panna ai lamponi. Infine, fai colare il cioccolato bianco fuso sopra i profiteroles.

Crostata di pere e mandorle

Contiene mandorle

Ingredienti:

175 g di farina
75 g di burro

Per il ripieno:
50 g di burro morbido
50 g di zucchero
50 g di farina di mandorle
1 uovo medio
15 g di farina autolievitante
3 pere piccole mature

Per la copertura:
2 cucchiai di marmellata di albicocche
1 cucchiaio di succo di limone

Procurati inoltre una tortiera smerlata di 20 cm di diametro, una placca da forno e dei fagioli secchi.

Dosi per 8 fette

Questa deliziosa crostata ha una base fatta di mandorle, zucchero e burro, completata da un goloso strato di pere e albicocche.

Fai molta attenzione quando rimuovi la carta d'alluminio e i legumi caldi.

1. Per fare la pasta brisée segui i punti 1-4 alle pagine 340-341. Poi ungi la tortiera, foderala con la pasta e fai cuocere alla cieca seguendo i punti 1-2 a pagina 370.

2. Rimetti la placca vuota, ancora calda, in forno. Abbassa la temperatura a 170 °C.

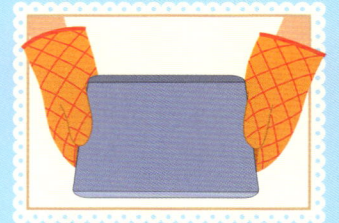

3. Sbatti il burro e lo zucchero in una terrina fino a ottenere un composto chiaro e soffice. Incorpora un cucchiaio di farina di mandorle.

4. Rompi l'uovo in una ciotola e sbattilo con la forchetta, poi versalo nel composto della terrina, un po' alla volta, mescolando bene.

5. Incorpora il resto delle mandorle, poi aggiungi la farina setacciata e amalgama il tutto delicatamente.

6 Poggia le pere su un tagliere, poi tagliale a metà verticalmente. Elimina i torsoli aiutandoti con un cucchiaino.

7 Sbuccia le mezze pere, poi poggiale con la parte piatta in giù. Fai dei tagli poco profondi nella parte più polposa delle pere.

8 Metti il ripieno di mandorle sulla pasta, distribuendolo bene. Sistemaci sopra le pere, con la parte piatta in giù e quella più sottile al centro.

9 Cuoci per 30-35 minuti, o fino a quando la pasta e il ripieno non sono dorati. Estrai la crostata dal forno e poggiala su una gratella a raffreddare.

10 Mescola la marmellata di albicocche e il succo di limone in una ciotola, poi spennella la copertura sulla crostata ancora calda.

Puoi usare pere sciroppate al posto di quelle fresche.

Crostatine limone e fragole

Ingredienti:

175 g di farina
75 g di burro

Per il ripieno:
300 g di fragole piccole
3 cucchiai di crema di limone: segui le istruzioni alle pagine 252-253
100 ml di panna da montare

Per la copertura:
4 cucchiai di gelatina di ribes o di marmellata di lamponi

Procurati inoltre uno stampo per crostatine da 12 e un tagliapasta rotondo di circa 7 cm di diametro.

Dosi per 12 crostatine

Queste crostatine sono ripiene di una golosa panna al limone, sormontata da fragole succose. Sono deliziose anche con altri tipi di frutta: provale con i lamponi, i kiwi o l'uva.

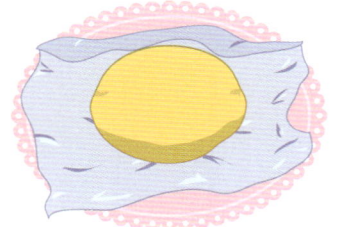

1 Per fare la pasta brisée segui i punti 1-4 alle pagine 340-341. Tirala fuori dal frigorifero. Dopo 10 minuti togli la pellicola trasparente. Preriscalda il forno a 200 °C.

2 Spolverizza il piano di lavoro e il matterello con la farina. Stendi la pasta (vedi pag. 375), fino a quando non ha uno spessore di circa 1 cm.

3 Taglia dei dischi di pasta, poi reimpasta gli avanzi, forma una palla e stendila, poi taglia altri dischi e mettine uno in ogni incavo dello stampo.

4 Punzecchia più volte i dischi con la forchetta. Cuoci per 10-12 minuti, fino a doratura. Fai raffreddare nello stampo.

5 Lava le fragole, poi asciugale delicatamente con uno strofinaccio pulito. Elimina i piccioli con un coltello.

6 Metti la crema di limone in una terrina e incorpora un cucchiaio di panna. Versa il resto della panna in un'altra terrina, poi montala con la frusta (vedi pag. 377).

7 Incorpora delicatamente il composto di crema di limone alla panna montata, poi versane 2 cucchiaini in ciascun cestinetto di pasta.

8 Sistema una fragola intera al centro di ogni cestinetto farcito, poi taglia il resto delle fragole a metà e disponile tutte intorno.

9 Fai scaldare a fiamma bassa la gelatina o la marmellata in un pentolino con 2 cucchiaini di acqua finché non si scioglie. Lascia raffreddare per 2 minuti, poi spennella le crostatine.

Profiteroles con salsa mou

Ingredienti:

65 g di farina

2 uova medie

50 g di burro

Per il ripieno:

2 arance

200 ml di panna da montare

1 cucchiaio e ½ di zucchero a velo

Per la salsa mou:

25 g di burro

75 g di zucchero di canna

150 ml di panna fresca

Procurati inoltre due placche da forno.

Dosi per 15 profiteroles

Questi golosi profiteroles ripieni di panna e pezzetti d'arancia sono serviti con salsa mou. Puoi omettere le arance, se preferisci.

1 Preriscalda il forno a 220 °C. Ungi le placche (vedi pag. 10), poi passale velocemente sotto il rubinetto e fai scolare l'acqua.

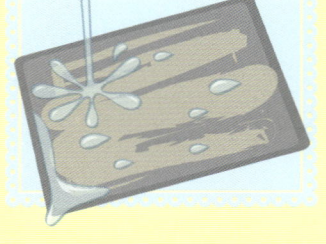

2 Taglia un rettangolo grande di carta forno, piegalo a metà e riaprilo. Setacciaci sopra la farina. Rompi le uova in una tazza e sbattile.

3 Metti il burro a tocchetti in un pentolino con l'acqua e fai scaldare a fuoco basso. Quando bolle, togli dal fuoco e versa tutta la farina nel pentolino.

4 Mescola rapidamente per circa 1 minuto, finché il miscuglio non comincia a staccarsi dai bordi del pentolino formando una palla. Lascia raffreddare per 5 minuti.

5 Aggiungi un cucchiaino alla volta tutto l'uovo sbattuto, sempre mescolando energicamente. Metti delle cucchiaiate colme di pasta sulle placche da forno, distanziandole bene.

6 Inforna per 10 minuti. Poi abbassa la temperatura a 190 °C e fai cuocere per altri 10-12 minuti, finché i bignè non sono belli gonfi e dorati.

Usa i fori piccoli della grattugia.

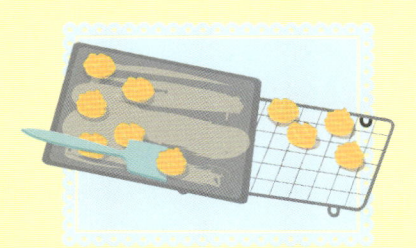

7 Metti i bignè su una gratella. Con la punta del coltello fai un taglietto sul lato dei bignè per far uscire il vapore.

8 Per il ripieno, comincia con il grattare la scorza delle arance. Metti la scorza grattugiata in una ciotola.

9 Taglia le arance a fette spesse circa un mignolo. Taglia via la buccia e poi taglia le fette a pezzetti.

10 Setaccia lo zucchero in una terrina capiente e monta la panna con la frusta (vedi pag. 377). Incorpora delicatamente i pezzi di arancia e la scorza.

11 Taglia ogni bignè a metà, riempi la parte inferiore di panna e frutta col cucchiaino, poi richiudi. Mettili in frigo.

Salsa mou

Per fare la salsa mou segui le istruzioni per la farcitura al mou a pagina 377, ma aggiungi la panna (vedi lista degli ingredienti nella pagina precedente) invece del formaggio cremoso. Versa la salsa mou sui profiteroles.

Mince pies

Può contenere nocciole

Squisite e friabili, le mince pies sono da secoli uno dei dolci tipici di Natale in Gran Bretagna. Originariamente il ripieno veniva preparato con carne e frutta, ma oggi vengono utilizzati solo frutta e spezie.

Ingredienti:

1 arancia
1 limone
75 g di uva senza semi
25 g di nocciole (facoltativo)
1 mela
150 g di uvetta
un pizzico ciascuno di cannella, noce moscata e zenzero in polvere

Per la pasta:
1 arancia media
1 uovo medio
175 g di farina
35 g di zucchero a velo
100 g di burro

Procurati inoltre uno stampo per crostatine da 12 e 3 tagliapasta, di cui due rotondi (uno da 7 e uno da 5 cm di diametro) e uno sagomato.

Dosi per 12 mince pies

1. Per il ripieno vedi il riquadro della pagina a fianco. Per la pasta, gratta la scorza dell'arancia sui fori piccoli della grattugia. Spremi il succo di mezza arancia.

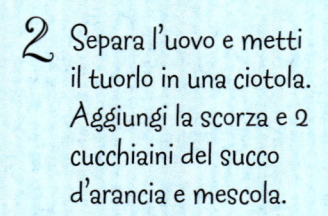

2. Separa l'uovo e metti il tuorlo in una ciotola. Aggiungi la scorza e 2 cucchiaini del succo d'arancia e mescola.

L'albume ti servirà dopo.

3. Metti la farina e lo zucchero in una terrina. Lavora il burro tagliato a pezzetti con la farina (vedi pag. 375), finché non ha la consistenza di grosse briciole.

4. Aggiungi la miscela d'arancia. Mescola fino a ottenere una palla di pasta. Avvolgila nella pellicola trasparente e mettila in frigo per 30 minuti. Preriscalda il forno a 190 °C.

5. Stendi la pasta una volta con il matterello, girala per tre quarti e ripeti. Continua così fino a quando non ha lo spessore del tuo dito mignolo.

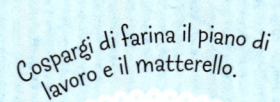

Cospargi di farina il piano di lavoro e il matterello.

Spolverizza i dolcetti di zucchero a velo.

6 Col tagliapasta grande, ricava 12 dischi e mettili negli incavi dello stampo. Forma una palla con gli avanzi, poi stendila. Taglia 6 coperchietti col tagliapasta piccolo.

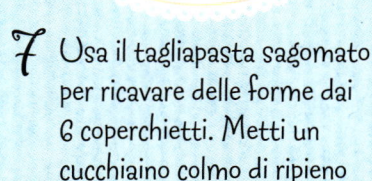

7 Usa il tagliapasta sagomato per ricavare delle forme dai 6 coperchietti. Metti un cucchiaino colmo di ripieno in ogni dolcetto.

8 Copri metà dei dolcetti con i coperchietti ritagliati e l'altra metà con le sagome ottenute. Spennella la pasta con l'albume.

9 Cuoci per 20 minuti. Lascia riposare per qualche minuto, poi trasferisci su una gratella a raffreddare.

Ripieno

Gratta la scorza dell'arancia e del limone sui fori piccoli della grattugia. Taglia l'uva e le nocciole a pezzetti. Gratta la mela sui fori grandi della grattugia. Metti la scorza, l'uva, le nocciole, la mela, l'uvetta, la cannella, la noce moscata e lo zenzero in una terrina. Mescola bene.

Éclairs alla panna

Ingredienti:

40 g di farina
1 uovo medio
25 g di burro

Per la panna alla vaniglia:
½ cucchiaino di estratto di vaniglia
1 cucchiaio di zucchero a velo
150 g di panna da montare

Per la glassa al cioccolato:
125 g di zucchero a velo
3 cucchiai di cacao

Procurati inoltre una placca da forno.

Dosi per 8 éclairs

Altri gusti

Per la glassa ai lamponi schiaccia 10 lamponi in un colino e mescola il succo ottenuto con 150 g di zucchero a velo setacciato.

Per la glassa al caffè sciogli 2 cucchiaini di caffè solubile in acqua calda e incorpora 150 g di zucchero a velo setacciato.

Questa ricetta spiega come fare dei deliziosi bignè di forma allungata, gli éclairs, ripieni di panna alla vaniglia e ricoperti di glassa al cioccolato.

1. Preriscalda il forno a 220 °C. Ungi la placca da forno con il burro (vedi pag. 10), poi passala velocemente sotto l'acqua fredda e fai scolare l'acqua.

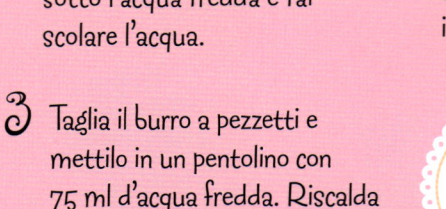

2. Ritaglia un rettangolo di carta forno e piegalo a metà, poi riaprilo e cospargilo di farina setacciata. Rompi l'uovo in una ciotola e sbattilo.

3. Taglia il burro a pezzetti e mettilo in un pentolino con 75 ml d'acqua fredda. Riscalda a fiamma bassa e togli dal fuoco appena inizia a bollire.

4. Piega la carta forno e versa la farina nel pentolino. Sbatti velocemente per un minuto, fino a che non vedrai formarsi una palla al centro del pentolino.

5. Lascia raffreddare per 5 minuti, poi aggiungi l'uovo un cucchiaio alla volta, sempre continuando a mescolare.

6 Versa 2 cucchiaini d'impasto sulla placca in modo che le palline si tocchino. Schiacciale col dorso del cucchiaio per ottenere una forma allungata.

7 Ripeti il procedimento fino a usare tutto l'impasto avendo cura di lasciare un po' di spazio fra un éclair e l'altro.

8 Inforna per 10 minuti, poi abbassa la temperatura a 190 °C. Cuoci per altri 5-7 minuti fino a che gli éclairs non saranno gonfi e dorati.

Se sbatti troppo la panna s'indurisce.

9 Rimuovi gli éclairs con una spatola e mettili a raffreddare su una gratella. Fai un taglietto da un lato con un coltello per far uscire il vapore.

10 Versa la panna in una terrina capiente. Aggiungi la vaniglia e lo zucchero a velo setacciato e sbatti energicamente (vedi pag. 377).

11 Per la glassa, setaccia zucchero a velo e cacao in una terrina, aggiungi 3 cucchiaini d'acqua tiepida e mescola per ottenere una crema. Se la crema è troppo dura aggiungi un po' d'acqua.

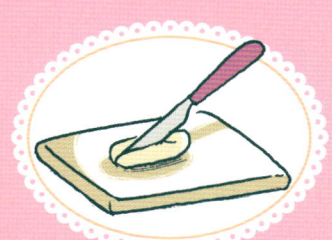

12 Taglia gli éclairs a metà, spalma la panna sulla metà inferiore e poi copri con l'altra metà. Per finire, stendi la glassa.

Crostata al cioccolato e lamponi

Ingredienti:

1 arancia
175 g di farina
25 g di zucchero a velo
100 g di burro
1 uovo medio

Per il ripieno:
175 g di cioccolato fondente
2 uova medie
175 ml di panna fresca
75 g di zucchero di canna

Per guarnire:
175 g di lamponi
1 cucchiaio di zucchero a velo
scorza d'arancia (facoltativo)
foglie di menta fresca (facoltativo)

Procurati inoltre una tortiera smerlata di 20 cm di diametro, una placca da forno, dei fagioli secchi e una terrina resistente al calore da appoggiare su un pentolino.

Dosi per circa 8 fette

Questa crostata ha una base al gusto d'arancia e un ricco ripieno al cioccolato. È guarnita con lamponi, scorzette d'arancia e foglioline di menta.

Il resto del succo d'arancia ti servirà dopo.

1. Gratta la scorza dell'arancia sui fori piccoli della grattugia. Spremi il succo dell'arancia. Metti la scorza e 2 cucchiaini del succo in una terrina.

2. Segui i punti 2-5 delle pagine 362-363 per fare la pasta, preriscaldare il forno e stendere la pasta. Stendi la pasta finché non è poco più grande della tortiera.

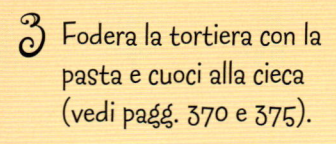

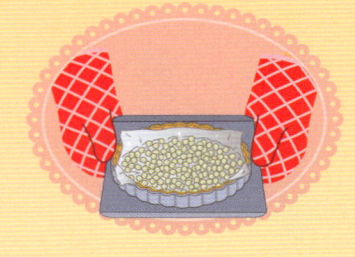

3. Fodera la tortiera con la pasta e cuoci alla cieca (vedi pagg. 370 e 375).

4. Poggia la base di pasta a raffreddare su una gratella, poi rimetti la placca calda in forno e riduci la temperatura a 160 °C.

Scorzette d'arancia ottenute con un rigalimoni

5 Per il ripieno, metti il cioccolato a pezzi nella terrina resistente al calore. Riempi d'acqua per un quarto il pentolino e fai scaldare. Quando bolle, togli dal fuoco.

6 Metti la terrina nel pentolino. Quando il cioccolato è sciolto, estrai la terrina dal pentolino con i guanti da forno e fai raffreddare per 10 minuti.

7 Sbatti bene le uova con la forchetta. Aggiungi la panna, lo zucchero e 1 cucchiaio del resto del succo d'arancia. Mescola bene il tutto.

8 Versa il cioccolato nella terrina con le uova e la panna, un po' alla volta e mescolando bene a ogni aggiunta, poi versalo nella base di pasta.

9 Cuoci per 30 minuti, finché il ripieno è sodo. A freddo, guarnisci con lamponi, scorze d'arancia e foglioline di menta. Spolverizza di zucchero a velo.

Sfogliatine al pomodoro

Ingredienti:

1 cipolla rossa grande
1 rotolo da 375 g di sfoglia pronta
2 cucchiai di latte
100 g di formaggio cremoso
1 cucchiaio di olio d'oliva
225 g di pomodori maturi
½ cucchiaino di erbe miste secche
sale e pepe

Procurati inoltre una placca da forno.

Dosi per 6 sfogliatine

In questa ricetta si usa la pasta sfoglia già pronta per fare delle irresistibili tartine al pomodoro, ma nella pagina accanto troverai le istruzioni anche per sfogliatine ai peperoni.

1 Preriscalda il forno a 220 °C. Ungi la placca (vedi pag. 10) con carta da cucina imbevuta d'olio e tira fuori la sfoglia dal frigo.

2 Taglia la cipolla a fette sottili e mettila in una padella con l'olio. Fai cuocere a fuoco basso per 10 minuti, mescolando ogni tanto, finché non diventa morbida.

3 Mentre la cipolla cuoce, togli la sfoglia dalla confezione. Srotolala e mettila sulla placca, poi tagliala in 6 rettangoli.

4 Amalgama 1 cucchiaio di latte al formaggio cremoso e spalma sulla pasta, lasciando un bordo di circa 2 cm tutto intorno. Spennella sul bordo il latte rimasto.

5 Se i pomodori sono grandi, tagliali a fette. Se invece usi pomodorini tagliali a metà. Sistemali sul formaggio senza coprire il bordo.

6 Quando la cipolla è cotta, aggiungi e mescola le erbe e un pizzico di sale e pepe. Distribuisci la cipolla sui pomodori.

7 Inforna per 15-20 minuti, finché la pasta non è gonfia e dorata. Lascia le sfogliatine sulla placca per 3 minuti perché si raffreddino un po'.

Sfogliatine ai peperoni

Per le sfogliatine ai peperoni sostituisci i pomodori con 2 peperoni rossi o gialli. Togli la cima ai peperoni, tagliali a metà, togli i semi e le parti bianche e poi falli a fette spesse un mignolo. Al punto 2 cuoci la cipolla per 5 minuti, aggiungi i peperoni e fai cuocere per altri 5 minuti.

Spargici sopra delle erbette fresche, se ti piacciono.

Quiche

Ingredienti:
175 g di farina
75 g di burro

Per il ripieno:
6 fettine di pancetta affumicata
1 cipolla
1 cucchiaio d'olio d'oliva o di semi
100 g di formaggio tipo groviera
2 uova medie
150 ml di latte
un pizzico di pepe

Procurati inoltre una tortiera smerlata di 20 cm di diametro, una placca da forno e dei fagioli secchi.

Dosi per circa 8 fette

La quiche è una torta salata francese con ripieno di cipolla, pancetta, formaggio e uova. Per la pasta brisée segui le istruzioni dei punti 1-4 alle pagine 340-341.

1. Ungi la tortiera (vedi pag. 10) e foderala con la pasta seguendo le istruzioni a pagina 375. Metti la placca in forno. Preriscalda il forno a 200 °C. Copri la pasta con un quadrato grande di carta d'alluminio, premendo leggermente.

2. Distribuisci i fagioli sulla carta d'alluminio. Estrai la placca e mettici sopra la tortiera. Cuoci per 10 minuti. Estrai la tortiera e togli l'alluminio e i fagioli.

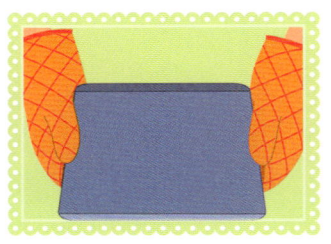

3. Rimetti la placca ancora calda nel forno, senza la tortiera. Abbassa la temperatura a 170 °C. Prepara la farcitura.

4. Taglia le fettine di pancetta con le forbici da cucina. In alternativa puoi usare la pancetta a cubetti già confezionata.

5. Pela e taglia a metà la cipolla, poi affettala finemente. Soffriggila in un po' d'olio a fiamma bassa per circa 5 minuti.

Altri gusti
Per la quiche puoi usare tante altre verdure. Prova ad esempio porri e pancetta, sostituendo la cipolla al punto 5 con un porro grande tagliato a fettine.

6 Aggiungi la pancetta e soffriggi per 5 minuti. Spegni il fuoco e versa la pancetta e la cipolla in una terrina. Lascia raffreddare per 5 minuti.

7 Gratta il formaggio sui fori grandi della grattugia e spargine la metà sulla base della pasta, poi mettici sopra la pancetta e la cipolla.

8 Spolverizza con il resto del formaggio. Sbatti le uova con la forchetta. Versa il latte in una caraffa e incorpora le uova e un pizzico di pepe.

La superficie deve essere dorata e il centro sodo.

9 Versa la miscela di uova sul ripieno. Estrai con i guanti la placca calda dal forno e poggiaci sopra la tortiera con la quiche.

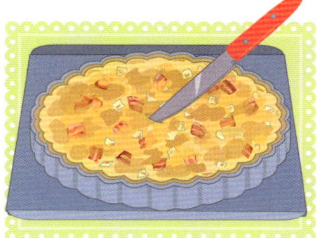

10 Cuoci per 25 minuti, poi infila un coltello al centro: se non è soda, cuoci per altri 5-10 minuti. Falla raffreddare per 10 minuti prima di mangiarla.

Altri gusti

Per realizzare una quiche vegetariana, prova a sostituire la pancetta con 150 g di funghi puliti e tagliati a fettine. Al punto 6, fai cuocere i funghi al posto della pancetta.

La quiche è deliziosa servita calda o fredda.

Consigli e tecniche: biscotti e torte

Il calore delle mani

In alcune ricette dovrai impastare con le mani perché il calore che emana dalle mani fa amalgamare meglio gli ingredienti.

Gli avanzi di pasta

Quando tagli formine di pasta usando un tagliapasta ti avanzeranno tanti ritagli. Reimpasta gli avanzi, forma di nuovo una palla di pasta e stendila. Taglia altre formine.

Tagliapasta

Molte ricette di questo libro prevedono l'uso di tagliapasta particolari, ma in realtà puoi usare quelli che preferisci.

1. Poggia il tagliapasta sopra la pasta precedentemente stesa e premi delicatamente, senza ruotarlo.

2. Solleva il tagliapasta e trasferisci la formina nella placca con la spatola. A volte la pasta rimane attaccata al tagliapasta: in tal caso spingi delicatamente la formina per staccarla.

Come si usa il matterello

1. Cospargi con un po' di farina il matterello e il piano di lavoro dove poggerai la pasta da stendere.

2. Rotola il matterello sulla pasta dal centro verso l'esterno e dall'esterno verso il centro.

3. Ruota la sfoglia di un quarto di giro dopo ogni colpo di matterello. Ripeti fino a quando la sfoglia non sarà delle spessore e delle dimensioni desiderate.

Conservazione

Torte e biscotti vanno conservati in contenitori ermetici. Se contengono frutta, panna o formaggio fresco e vuoi che durino qualche giorno, riponi i contenitori in frigorifero.

Aggiungere le uova

Quando amalgami le uova all'impasto di una torta, di solito lo devi fare un pochino per volta. Se le aggiungi tutte insieme, l'impasto può separarsi. La ricetta ti dirà come fare.

Dimensioni

Usa sempre tortiere, teglie, stampi e pirottini delle dimensioni indicate. A pagina 10 trovi le istruzioni per ungere e foderare stampi e tortiere.

Stampi per muffin

Alcune ricette prevedono l'uso di stampi per muffin da 6. Uno stampo da 12 va bene lo stesso, ma per evitare che si surriscaldi riempi con l'impasto le cavità centrali e metti un po' d'acqua nelle altre.

Mini pirottini di carta

Poiché i pirottini di carta possono essere di varie misure, il numero di dolcetti indicati nelle ricette è solo orientativo. Per evitare che i pirottini, una volta riempiti, si aprano, usane due, uno dentro l'altro.

Estrarre una torta dalla teglia

Se hai una tortiera a fondo estraibile poggiala su un barattolo di pelati, sgancia la cerniera, spingi in basso la fascia che fa da bordo e poi fai scivolare la torta su un piatto.

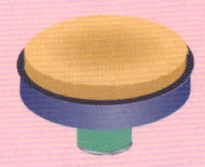

Se invece usi una tortiera normale passa un coltello lungo le pareti della tortiera e poi capovolgila su una gratella e scuoti delicatamente. La torta dovrebbe uscire.

Tempi di cottura

Estrai il dolce dal forno alla fine del tempo indicato e controlla se è cotto.

Per fare la prova stecchino, infilane uno pulito al centro del dolce. Se quando lo estrai è asciutto, vuol dire che il dolce è cotto, altrimenti inforna per altri 10 minuti e ripeti la prova. Puoi anche usare uno spiedino di legno.

Se la ricetta ti dice di fare la prova con il dito, premi leggermente al centro: se il dolce è sodo ed elastico vuol dire che è pronto, altrimenti lascialo in forno per altri 10 minuti e ripeti la prova.

Alternativa in silicone

I pirottini in silicone sono disponibili in varie misure. Quando li poggi sulla placca da forno conservano la loro forma, ma per non fare attaccare l'impasto è sempre bene ungerli prima (vedi pag. 10).

Consigli e tecniche: pane e impasti

Agenti lievitanti

Il pane lievitato, in genere, è un impasto di farina, acqua e lievito di birra, fresco o secco. Al caldo e in ambiente umido, il lievito sprigiona bollicine di gas che fanno gonfiare la pasta. Quando la pasta va in forno, smette di gonfiare. Esiste anche pane non lievitato.

Farina da pane

Il pane di solito si fa con farina di grano tenero. Quando la pasta ottenuta con questa farina viene lavorata (vedi riquadro a fianco), cioè schiacciata, tirata e allungata, diventa elastica.

Lasciare la pasta a lievitare

La pasta del pane va lasciata riposare in un luogo al caldo, per esempio su un davanzale soleggiato (con la finestra chiusa) o su un termosifone. Il calore aiuta a far lievitare la pasta più velocemente.

Pane raffermo

Il pane diventa raffermo molto rapidamente. Per tenerlo fresco più a lungo conservalo in un contenitore ermetico. Il pane raffermo è ideale per i crostini.

Impastare il pane

1. Premi la pasta per il pane con la base dei palmi o con le nocche e spingi forte in avanti.

2. Piega la pasta a metà e girala. Spingi di nuovo in avanti. Piega un'altra volta la pasta e girala.

3. Continua a spingere, piegare e girare la pasta, finché non diventa liscia ed elastica.

Tagliare il pane

1. Per tagliare a fette una pagnotta serve un coltello seghettato. Fai attenzione se il coltello è molto affilato.

2. Muovi il coltello avanti e indietro, come per segare. Se il pane è molto fresco, cerca di non schiacciarlo e taglialo a fette più spesse.

Pasta brisée, fillo, frolla e sfoglia già pronte

In commercio si trovano diversi tipi di pasta base pronti, nel reparto frigo o in quello dei surgelati. A volte la pasta è già stesa e arrotolata, altre volte è in panetto. Leggi sempre le istruzioni sulla confezione.

Stendere la pasta

1. Infarina un piano di lavoro pulito e il matterello. Appoggia la pasta sul piano.

2. Spiana col matterello una volta, poi fai fare alla pasta un quarto di giro.

3. Spiana col matterello e gira di un altro quarto la pasta. Continua così fino a ottenere lo spessore desiderato.

Cottura alla cieca

Quando fai la base per la quiche e certi tipi di torte, devi cuocerla prima per conto suo. Questa si chiama "cottura alla cieca".

Far riposare la pasta

Quando fai la pasta, o la stendi, a volte bisogna lasciarla riposare un po' nel frigo prima di usarla. Questo serve a evitare che si restringa troppo quando la metti in forno.

Sbriciolare

1. Mescola i pezzetti di burro nella farina. Amalgama la farina con il burro sfregandoli tra di loro con la punta delle dita. Solleva le briciole e lasciale cadere nella ciotola in modo che il miscuglio rimanga vaporoso.

2. Continua così, fino a quando l'impasto non sarà tutto amalgamato e sbriciolato finemente.

Foderare di pasta una tortiera

1. Ungi la tortiera con del burro ammorbidito o della carta da cucina bagnata d'olio. Arrotola la pasta sul matterello.

2. Srotola la pasta sulla tortiera e, premendo leggermente, falla aderire alla superficie.

3. Taglia i bordi in eccesso con le forbici, ma non tagliare troppo vicino alla tortiera. Copri la pasta con pellicola per alimenti e metti in frigo per 20 minuti.

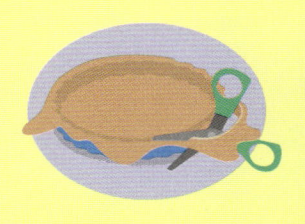

Glasse e farciture

Quantità

Tutte le ricette di questa sezione sono per una quantità sufficiente a farcire, ricoprire o glassare una torta di 20 cm di diametro (tranne che per la salsa mou, che serve a farcire 6 macarons). Per dolci di dimensioni diverse controlla le indicazioni date nel libro.

Crema di burro alla vaniglia

Ingredienti: 50 g di burro morbido o margarina, 100 g di zucchero a velo, 1 cucchiaino di estratto di vaniglia e 1 cucchiaino di latte o acqua (facoltativo).

1. Se usi il burro, mettilo in una terrina e sbattilo fino a che non diventa soffice e cremoso. Se usi margarina, non serve sbatterla.

2. Setaccia metà dello zucchero a velo nella terrina e mescola. Incorpora bene il resto dello zucchero a velo setacciato, la vaniglia, il latte o l'acqua.

Crema di burro al cioccolato

Ingredienti: 50 g di burro morbido o margarina, 75 g di zucchero a velo, 25 g di cacao e 1 cucchiaino di latte o acqua (facoltativo).

Segui le istruzioni per la crema di burro alla vaniglia (a sinistra) ma setaccia il cacao con lo zucchero a velo.

Crema di burro agli agrumi

Ingredienti: 1 arancia (o 1 limone o 2 lime) 50 g di burro morbido o margarina e 100 g di zucchero a velo.

Gratta la scorza dell'agrume sui fori piccoli della grattugia. Segui le istruzioni per la crema di burro alla vaniglia (a sinistra), ma al punto 2 sostituisci il latte o l'acqua e la vaniglia con la scorza grattugiata e 2 cucchiaini di succo.

Glassa al formaggio cremoso

Ingredienti: 50 g di zucchero a velo, 200 g di formaggio cremoso e 1 cucchiaio di succo di limone.

Setaccia lo zucchero a velo in una terrina, aggiungici il formaggio e il succo di limone e sbatti delicatamente.

Se sbatti troppo il formaggio diventa acquoso.

Mascarpone al lime

Ingredienti: 1 lime, 250 g di mascarpone e 25 g di zucchero a velo.

Gratta la scorza del lime sui fori piccoli della grattugia. Mescola in una terrina la scorza, il mascarpone e lo zucchero a velo setacciato.

Glassa al cioccolato

Ingredienti: 40 g di burro e 75 g di cioccolato fondente o al latte a pezzetti.

1. Metti il burro a sciogliere in un pentolino a fiamma bassa. Quando sarà sciolto, togli il pentolino dal fuoco.

2. Aggiungi il cioccolato e mescola fino a che non sarà sciolto. Prima di usare la glassa per ricoprire una torta o farcire dei biscotti, versala in una terrina e mettila in frigo per 20 minuti.

Panna montata

1. Versa 150 ml di panna da montare in una terrina capiente. Tieni la terrina ben ferma con una mano e sbatti energicamente con la frusta.

2. Sbatti fino a che la panna non diventa compatta: sollevando la frusta sulla superficie dovrà formarsi una punta soffice.

Se sbatti troppo la panna si indurisce.

Panna alla vaniglia

Segui le istruzioni per la panna montata (sopra) ma prima di montare la panna aggiungi 1 cucchiaio di zucchero a velo setacciato e ½ cucchiaino di estratto di vaniglia.

Glassa all'acqua

Ingredienti: 100 g di zucchero a velo, 2 cucchiaini di acqua e del colorante alimentare (facoltativo).

1. Mescola in una terrina lo zucchero a velo setacciato e l'acqua fino a ottenere un composto cremoso e spalmabile.

2. Aggiungi qualche goccia di colorante alimentare. Se vuoi glasse di colori diversi, distribuisci il composto in due o più terrine e aggiungici il colorante alimentare.

Glassa agli agrumi

Segui le istruzioni per la glassa all'acqua (sopra) ma sostituisci l'acqua con succo di arancia, limone o lime.

Salsa mou

Ingredienti: 15 g di burro, 40 g di zucchero di canna e 100 g di formaggio cremoso.

1. Metti il burro e lo zucchero in un pentolino e fai sciogliere a fuoco lento mescolando continuamente.

2. Togli dal fuoco e aggiungi il formaggio. Amalgama il tutto sbattendo con un cucchiaio di legno e poi lascia raffreddare per 5 minuti.

Tecniche di decorazione

Effetto piatto

Usa un coltello a lama piatta o il dorso di un cucchiaio per coprire con uno strato sottile di glassa la torta o il biscotto.

Effetto onda

Con un coltello a lama piatta, distribuisci uno strato abbondante di glassa sul dolce. Trascina il coltello sulla glassa con movimenti circolari per formare delle onde.

Disegnare su glassa

Occorrente: glassa all'acqua (vedi pag. 377), una siringa o una sacca da pasticciere con un beccuccio piccolo e rotondo piena di glassa all'acqua di un colore diverso, e uno stecchino.

1. Spalma la glassa sulla torta o sul biscotto con l'effetto piatto (vedi sopra). Sulla glassa ancora umida, fai delle linee con la sacca.
2. Striscia la punta dello stecchino in diagonale sulle linee per ottenere delle punte. Continua a strisciare lo stecchino in diagonale sulle linee per creare altre punte.

Colorante alimentare

Il colorante alimentare liquido va bene per colorare la glassa o la crema di burro in tinte pastello, ma se ne usi troppo possono diventare acquose. Per ottenere colori più forti utilizza coloranti in gel.

Glassa colante

Versa la glassa sul dolce, poi stendilo fino sui bordi. Continua a distribuirlo sulla torta, in modo che scenda anche sui lati.

Riempire la siringa da pasticciere

Attacca il beccuccio, poi metti la siringa in una tazza o in un bicchiere a punta in giù. Riempila di glassa con il cucchiaio. Inserisci lo stantuffo nella siringa.

Riempire la sacca da pasticciere

1. Spingi il beccuccio fino in fondo alla sacca. Se la sacca è di plastica, taglia prima la punta.
2. Metti la sacca in una tazza o un bicchiere a punta in giù. Per non farla muovere mentre la riempi, apri la parte superiore e ripiegala sul bordo. 
3. Con il cucchiaio, riempi la sacca di glassa fino a metà. Chiudi la parte superiore della sacca, torcendola appena sopra il ripieno.

Rosette e spirali

Procurati una siringa o una sacca da pasticciere con un beccuccio a stella o a fiore.

1. Tieni la siringa o la sacca col beccuccio a circa ½ cm di distanza dalla superficie del dolce.

2. Schiaccia per far uscire un po' di glassa sul dolce. Tenendo il beccuccio nella stessa posizione, continua a premere per formare un ciuffetto.

3. Per finire la rosetta, smetti di premere e allontana velocemente il beccuccio.

4. Per fare una spirale, segui i punti 1-3, poi parti dal bordo e muovi il beccuccio in senso circolare dall'esterno verso l'interno e dal basso verso l'alto. Allontana velocemente il beccuccio.

Linee e punti

Usa un tubetto di glassa pronta o riempi di glassa una siringa o una sacca da pasticciere con un beccuccio piccolo e rotondo.

1. Per fare un puntino, premi fino a che non si forma un puntino. Smetti di premere e allontana velocemente il beccuccio.

2. Per fare una linea, muovi il beccuccio continuando a premere. Smetti di premere e allontana velocemente il beccuccio.

Rose e spirali piatte

Procurati una sacca da pasticciere o una sacca con un beccuccio a fiocco di neve. Per le spirali piatte vedi il punto 3.

1. Fai una spirale partendo dal centro e continuando verso l'esterno in senso circolare.

2. Quando hai raggiunto il bordo esterno del dolce, smetti di premere e allontana velocemente il beccuccio.

3. Per fare una spirale piatta, segui i punti 1-2 ma usa un beccuccio medio a forma di stella.

Tecniche per il cioccolato

Sciogliere il cioccolato

1. Procurati una terrina resistente al calore da appoggiare su un pentolino, in modo che il fondo della terrina non tocchi quello della pentola e tra essi ci sia uno spazio di circa 5 cm.

2. Riempi il pentolino di acqua per un quarto e metti a scaldare a fuoco medio. Quando l'acqua bolle, togli dal fuoco.

3. Spezzetta il cioccolato e mettilo nella terrina. Con dei guanti da forno, adagia la terrina nel pentolino. Dopo 5 minuti, mescola finché il cioccolato non si scioglie.

Riccioli di cioccolato

Procurati una barra di cioccolato a temperatura ambiente.

Con un pelaverdure, gratta la barra sul lato liscio per ottenere dei riccioli.

Per fare dei riccioli più larghi, spezza il cioccolato in strisce, poi gratta il pelaverdure lungo il lato più largo della striscia.

Tipi di cioccolato

Per cucinare, puoi utilizzare gocce o barre di cioccolato.

Foglie di cioccolato

Procurati 100 g di cioccolato fondente, 15 foglie di menta fresca, una placca foderata con carta forno, un pennello piccolo e pulito e uno stecchino.

Non coprire il gambo.

Fai qualche foglia in più perché alcune si possono rompere.

Le foglie si rompono facilmente, per cui toccale il meno possibile.

1. Fai sciogliere il cioccolato (vedi sopra). Con i guanti da forno estrai la terrina dal pentolino. Applica uno strato spesso di cioccolato sul retro delle foglie.

2. Posa le foglie sulla placca con il lato di cioccolato in alto. Metti in frigo per 45 minuti, o finché il cioccolato non si è solidificato.

3. Ora con lo stecchino gira le foglie sull'altro lato. Tieni fermo il cioccolato con lo stecchino e solleva il gambo, staccando con delicatezza la foglia. Ripeti per le altre foglie.

Colare a filo il cioccolato

1. Fai sciogliere 75 g di cioccolato fondente, al latte o bianco seguendo le istruzioni della pagina precedente.

2. Prendi un cucchiaio di cioccolato fuso. Tieni il cucchiaio sopra il dolce e inclinalo un po', muovendolo in modo da far cadere una scia di cioccolato sulla superficie.

Effetto marmorizzato

Procurati 100 g di gocce di cioccolato bianco e 50 g di gocce di cioccolato fondente.

1. Cospargi il dolce ancora caldo di gocce di cioccolato bianco e fondente. Lascia sciogliere per 5 minuti.

2. Con il dorso di un cucchiaino crea spirali e ghirigori sul cioccolato. Metti il dolce in frigo per far rassodare.

Crema ganache

La ganache è una crema al cioccolato usata come ripieno o come copertura. Procurati 200 g di cioccolato fondente o al latte e 100 ml di panna fresca.

1. Fai sciogliere il cioccolato. Incorpora la panna. Con i guanti da forno, estrai la terrina dal pentolino.

2. Fai raffreddare per 10 minuti, poi metti in frigo per 1 ora, mescolando di tanto in tanto.

Per fare la ganache al cioccolato bianco, sostituisci il cioccolato fondente o al latte con 300 g di cioccolato bianco.

Per un gusto più deciso puoi utilizzare panna acida invece di quella fresca.

Cioccolato plastico

Procurati 75 g di cioccolato fondente o al latte, 1 cucchiaio e ½ di golden syrup e del cacao.

1. Fai sciogliere il cioccolato. Con i guanti da forno estrai la terrina dal pentolino. Aggiungi il golden syrup, mescolando fino a quando il composto non si stacca dalle pareti della terrina.

2. Lavora il composto in una palla e avvolgila nella pellicola trasparente. Metti in frigo per 1 ora. Tirala fuori 10 minuti prima di usarla.

3. Poggialo su una superficie spolverizzata di cacao. Fai delle decorazioni, ad esempio dei bottoncini, o altre forme ricavate con il tagliapasta (vedi pag. 382).

Idee per decorare

Il marzapane contiene mandorle

Marzapane colorato o glassa fondente

Procurati marzapane o glassa fondente bianchi pronti all'uso e colorante alimentare (per colori più intensi usa quello in gel).

1. Prendi una dose di marzapane o di glassa grande quanto una pallina da ping-pong. Fai un buco al centro e versaci 3 o 4 gocce di colorante alimentare.

2. Copri il colorante con il marzapane o la glassa. Continua a schiacciare e a incorporare fino ad amalgamare completamente.

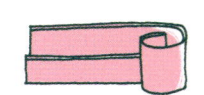

Formine zuccherate

Procurati del marzapane, del cioccolato plastico o delle sagome di glassa pronta, delle palline di zucchero e 2 cucchiaini di zucchero a velo.

1. Metti lo zucchero a velo in una ciotolina. Aggiungi ½ cucchiaino di acqua e mescola per ottenere una miscela liscia e poco densa.

2. Spennella uno strato sottile di miscela sulle formine. Spolverizza con palline di zucchero e fai asciugare.

Bottoncini e palline

1. Lavora un po' di marzapane, di glassa pronta o di cioccolato plastico per formare una pallina.

2. Per fare un bottoncino, metti la pallina su una superficie piana e appiattiscila con il dorso di un cucchiaio.

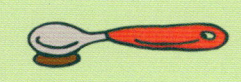

Stendere e tagliare

1. Per stendere il marzapane o la glassa pronta cospargi un piano di lavoro e un matterello con un po' di zucchero a velo. Per il cioccolato plastico, usa il cacao.

2. Stendi il marzapane, la glassa o il cioccolato plastico fino a ottenere uno strato spesso 2 mm. Taglia delle formine con gli stampini.

Roselline

Stendi del marzapane, del cioccolato plastico o della glassa pronta per ottenere uno strato spesso 2 mm.

1. Con un coltello affilato, taglia una striscia lunga 4 cm e larga 1, poi taglia un'altra striscia della stessa lunghezza, ma larga la metà.

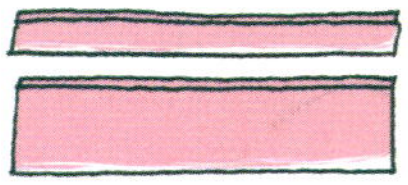

2. Metti la striscia sottile su quella larga, allineandola con uno dei lati lunghi. Arrotola insieme le due strisce, con quella larga sull'esterno. Premi alla base, per far aderire.

Nastri per torte

Se vuoi decorare la torta con un nastro, i lati della torta non devono essere ricoperti di glassa o crema per evitare che il nastro diventi appiccicoso. Posiziona il nastro intorno alla torta, con le estremità sul retro. Sigilla con del nastro adesivo.

Zucchero a velo colorato

Procurati dello zucchero a velo e un po' di colorante alimentare.

1 Metti un cucchiaio di zucchero in un piatto e aggiungi poche gocce di colorante alimentare. Con un cucchiaio, schiaccia la miscela in un colino per filtrarla. Ripeti 3 volte.

2 Stendi lo zucchero e fai asciugare per circa 2 ore. Quando è ben asciutto, passalo nel colino pulito un'ultima volta.

Decorazioni con stencil

Procurati dello zucchero a velo o del cacao e un pezzo di carta più grande del dolce da decorare.

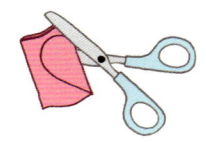

1 Piega la carta a metà. Disegna metà cuore (o un'altra figura) lungo la piega. Ritaglia, poi apri il foglio.

2 Attacca un anello di nastro adesivo alla sagoma e posala sul dolce. Metti il pezzo di carta ritagliato su un altro dolce.

3 Setaccia zucchero a velo o cacao sul dolce, poi rimuovi le sagome.

Bandierine e altre decorazioni di carta

Procurati della carta da regalo, oggetti da usare per disegnare forme diverse, ad esempio dei tagliapasta o delle monetine, e 12 stecchini.

1 Stendi la carta su un piano di lavoro, con la parte stampata rivolta in basso. Usa i tagliapasta o le monete per disegnare 12 forme.

2 Ritaglia le sagome. Posizionale con il lato stampato in giù. Poggia uno stecchino su ognuna, in modo che la punta sia al centro della sagoma.

3 Fissa la punta dello stecchino alla sagoma con il nastro adesivo. Infila l'altra estremità dello stecchino nel dolce.

4 Per fare delle bandierine, ritaglia delle striscie di carta, poi piegale a metà. Applicaci sopra della colla. Poggia uno stecchino lungo la piega di ogni striscia e incolla le due estremità. Fai asciugare.

383

Il marzapane contiene mandorle

Altre idee per decorare

Casette

Procurati un matterello, zucchero a velo e marzapane o glassa pronta di colore rosso, blu, marrone e bianco.

1. Dai la forma di cubo a un pezzo di glassa o di marzapane. Appiattiscine le facce con colpetti leggeri su una superficie pulita.

2. Poggia il cubo, prendi due lati fra le dita e premi in modo da ottenere un tetto a punta, come in figura.

3. Spolverizza il piano di lavoro e il matterello di zucchero a velo. Stendi il marzapane o la glassa allo spessore di mezza matita.

4. Ritaglia 2 rettangoli, uno per ciascun lato del tetto, e premi leggermente per farli aderire dove s'incontrano, in cima.

Aggiungi il comignolo e una porta con la maniglia.

Vedi a pagina 382 per come colorare il marzapane e la glassa pronta.

Stelle e cuori di cioccolato

Procurati 40 g di cioccolato bianco e 40 g di cioccolato fondente o al latte, un tagliere, della carta forno, del nastro adesivo e una siringa o una sacca da pasticciere con un beccuccio piccolo e rotondo.

1. Segui i punti 1-2 della pagina accanto (farfalle di cioccolato), ma al posto delle farfalle ricalca in tutto 20 stelle e cuori (vedi pagg. 386-387). Fai sciogliere il cioccolato bianco (vedi pag. 380).

Se si afflosciano, rimettile in frigorifero.

2. Riempi la siringa o la sacca da pasticciere, poi disegna 10 sagome seguendo le linee a matita (vedi pag. 379). Lava e asciuga il beccuccio e applicalo a una siringa pulita e asciutta o a una sacca nuova.

3. Disegna le altre 10 sagome con il cioccolato fondente. Metti il tagliere in frigo per 15 minuti, poi stacca la carta forno. Infine, stacca delicatamente le stelle e i cuori e poggiali sulla glassa.

Farfalle di cioccolato

Procurati un tagliere, della carta forno, 75 g di cioccolato bianco, una terrina resistente al calore da appoggiare su un pentolino, del colorante alimentare e una siringa o una sacca da pasticciere con un beccuccio piccolo e rotondo.

1 Taglia della carta forno della dimensione del tagliere, poi poggiala sulle farfalle disegnate alle pagine 386-387 e ricalcale con la matita.

2 Sposta la carta forno per ricalcare altre farfalle. Quando ne avrai disegnate 20, gira il foglio e fissalo sul tagliere con il nastro adesivo.

3 Fai sciogliere il cioccolato (vedi pag. 380). Togli la terrina dal pentolino e incorpora poche gocce di colorante alimentare. Metti il cioccolato nella siringa o nella sacca da pasticciere.

4 Disegna le farfalle seguendo le linee a matita (vedi i consigli a pag. 379).

Se si afflosciano, rimettile in frigorifero.

5 Metti in frigo per 15 minuti. Rimuovi la carta forno e stacca le farfalle. Sistema le due metà di una coppia di ali sulla glassa, in modo che sembri che la farfalla stia volando.

Zucchette

Procurati dei chiodi di garofano interi, uno stecchino, marzapane o glassa pronta di colore rosso, giallo e verde (vedi pag. 382 per come colorare il marzapane o la glassa).

1 Lavora insieme del marzapane o della glassa di colore rosso e giallo. Con il pezzo arancione ottenuto, fai una pallina.

2 Poggia la punta dello stecchino alla base della pallina. Spingi la punta verso l'alto in modo da incidere un solco che arrivi fino all'altra estremità.

3 Fai altri solchi tutto intorno. Premi il pollice al centro della pallina per formare un incavo.

4 Per il viticcio, arrotola un pezzetto di marzapane o glassa verde e avvolgi la strisciolina intorno allo stecchino, poi sfila con cura lo stecchino.

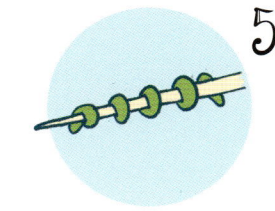

5 Togli la testa a un chiodo di garofano. Infila l'estremità del viticcio nell'incavo della zucca e sigilla con la punta del chiodo di garofano.

Se vuoi, aggiungi occhi, naso e bocca.

Modelli per decorazioni

Questi disegni servono come modello per le decorazioni di cioccolato da realizzare con la siringa o la sacca da pasticciere, disegnando prima le linee chiare e poi quelle più scure. Le istruzioni dettagliate sono alle pagine 384-385. A pagina 379 trovi le istruzioni per fare una linea di glassa.

Cuore grande

Stellina

Usa i disegni più piccoli per decorare i dolcetti.

Farfallina

Farfalline

Farfalla

387

Allergie e intolleranze

Alcuni degli ingredienti indicati nelle ricette di questo libro sono facoltativi e puoi fare a meno di usarli se cucini per qualcuno che soffre di allergie o intolleranze alimentari. Eventuali ingredienti alternativi sono spesso proposti accanto a quelli originali, nei riquadri o nelle didascalie. Qui di seguito troverai, per ogni ricetta, la lista degli alimenti che potrebbero rappresentare un problema per chi non può mangiare frumento, glutine, lattosio, uova o frutta a guscio e l'indicazione di eventuali ingredienti sostitutivi. È sempre consigliabile controllare attentamente le etichette dei prodotti confezionati (ad esempio estratto di vaniglia, marmellata, cioccolato, lievito, zucchero a velo, cacao o palline di zucchero colorato) per essere sicuri che non contengano ingredienti inadatti.

Biscotti

Biscottini rosa
Contengono frumento, glutine e lattosio.

Biscotti avena e uvetta
Contengono frumento, glutine, lattosio e uova.

Triangolini al cioccolato
Contengono frumento, glutine e lattosio. Per farli senza glutine vedi pagina 35.

Stelline luccicanti
Contengono frumento, glutine, lattosio e uova.

Biscotti a righe
Contengono frumento, glutine e lattosio.

Biscotti cioccolato e ciliegie
Contengono frumento, glutine, lattosio e uova.

Fiorellini di vetro
Contengono frumento, glutine, lattosio e uova. Per farli senza lattosio, usa la margarina e l'acqua.

Stelle all'arancia
Contengono frumento, glutine e lattosio.

Biscotti con gocce di cioccolato
Contengono frumento, glutine, lattosio e uova. Per farli senza lattosio, usa la margarina e il cioccolato senza lattosio.

Fiorentini al cioccolato
Contengono frumento, glutine, lattosio e mandorle.

Barrette alla cannella
Contengono frumento, glutine e lattosio. È compresa una versione senza glutine.

Croccanti al burro di arachidi
Contengono frumento, glutine, lattosio, uova e arachidi.

Biscotti cioccolato e arancia
Contengono frumento, glutine, lattosio e uova. Per farli senza lattosio, usa la margarina e il cioccolato senza lattosio.

Biscotti speziati
Contengono frumento, glutine, uova e mandorle.

Girelle al limone
Contengono frumento, glutine e lattosio.

Biscotti glassati

Margheritine
Contengono frumento, glutine e lattosio.

Biscotti delle feste
Contengono frumento, glutine, lattosio e uova. Per farli senza lattosio, usa la margarina.

Biscotti al limone glassati
Contengono frumento, glutine, lattosio e uova.

Biscotti alla cannella
Contengono frumento, glutine e lattosio.

Biscotti lecca-lecca
Contengono frumento, glutine, lattosio e uova. Per farli senza lattosio, usa la margarina.

Stelline di biscotto
Contengono frumento, glutine, lattosio e uova.

Piccole gemme
Contengono frumento, glutine e lattosio.

Corone di biscotto
Contengono frumento, glutine e lattosio.

Stelle limone e cannella
Contengono uova e mandorle.

Biscotti ragnatela
Contengono frumento, glutine e lattosio.

Biscotti allo zenzero
Contengono frumento, glutine e lattosio.

Casette di pan di zenzero
Contengono frumento, glutine, lattosio e uova.

Biscotti coriandolini
Contengono frumento, glutine, lattosio e uova.

Fiori di pan di zenzero
Contengono frumento, glutine, lattosio e uova. Per farli senza lattosio, usa la margarina.

Biscotti fiocco di neve
Contengono frumento, glutine e lattosio.

Biscotti farciti

Biscotti viennesi
Contengono frumento, glutine e lattosio.

Bottoni alla marmellata
Contengono frumento, glutine, lattosio e cocco. Chi è allergico alla frutta a guscio ometta il cocco.

Cuori di cacao e marzapane
Contengono frumento, glutine, lattosio, uova e mandorle.

Biscotti alla marmellata
Contengono frumento, glutine, lattosio, uova e mandorle (facoltativo).

Biscotti con cuore morbido
Contengono frumento, glutine, lattosio e uova.

Pepite arachidi e cioccolato
Contengono frumento, glutine, lattosio, uova e arachidi.

Merletti di biscotto
Contengono frumento, glutine, lattosio e uova.

Biscotti yo-yo
Contengono frumento, glutine e lattosio.

Cuori di cioccolato all'arancia
Contengono frumento, glutine, lattosio, uova e mandorle.

Biscotti di Linz
Contengono frumento, glutine, lattosio, uova e nocciole.

Dolci in teglia

Torta al cocco
Contiene frumento, glutine, lattosio, uova e cocco. Chi è allergico alla frutta a guscio ometta il cocco.

Dolcetti glassati
Contengono frumento, glutine, lattosio e uova.

Rotolo svizzero
Contiene frumento, glutine e uova. Per una versione senza lattosio evita le farciture con panna montata, mousse al cioccolato e crema di burro.

Plumcake al limone e mango
Contiene frumento, glutine, lattosio e mandorle.

Torta di ricotta al limone
Contiene frumento, glutine, lattosio e uova.

Rotolo al cioccolato
Contiene frumento, glutine, lattosio, uova e mandorle. Per farlo senza frumento e glutine usa il lievito senza frumento e glutine. Per farlo senza lattosio, usa il ripieno a pagina 104.

Torta di mele alla cannella
Contiene frumento, glutine e uova.

Torta di carote
Contiene frumento, glutine, lattosio, uova e frutta a guscio. Per farla senza lattosio ometti la copertura. Usa invece la glassa all'acqua (vedi pag. 377).

Plumcake allo zenzero
Contiene frumento, glutine, lattosio e uova.

Torta di compleanno
Contiene frumento, glutine, lattosio e uova.

Quadrotti al cioccolato
Contengono lattosio e uova. Per farli senza lattosio, usa la margarina e il cioccolato senza lattosio.

Tronchetto di Natale
Contiene frumento, glutine, lattosio, uova e mandorle. Per farlo senza frumento, glutine o lattosio, vedi le altre idee a pagina 123.

Torta alle spezie e miele
Contiene frumento, glutine, lattosio, uova e mandorle. Per farla senza frumento e glutine usa la farina di mais e il lievito senza frumento e glutine. Per

farla senza lattosio, usa la margarina.

Quadrotti con canditi
Contengono frumento, glutine, lattosio, uova e frutta a guscio (facoltativo). Per farli senza frutta a guscio ometti il marzapane.

Barrette e brownies

Barrette alle ciliegie
Contengono frumento, glutine, lattosio, uova e semi (facoltativo). Chi è allergico alla frutta a guscio ometta i semi.

Barrette alle mele
Contengono glutine, lattosio e semi (facoltativo). Chi è allergico alla frutta a guscio ometta i semi.

Brownies al cioccolato
Contengono frumento, glutine, lattosio, uova e frutta a guscio (facoltativo).

Brownies alle ciliegie
Contengono frumento, glutine, lattosio, uova e frutta a guscio (facoltativo). Per farli senza lattosio, usa la margarina e il cioccolato senza lattosio.

Brownies supercioccolatosi
Contengono frumento, glutine, lattosio, uova e frutta a guscio (facoltativo).

Brownies cioccolato e arachidi
Contengono frumento, glutine, lattosio, uova e arachidi. Per farli senza lattosio, usa la margarina e il cioccolato senza lattosio.

Brownies bianchi ai mirtilli
Contengono frumento, glutine, lattosio e uova.

Torta gelato
Contiene frumento, glutine, lattosio e uova.

Meringhe e macarons

Meringhe farcite
Contengono lattosio e uova. Per farle senza lattosio, ometti il ripieno ai lamponi.

Meringhe variopinte
Contengono uova.

Nidi di meringa
Contengono lattosio e uova.

Meringhe variegate
Contengono lattosio e uova. Per farle senza lattosio, usa il cioccolato senza lattosio.

Meringhe mignon
Contengono lattosio e uova. Per farle senza lattosio, ometti la panna montata.

Macarons ai lamponi
Contengono lattosio, uova e mandorle.

Macarons al cioccolato
Contengono lattosio, uova e mandorle.

Macarons farciti
Contengono lattosio, uova e mandorle. Per farli senza lattosio, usa la margarina per la crema di burro.

Macarons al mou
Contengono lattosio, uova e mandorle.

Muffins e morbidoni

Muffins glassati
Contengono frumento, glutine, lattosio e uova.

Muffins al cioccolato
Contengono frumento, glutine, lattosio e uova. Per farli senza lattosio, usa il cioccolato senza lattosio e il latte di soia.

Muffins speziati alle mele
Contengono frumento, glutine, lattosio e uova.

Muffins variegati
Contengono frumento, glutine, lattosio e uova. Per farli senza lattosio, usa il cioccolato senza lattosio.

Muffins ai frutti di bosco
Contengono frumento, glutine, lattosio e uova.

Muffins alla banana
Contengono frumento, glutine, lattosio e uova.

Morbidoni alla crema
Contengono frumento, glutine, lattosio e uova.

Morbidoni al cioccolato
Contengono frumento, glutine, lattosio e uova.

Tortine e cupcakes

Mignon cremosi
Contengono frumento, glutine, lattosio e uova. Per farli senza lattosio, usa la margarina e le gocce di cioccplato senza lattosio.

Tortine rosse e bianche
Contengono frumento, glutine e lattosio.

Cupcakes dal cuore morbido
Contengono uova.

Cupcakes allo sciroppo d'acero
Contengono frumento, glutine, lattosio, uova e frutta a guscio (facoltativo).

Tortine ai frutti di bosco
Contengono lattosio e uova. Per farle senza lattosio, usa la margarina.

Tortine con le ali
Contengono frumento, glutine, lattosio e uova. Per farle senza lattosio, usa la margarina.

Tortine al cocco
Contengono frumento, glutine, lattosio, uova e cocco. Chi è allergico alla frutta a guscio ometta il cocco.

Cupcakes fioriti
Contengono lattosio e uova. Per farli senza lattosio, usa la margarina e il latte di soia.

Cupcakes all'albicocca
Contengono frumento, glutine, lattosio, uova e mandorle. Per farli senza frumento e glutine usa la farina di mais e il lievito senza frumento e glutine.

Cupcakes al limone e lime
Contengono frumento, glutine, lattosio e uova.

Cupcakes al cioccolato
Contengono frumento, glutine, lattosio e uova. Per farli senza lattosio, usa la margarina e l'acqua.

Dolcetti farfalla
Contengono frumento, glutine, lattosio e uova.

Tortine di cioccolato alle ciliegie
Contengono frumento, glutine, lattosio e uova.

Mignon agli agrumi
Contengono frumento, glutine, lattosio e uova. Per farli senza lattosio, usa la margarina.

Tortine natalizie
Contengono frumento, glutine, lattosio e uova.

Tortine ai lamponi
Contengono uova e mandorle.

Tortine all'arancia
Contengono lattosio e uova. Per farle senza lattosio, usa la margarina.

Tortine al caffè
Contengono frumento, glutine, lattosio e uova.

Tortine lecca-lecca
Contengono frumento, glutine, lattosio e uova.

Mini cheesecakes
Contengono frumento, glutine, lattosio e uova. Per farli senza frumento e glutine usa i biscotti senza frumento e glutine.

Mignon con glassa rosa
Contengono frumento, glutine, lattosio e uova. Per farli senza lattosio, usa la margarina.

Boccioli di rosa
Contengono frumento, glutine, lattosio e uova. Per farli senza lattosio, usa la margarina. Spalma la crema invece di usare una sacca da pasticciere.

Cupcakes dell'amicizia
Contengono frumento, glutine, lattosio e uova. Per farli senza lattosio, usa la margarina, l'acqua e il cioccolato senza lattosio.

Tortine alla banana
Contengono frumento, glutine, lattosio, uova e frutta a guscio (facoltativo). Per farle senza lattosio, usa la margarina e ometti la decorazione.

Cupcakes alla vaniglia
Contengono frumento, glutine, lattosio e uova. Per farli senza lattosio, usa la margarina. Spalma la crema invece di usare una sacca da pasticciere.

Cupcakes cioccolatosi
Contengono frumento, glutine, lattosio e uova. Per farli senza frumento e glutine usa il lievito e il cioccolato senza frumento e glutine.

Tortine croccanti
Contengono frumento, glutine, lattosio e uova.

Mignon menta e cioccolato
Contengono frumento, glutine, lattosio e uova. Per farli senza lattosio, usa la margarina e il cioccolato senza lattosio.

Tortine fantasia
Contengono frumento, glutine, lattosio e uova. Per farle senza lattosio, usa la margarina.

Tortine margherita alle fragole
Contengono frumento, glutine, lattosio

e uova. Per farle senza lattosio, usa la margarina.

Torte e cheesecakes

Torta sandwich
Contiene frumento, glutine, lattosio e uova.

Torta di base
Contiene frumento, glutine, lattosio e uova. Per farla senza lattosio, usa la margarina e ometti la farcitura cremosa e quella fatta di mascarpone.

Torta al limone farcita
Contiene frumento, glutine, lattosio e uova.

Torta al caffè
Contiene frumento, glutine, lattosio, uova e frutta a guscio (facoltativo). Per farla senza lattosio, usa la margarina.

Torta fragolosa
Contiene frumento, glutine, lattosio e uova. Per farla senza lattosio, usa la margarina.

Torta golosa al limone
Contiene frumento, glutine, lattosio e uova.

Torta di cioccolato all'arancia
Contiene frumento, glutine, lattosio e uova.

Torta bianca e rosa
Contiene frumento, glutine, lattosio e uova. Per farla senza lattosio, usa latte di soia e sostituisci la panna montata con la crema di burro (vedi pag. 376) fatta con margarina e acqua al posto del latte.

Cheesecake alla vaniglia
Contiene frumento, glutine, lattosio e uova. Per farlo senza frumento e glutine usa i biscotti senza frumento e glutine.

Torta ricoperta al cioccolato
Contiene frumento, glutine, lattosio e uova.

Torta all'ananas
Contiene frumento, glutine, lattosio e uova.

Torta alla zucca
Contiene frumento, glutine, lattosio e uova. Per farla senza lattosio, usa la margarina e il cioccolato senza lattosio.

Torta ai lamponi
Contiene frumento, glutine, lattosio e uova.

Ciambella caramella
Contiene frumento, glutine, lattosio e uova.

Cheesecake ai mirtilli
Contiene frumento, glutine, lattosio e uova. Per farlo senza frumento e glutine usa i biscotti senza frumento e glutine.

Torta farcita alle fragole
Contiene frumento, glutine, lattosio e uova.

Ciambella zebrata
Contiene frumento, glutine, lattosio e uova.

Torta di mandorle ai lamponi
Contiene frumento, glutine, uova e mandorle. Per farla senza frumento e glutine usa il lievito senza frumento e glutine.

Castello dolce
Contiene frumento, glutine, lattosio e uova. Per farlo senza lattosio, usa la margarina e il latte di soia.

Torta farfallina
Contiene frumento, glutine, lattosio e uova.

Torta golosa al cioccolato
Contiene frumento, glutine, lattosio e uova.

Torta ricoperta di marshmallow
Contiene frumento, glutine, lattosio e uova.

Torta al cioccolato bianco
Contiene frumento, glutine, lattosio e uova.

Torta al lime e cioccolato
Contiene frumento, glutine, lattosio e uova.

Torta inglese al limone
Contiene frumento, glutine, lattosio e uova. Per farla senza frumento e glutine usa il lievito senza frumento e glutine. Per farla senza lattosio, usa la margarina. Per la torta al cioccolato senza lattosio usa la magarina e il cioccolato senza lattosio.

Torta al cacao farcita
Contiene frumento, glutine, lattosio, uova e mandorle.

Torta alla mousse di cioccolato
Contiene frumento, glutine, lattosio e uova.

Torta supercioccolatosa
Contiene frumento, glutine, lattosio e uova.

Torta di cioccolato e noci
Contiene frumento, glutine, lattosio, uova e frutta a guscio. Per farla senza frumento e glutine usa il lievito senza frumento e glutine.

Cheesecake al cioccolato bianco
Contiene frumento, glutine, lattosio e uova. Per farlo senza frumento e glutine usa i biscotti senza frumento e glutine.

Golosità dolci e salate

Pane fatto in casa
Contiene frumento, glutine, lattosio (facoltativo) e semi (facoltativo). Chi è allergico alla frutta a guscio ometta i semi.

Pane fruttato
Contiene frumento, glutine, lattosio e uova.

Panini uvetta e cannella
Contengono frumento, glutine, lattosio e uova.

Stollen
Contiene frumento, glutine, lattosio, uova e mandorle.

Kringle
Contiene frumento, glutine, lattosio e uova.

Girelle alla cannella
Contengono frumento, glutine, lattosio e uova.

Pizzette
Contengono frumento, glutine e lattosio.

Pizza
Contiene frumento, glutine e lattosio.

Scones all'uvetta
Contengono frumento, glutine e lattosio.

Scones al formaggio
Contengono frumento, glutine e lattosio.

Crostate, sfoglie e bignè

Crostatine di pere e mirtilli
Contengono frumento, glutine e lattosio.

Rollini al formaggio
Contengono frumento, glutine, lattosio, uova e semi (facoltativo). Chi è allergico alla frutta a guscio ometta i semi.

Fagottini di feta
Contengono frumento, glutine, lattosio e uova.

Sfogliatine con susine
Contengono frumento, glutine e lattosio.

Crostatine al cioccolato
Contengono frumento, glutine e lattosio.

Girelline ai lamponi
Contengono frumento, glutine, lattosio e uova.

Bignè ripieni
Contengono frumento, glutine, lattosio e uova.

Tartellette alle mele
Contengono frumento, glutine e lattosio.

Profiteroles ai lamponi
Contengono frumento, glutine, lattosio e uova.

Crostatine guarnite
Contengono frumento, glutine, lattosio e uova. Per farle senza uova ometti la crema di limone.

Sfogliatine salate
Contengono frumento, glutine e lattosio.

Profiteroles al cioccolato
Contengono frumento, glutine, lattosio e uova.

Crostata di pere e mandorle
Contiene frumento, glutine, lattosio, uova e mandorle.

Crostatine limone e fragole
Contengono frumento, glutine, lattosio e uova.

Profiteroles con salsa mou
Contengono frumento, glutine, lattosio e uova.

Mince pies
Contengono frumento, glutine, lattosio, uova e frutta a guscio (facoltativo).

Eclairs alla panna
Contengono frumento, glutine, lattosio e uova.

Crostata al cioccolato e lamponi
Contiene frumento, glutine, lattosio e uova.

Sfogliatine al pomodoro
Contengono frumento, glutine e lattosio.

Quiche
Contiene frumento, glutine, lattosio e uova.

Indice

A

agrumi:
    glassa agli agrumi, 212, 377
    mignon agli agrumi, 212
    torta di base agli agrumi, 251
albicocca:
    cupcakes all'albicocca, 202
allergie e intolleranze, 9, 388-393
ananas:
    torta all'ananas, 268
    torta farfallina, 286
arachidi:
    brownies cioccolato e arachidi, 140
    croccanti al burro di arachidi, 36
    pepite arachidi e cioccolato, 88
    salsa al burro di arachidi, 141
arancia:
    biscotti cioccolato e arancia, 38
    biscotti lecca-lecca, 54
    crostata al cioccolato e lamponi, 366
    crostatine di pere e mirtilli, 332
    cuori di cioccolato all'arancia, 94
    cupcakes all'albicocca, 202
    mince pies, 362
    profiteroles con salsa mou, 360
    quadrotti con canditi, 126
    stelle all'arancia, 28
    torta alla zucca, 270
    torta alle spezie e miele, 124
    torta di cioccolato all'arancia, 260
    torta di cioccolato e noci, 304
    tortine ai frutti di bosco, 194
    tortine all'arancia, 218
    tortine all'arancia e cioccolato, 219
    tortine lecca-lecca, 222
avena:
    barrette alle ciliegie, 130
    barrette alle mele, 132
    biscotti avena e uvetta, 16
    merletti di biscotto, 90

B

banana:
    muffins alla banana, 178
    torta farfallina, 286
    tortine alla banana, 232
barrette:
    barrette alla cannella, 34
    barrette alle ciliegie, 130
    barrette alle mele, 132
bignè:
    bignè ripieni, 344
    profiteroles ai lamponi, 348
    profiteroles al cioccolato, 354
    profiteroles con salsa mou, 360
biscotti e frollini:
    barrette alla cannella, 34
    biscotti a righe, 22
    biscotti al limone glassati, 50
    biscotti alla cannella, 52
    biscotti alla marmellata, 84
    biscotti allo zenzero, 66
    biscotti avena e uvetta, 16
    biscotti cioccolato e arancia, 38
    biscotti cioccolato e ciliegie, 24
    biscotti con cuore morbido, 86
    biscotti con gocce di cioccolato, 30
    biscotti coriandolini, 70
    biscotti delle feste, 48
    biscotti di Linz, 96
    biscotti fiocco di neve, 74
    biscotti lecca-lecca, 54
    biscotti ragnatela, 64
    biscotti speziati, 40
    biscotti viennesi, 78
    biscotti yo-yo, 92
    biscottini rosa, 14
    bottoni alla marmellata, 80
    casette di pan di zenzero, 68
    corone di biscotto, 60
    cuori di cacao e marzapane, 82
    cuori di cioccolato all'arancia, 94
    fiorellini di vetro, 26
    fiorentini al cioccolato, 32
    fiori di pan di zenzero, 72
    girelle al limone, 42
    margheritine, 46
    merletti di biscotto, 90
    pepite arachidi e cioccolato, 88
    piccole gemme, 58
    stelle all'arancia, 28
    stelle limone e cannella, 62
    stelline di biscotto, 56
    stelline luccicanti, 20
    triangolini al cioccolato, 18
boccioli di rosa, 228
bottoni alla marmellata, 80
brownies:
    brownies al cioccolato, 134
    brownies alle ciliegie, 136
    brownies bianchi ai mirtilli, 142
    brownies cioccolato e arachidi, 140
    brownies supercioccolatosi, 138
    torta gelato, 144
burro di arachidi:
    croccanti al burro di arachidi, 36
    pepite arachidi e cioccolato, 88
    salsa al burro di arachidi, 141

C

caffè:
    torta al caffè, 254
    torta di base al caffè, 251
    tortine al caffè, 220
cannella:
    barrette alla cannella, 34
    barrette alle ciliegie, 130

barrette alle mele, 132
biscotti alla cannella, 52
biscotti allo zenzero, 66
biscotti speziati, 40
casette di pan di zenzero, 68
corone di biscotto, 60
fiori di pan di zenzero, 72
girelle alla cannella, 320
kringle, 318
muffins speziati alle mele, 172
panini uvetta e cannella, 314
plumcake allo zenzero, 116
stelle limone e cannella, 62
torta all'ananas, 268
torta alle spezie e miele, 124
torta di mele alla cannella, 112
torta farfallina, 286
carote:
   torta di carote, 114
casette di pan di zenzero, 68
castello dolce, 284
cheesecake:
   cheesecake ai mirtilli, 276
   cheesecake al cioccolato bianco, 306
   cheesecake alla vaniglia, 264
   cheesecake veloce al limone, 265
   mini cheesecakes, 224
ciambella:
   ciambella caramella, 274
   ciambella zebrata, 280
ciliegie:
   barrette alle ciliegie, 130
   biscotti cioccolato e ciliegie, 24
   brownies alle ciliegie, 136
   rotolo al cioccolato, 110
   tortine di cioccolato alle ciliegie, 210
cioccolata calda, 36
cioccolato:
   biscotti cioccolato e arancia, 38
   biscotti cioccolato e ciliegie, 24
   biscotti con cuore morbido, 86
   biscotti con gocce di cioccolato, 30
   biscotti ragnatela, 64
   biscotti yo-yo, 92

brownies al cioccolato, 134
brownies alle ciliegie, 136
brownies bianchi ai mirtilli, 142
brownies cioccolato e arachidi, 140
brownies supercioccolatosi, 138
cheesecake al cioccolato bianco, 306
cioccolato plastico, 381
crostata cioccolato e lamponi, 366
crostatine al cioccolato, 340
cuori di cioccolato all'arancia, 94
cuori di cioccolato e marzapane, 82
cupcakes al cioccolato, 206
cupcakes cioccolatosi, 236
cupcakes dal cuore morbido, 190
dolcetti farfalla, 208
fiorentini al cioccolato, 32
ganache al cioccolato, 78, 302, 381
macarons al cioccolato, 160
meringhe variegate, 154
mignon cremosi, 186
mignon menta e cioccolato, 240
morbidoni al cioccolato, 182
muffins al cioccolato, 170
muffins al limone e cioccolato bianco, 171
muffins variegati, 174
pepite arachidi e cioccolato, 88
profiteroles al cioccolato, 354
quadrotti al cioccolato, 120
rotolo al cioccolato, 110
salsa al cioccolato, 137, 145, 230
torta al cacao farcita, 298
torta al cioccolato, 297
torta al cioccolato bianco, 292
torta al lime e cioccolato, 294
torta alla mousse di cioccolato, 300
torta di base al caffè, 251
torta di base al cioccolato, 251
torta di cioccolato all'arancia, 260
torta di cioccolato e noci, 304
torta di compleanno, 118
torta gelato, 144
torta golosa al cioccolato, 288
torta ricoperta al cioccolato, 266
torta ricoperta di marshmallow, 290

torta supercioccolatosa, 302
tortine al caffè, 220
tortine all'arancia e cioccolato, 219
tortine di cioccolato ai lamponi, 211
tortine di cioccolato alle ciliegie, 210
tortine lecca-lecca, 222
tortine rosse e bianche, 188
triangolini al cioccolato, 18
cocco:
   bottoni alla marmellata, 80
   torta al cocco, 100
   tortine al cocco, 198
consigli e tecniche:
   biscotti e torte, 372-373
   pane e impasti, 374-375
   tecniche di decorazione, 378-379
   tecniche per il cioccolato, 380-381
corn flakes:
   tortine croccanti, 238
corone di biscotto, 60
crema:
   crema di limone, 252
   crema ganache al cioccolato, 78, 302, 381
crema di burro:
   crema di burro (semplice), 162
   crema di burro agli agrumi, 376
   crema di burro al caffè, 254
   crema di burro al cioccolato, 122, 207, 376
   crema di burro al limone, 58, 258
   crema di burro all'acqua di rose, 228
   crema di burro alla vaniglia, 186, 192, 206, 220, 224, 230, 376
croccanti al burro di arachidi, 36
crostata:
   crostata al cioccolato e lamponi, 366
   crostata di frutta, 351
   crostata di pere e mandorle, 356
crostatine:
   crostatine al cioccolato, 340
   crostatine alle fragole, 358
   crostatine di pere e mirtilli, 332
   crostatine guarnite, 350
   mince pies, 362

cuori:
    cuori di cacao e marzapane, 82
    cuori di cioccolato all'arancia, 94
cupcakes:
    cupcakes al cioccolato, 206
    cupcakes al limone e lime, 204
    cupcakes all'albicocca, 202
    cupcakes alla vaniglia, 234
    cupcakes allo sciroppo d'acero, 192
    cupcakes cioccolatosi, 236
    cupcakes dal cuore morbido, 190
    cupcakes dell'amicizia, 230
    cupcakes fioriti, 200
    cupcakes mignon, 235

D
decorazioni:
    idee per decorare, 382-383, 384-385
    modelli per decorazioni, 386-387
dolcetti:
    dolcetti farfalla, 208
    dolcetti glassati, 102

E
éclairs alla panna, 364

F
fagottini:
    fagottini di feta, 336
    fagottini di spinaci e feta, 337
farciture:
    glasse e farciture, 376-377
farfalle:
    dolcetti farfalla, 208
    torta farfallina, 286
fiorentini al cioccolato, 32
fiori:
    boccioli di rosa, 228
    cupcakes fioriti, 200
    fiorellini di zucchero, 201
    fiorellini di vetro, 26
    fiori di pan di zenzero, 72
    margheritine, 46
formaggio:
    fagottini di feta, 336
    fagottini di spinaci e feta, 337
    pizza, 324
    pizzette, 322
    rollini al formaggio, 334
    scones al formaggio, 328
    sfogliatine salate, 352
formaggio cremoso:
    cheesecake ai mirtilli, 276
    cheesecake al cioccolato bianco, 306
    cheesecake, 264
    glassa al formaggio cremoso, 376
    macarons ai lamponi, 158
    macarons al mou, 162
    mini cheesecakes, 224
    sfogliatine al pomodoro, 368
    torta al cocco, 100
    torta all'ananas, 268
    torta di carote, 114
    tortine al cocco, 198
    tortine alla banana, 232
    tortine rosse e bianche, 188
fragole:
    crostatine limone e fragole, 358
    macarons alle fragole, 165
    torta alla mousse di cioccolato, 300
    torta farcita alle fragole, 278
    torta fragolosa, 256
    tortine margherita alle fragole, 244
frutta candita:
    biscotti speziati, 40
    fiorentini al cioccolato, 32
    kringle, 318
    quadrotti con canditi, 126
    stollen, 316
frutti di bosco:
    muffins ai frutti di bosco, 176
    nidi di meringa, 152
    tortine ai frutti di bosco, 194

G
ganache al cioccolato, 78, 302, 381
gelato:
    morbidoni al cioccolato, 182
    torta gelato, 144
girelle:
    girelle al limone, 42
    girelle alla cannella, 320
    girelline ai lamponi, 342
glasse:
    biscotti al limone glassati, 50
    biscotti lecca-lecca, 54
    castello dolce, 284
    ciambella caramella, 274
    cupcakes al limone e lime, 204
    cupcakes fioriti, 200
    dolcetti glassati, 102
    glassa agli agrumi, 212, 377
    glassa ai frutti di bosco, 194
    glassa ai lamponi, 216
    glassa al cioccolato, 190, 288, 364, 377
    glassa al formaggio cremoso, 100, 114, 188, 198, 376
    glassa al lime, 198
    glassa al limone e lime, 204
    glassa al limone, 50, 62, 102, 106, 168, 258
    glassa alla menta, 240
    glassa all'acqua, 40, 48, 66, 70, 116, 214, 226, 282, 284, 377
    glassa all'arancia, 54, 218
    mignon agli agrumi, 212
    mignon con glassa rosa, 226
    mignon menta e cioccolato, 240
    muffins glassati, 168
    pane fruttato, 312
    plumcake allo zenzero, 116
    stelle limone e cannella, 52
    torta golosa al cioccolato, 288
    torta ricoperta al cioccolato, 266
    tortine ai frutti di bosco, 194
    tortine fantasia, 242
    tortine natalizie, 214
glasse e farciture, 376-377
golden syrup:
    barrette alle mele, 132
    biscotti allo zenzero, 66
    casette di pan di zenzero, 68

cioccolato plastico, 381
corone di biscotto, 60
fiorentini al cioccolato, 32
fiori di pan di zenzero, 72
plumcake allo zenzero, 116
profiteroles ai lamponi, 348
salsa al cioccolato, 137
stelline di biscotto, 56
torta golosa al cioccolato, 288
tortine rosse e bianche, 188

H
Halloween:
biscotti ragnatela, 64

I
idee per decorare, 382-383, 384-385
intolleranze e allergie, 9, 388-393

K
kringle, 318

L
lamponi:
crostata al cioccolato e lamponi, 366
girelline ai lamponi, 342
glassa ai lamponi, 216
macarons ai lamponi, 158
meringhe farcite, 148
profiteroles ai lamponi, 348
rotolo svizzero, 104
salsa ai lamponi, 306
torta ai lamponi, 272
torta di mandorle ai lamponi, 282
tortine ai lamponi, 216
tortine di cioccolato ai lamponi, 211
tronchetto di Natale, 122
lecca-lecca:
biscotti lecca-lecca, 54
tortine lecca-lecca, 222
lime:
mascarpone al lime, 90
cupcakes al limone e lime, 204
glassa al lime, 198
macarons al lime, 165
merletti di biscotto, 90
torta al lime e cioccolato, 294
tortine al cocco, 198
tortine al limone o al lime, 219
limone:
biscotti al limone glassati, 50
biscotti con gocce di cioccolato, 30
cheesecake veloce al limone, 265
ciambella caramella, 274
crema di burro al limone, 58
crema di limone, 252
crostatine limone e fragole, 358
cupcakes al limone e lime, 204
dolcetti glassati, 102
girelle al limone, 42
kringle, 318
margheritine, 46
muffins ai frutti di bosco, 176
muffins al limone e cioccolato bianco, 171
muffins glassati, 168
muffins variegati, 174
piccole gemme, 58
plumcake al limone e mango, 106
stelle limone e cannella, 62
torta al limone farcita, 252
torta alle spezie e miele, 124
torta di ricotta al limone, 108
torta golosa al limone, 258
torta inglese al limone, 296
tortine al limone o al lime, 219

M
macarons:
macarons ai lamponi, 158
macarons al lime, 165
macarons alle fragole, 165
macarons al cioccolato, 160
macarons al mou, 164
macarons farciti, 162
mandaranci:
tortine natalizie, 214
mandorle:
biscotti alla marmellata, 84
biscotti speziati, 40
crostata di pere e mandorle, 356
cuori di cacao e marzapane, 82
cuori di cioccolato all'arancia, 94
cupcakes all'albicocca, 202
fiorentini al cioccolato, 32
macarons ai lamponi, 158
macarons al cioccolato, 160
macarons al mou, 164
macarons farciti, 162
plumcake al limone e mango, 106
quadrotti con canditi, 126
rotolo al cioccolato, 110
stelle limone e cannella, 62
stollen, 316
torta al cacao farcita, 298
torta alle spezie e miele, 124
torta di cioccolato e noci, 304
torta di mandorle ai lamponi, 282
tortine ai lamponi, 216
tronchetto di Natale, 122
mango:
plumcake al limone e mango, 106
margheritine, 46
marmellata:
barrette alle ciliegie, 130
biscotti alla marmellata, 84
biscotti di Linz, 96
biscotti speziati, 40
bottoni alla marmellata, 80
crostata di pere e mandorle, 356
girelline ai lamponi, 342
rotolo svizzero, 104
sfogliatine con susine, 338
torta al cacao farcita, 298
torta alla mousse di cioccolato, 300
torta fragolosa, 256
marshmallow:
torta ricoperta di marshmallow, 290
marzapane:
biscotti speziati, 40
cuori di cacao e marzapane, 82
quadrotti con canditi, 126

mascarpone:
    mascarpone al lime, 90, 376
    merletti di biscotto, 90
mele:
    barrette alle mele, 132
    muffin speziati alle mele, 172
    tartellette alle mele, 346
    torta di mele alla cannella, 112
menta:
    biscotti a righe, 22
    glassa alla menta, 240
    mignon menta e cioccolato, 240
meringhe:
    meringhe farcite, 148
    meringhe mignon, 156
    meringhe variegate, 154
    meringhe variopinte, 150
    nidi di meringa, 152
    merletti di biscotto, 90
miele:
    biscotti alla cannella, 52
    biscotti allo zenzero, 66
    biscotti coriandolini, 70
    corone di biscotto, 60
    muffins alla banana, 178
    stelline luccicanti, 20
    torta alle spezie e miele, 124
    tortine rosse e bianche, 188
mignon:
    cupcakes mignon, 235
    meringhe mignon, 156
    mignon agli agrumi, 212
    mignon con glassa rosa, 226
    mignon cremosi, 186
    mignon menta e cioccolato, 240
mince pies, 362
mini cheesecakes, 224
mirtilli:
    brownies bianchi ai mirtilli, 142
    cheesecake ai mirtilli, 276
    crostatine di pere e mirtilli, 332
    tartellette alle mele, 346
morbidoni:
    morbidoni al cioccolato, 182
    morbidoni alla crema, 180
mou:
    caramelle mou, 178
    macarons al mou, 164
    profiteroles con salsa mou, 360
    salsa mou, 377
mousse:
    torta alla mousse di cioccolato, 300
muffins:
    muffins ai frutti di bosco, 176
    muffins al cioccolato, 170
    muffins al limone e cioccolato bianco, 171
    muffins alla banana, 178
    muffins alla vaniglia con frutta, 171
    muffins glassati, 168
    muffins speziati alle mele, 172
    muffins variegati, 174

N

Natale:
    biscotti delle feste, 48
    crostatine natalizie, 362
    kringle, 318
    mince pies, 362
    stollen, 316
    tortine natalizie, 214
    tronchetto di Natale, 122
nidi di meringa, 152
noci:
    brownies al cioccolato, 134
    cupcakes allo sciroppo d'acero, 192
    torta al caffè, 254
    torta di carote, 114
    torta di cioccolato e noci, 304
    tortine alla banana, 232
nocciole:
    biscotti di Linz, 96
    mince pies, 362
    torta di cioccolato e noci, 304

P

pan di zenzero:
    casette di pan di zenzero, 68
    fiori di pan di zenzero, 72
    plumcake allo zenzero, 116
pane:
    kringle, 318
    pane ai semi, 311
    pane fatto in casa, 310
    pane fruttato, 312
    pane integrale, 311
    panini uvetta e cannella, 314
    stollen, 316
panna:
    éclairs alla panna, 364
    meringhe farcite, 148
    panna ai lamponi, 122, 148, 348, 354
    panna all'albicocca, 202
    panna alla vaniglia, 262, 290, 364, 377
pasta brisée e pasta frolla:
    crostata al cioccolato e lamponi, 366
    crostata di frutta, 351
    crostata di pere e mandorle, 356
    crostatine al cioccolato, 340
    crostatine di pere e mirtilli, 332
    crostatine guarnite, 350
    crostatine limone e fragole, 358
    mince pies, 362
    quiche, 370
pasta choux:
    bignè ripieni, 344
    éclairs alla panna, 364
    profiteroles ai lamponi, 348
    profiteroles al cioccolato, 354
    profiteroles con salsa mou, 360
pasta di zucchero, 382
pasta fillo:
    fagottini di feta, 336
    fagottini di spinaci e feta, 337
    tartellette alle mele, 346
    torta salata di feta, 337
pasta sfoglia:
    girelline ai lamponi, 342
    sfogliatine ai peperoni, 369
    sfogliatine al pomodoro, 368
    sfogliatine con susine, 338
    sfogliatine salate, 352
pere:

crostata di pere e mandorle, 356
crostatine di pere e mirtilli, 332
pepite arachidi e cioccolato, 88
piccole gemme, 58
pizza, 324
pizzette, 322
plumcake:
    plumcake al limone e mango, 106
    plumcake allo zenzero, 116
pomodoro:
    salsa di pomodoro, 322, 324
    sfogliatine al pomodoro, 368
profiteroles:
    bignè ripieni, 344
    profiteroles ai lamponi, 348
    profiteroles al cioccolato, 354
    profiteroles con salsa mou, 360

Q
quadrotti:
    quadrotti al cioccolato, 120
    quadrotti con canditi, 126
quiche, 370

R
regole base, 10
ricotta:
    fagottini di feta, 386
    torta di ricotta al limone, 108
    torta golosa al limone, 258
riso soffiato:
    croccanti al burro di arachidi, 36
rollini al formaggio, 334
rotolo:
    rotolo al cioccolato, 110
    rotolo svizzero, 104
    tronchetto di Natale, 122
rose:
    boccioli di rosa, 228

S
salsa:
    salsa ai lamponi, 306
    salsa al burro di arachidi, 141

salsa al cioccolato, 137, 145, 230, 348
salsa di pomodoro, 322, 324
salsa mou, 164, 360, 377
sciroppo:
    sciroppo di limone e lime, 204
sciroppo d'acero:
    cupcakes allo sciroppo d'acero, 192
scones:
    scones al formaggio, 328
    scones all'uvetta, 326
sfogliatine:
    sfogliatine ai peperoni, 369
    sfogliatine al pomodoro, 368
    sfogliatine con susine, 338
    sfogliatine salate, 352
spezie:
    biscotti allo zenzero, 66
    biscotti speziati, 40
    kringle, 318
    mince pies, 362
    muffins speziati alle mele, 172
    pane fruttato, 312
    quadrotti con canditi, 126
    sfogliatine con susine, 338
    stollen, 316
    torta alla zucca, 270
    torta alle spezie e miele, 124
    torta di base alle spezie, 251
    torta di carote, 114
    torta di mele alla cannella, 112
    torta farfallina, 286
stelle:
    stelle all'arancia, 28
    stelle limone e cannella, 62
    stelline di biscotto, 56
    stelline luccicanti, 20
stollen, 316
susine:
    sfogliatine con susine, 338

T
tartellette alle mele, 346
tecniche e consigli:
    biscotti e torte, 372-373

pane e impasti, 374-375
tecniche di decorazione, 378-379
tecniche per il cioccolato, 380-381
torta:
    castello dolce, 284
    torta ai lamponi, 272
    torta al caffè, 254
    torta al cocco, 100
    torta all'ananas, 268
    torta alla mousse di cioccolato, 300
    torta alla zucca, 270
    torta alle spezie e miele, 124
    torta bianca e rosa, 262
    torta di base, 250
    torta di base agli agrumi, 251
    torta di base al caffè, 251
    torta di base al cioccolato, 251
    torta di base alle spezie, 251
    torta di carote, 114
    torta di mandorle ai lamponi, 282
    torta di mele alla cannella, 112
    torta farcita alle fragole, 278
    torta farfallina, 286
    torta fragolosa, 256
    torta gelato, 144
    torta sandwich, 248
torta al cioccolato:
    torta al cioccolato, 297
    torta al cioccolato bianco, 292
    torta al lime e cioccolato, 294
    torta al cacao farcita, 298
    torta di base al cioccolato, 251
    torta di cioccolato all'arancia, 260
    torta di cioccolato e noci, 304
    torta di compleanno, 118
    torta ricoperta al cioccolato, 266
    torta golosa al cioccolato, 288
    torta ricoperta di marshmallow, 290
    torta supercioccolatosa, 302
torta al limone:
    torta al limone farcita, 252
    torta di ricotta al limone, 108
    torta golosa al limone, 258
    torta inglese al limone, 296

torte salate:
　quiche, 370
　torta salata di feta, 337
tortine:
　boccioli di rosa, 228
　quadrotti con canditi, 126
　tortine ai frutti di bosco, 194
　tortine ai lamponi, 216
　tortine al caffè, 220
　tortine al cocco, 198
　tortine al limone o al lime, 219
　tortine all'arancia, 218
　tortine all'arancia e cioccolato, 219
　tortine alla banana, 232
　tortine con le ali, 196
　tortine croccanti, 238
　tortine di cioccolato ai lamponi, 211
　tortine di cioccolato alle ciliegie, 210
　tortine fantasia, 242
　tortine lecca-lecca, 222
　tortine margherita alle fragole, 244
　tortine natalizie, 214
　tortine rosse e bianche, 188
triangolini al cioccolato, 18
tronchetto di Natale, 122

U

uvetta:
　barrette alle mele, 132
　biscotti avena e uvetta, 16
　kringle, 318
　mince pies, 362
　panini uvetta e cannella, 314
　quadrotti con canditi, 126
　scones all'uvetta, 326
　stollen, 316
　torta di mele alla cannella, 112

V

vaniglia:
　cheesecake alla vaniglia, 264
　crema di burro alla vaniglia, 186, 192, 206, 220, 224, 230, 376
　cupcakes alla vaniglia, 234
　muffins alla vaniglia con frutta, 171
　panna alla vaniglia, 262, 290, 364, 377

Y

yogurt:
　ciambella caramella, 274
　ciambella zebrata, 280
　muffins ai frutti di bosco, 176
　plumcake al limone e mango, 106
　scones all'uvetta, 326
　torta al lime e cioccolato, 294
　torta di cioccolato all'arancia, 260
　torta farcita alle fragole, 278
　tortine rosse e bianche, 188

Z

zenzero:
　biscotti allo zenzero, 66
　casette di pan di zenzero, 68
　fiori di pan di zenzero, 72
　plumcake allo zenzero, 116
zucca:
　torta alla zucca, 270
zucchero:
　pasta di zucchero, 382
　zucchero a velo colorato, 383

Per l'edizione italiana:
Traduzione di Francesca Albini, Marisa Baietto, Margherita Belardetti e Delia Prosperi
A cura di Loredana Riu e Louise Terallis

Capografica: Helen Lee

Grafica supplementare di Nicola Butler, Helen Edmonds, Non Figg, Louise Flutter, Nelupa Hussain, Emma Latham, Stephen Lambert, Nancy Leschnikoff, Antonia Miller, Mike Olley, Kate Rimmer, Pete Taylor e Josephine Thompson

Immagini digitali di Emma Julings, John Russell e Nick Wakeford

Un ringraziamento a Lucy Bowman, Rachel Firth, Rebecca Gilpin, Sarah Khan, Sue Meredith, Leonie Pratt e Will Severs

Le Edizioni Usborne hanno fatto il possibile per rintracciare i titolari del copyright del materiale pubblicato in questo volume. In caso di involontarie omissioni si impegnano a rettificare le opportune informazioni nelle edizioni successive, previa notifica.

Prima pubblicazione 2013 Usborne Publishing Ltd, 83-85 Saffron Hill, Londra EC1N 8RT, Gran Bretagna. © 2013, 2012, 2010, 2009, 2008, 2006, 2005, 2004, 2003 Usborne Publishing Ltd. © 2014, 2013, 2012, 2011 Usborne Publishing Ltd per l'edizione italiana. Il nome Usborne e i simboli ♀ ⊕ sono marchi di fabbrica dell'editore Usborne Publishing Ltd. Tutti i diritti sono riservati. Sono vietate la riproduzione o la trasmissione in qualunque forma o con ogni mezzo, sia elettronico che meccanico, con fotocopie o registrazioni, di qualsiasi parte di questa pubblicazione senza il consenso dell'editore.